海のキリスト教

太平洋島嶼諸国における宗教と政治・社会変容

大谷裕文／塩田光喜［編著］

明石書店

海のキリスト教——太平洋島嶼諸国における宗教と政治・社会変容

＊

目次

プレリュードとフーガ　塩田光喜　1
プレリュード　1
フーガ　11

序章　海のキリスト教総論　塩田光喜　19
第1節　楽園幻想　19
第2節　タヒチ――白人到来前　22
第3節　ロンドン伝道協会（LMS）　27

第1章　トンガにおける王権とキリスト教――植民地宣教期から民主化運動期へ　大谷裕文　47
はじめに　47
第1節　キリスト教宣教師の到来とトンガ王権　50
1．初期国家の崩壊とLMS宣教師の布教活動　50
2．ウェズリアン・メソディスト宣教師の布教活動　54
3．遅れて来たカトリック宣教師　58
第2節　立憲君主国家の形成から植民地へ　61

1. 新国家の建設とキリスト教諸教派 61
2. サローテ女王時代の「公式教会」とカトリック 67
第3節 トゥポウ4世の統治とキリスト教会 72
1. 「開発政策」の展開とキリスト教会の対応 72
2. 司教パテリシオ・フィナウの社会・政治的メッセージ 77
第4節 民主化運動の展開とキリスト教会 80
1. 民主化運動と「1875年憲法」 80
2. 民主化運動揺籃期 82
3. 民主化運動発展期 89
4. 熱狂の時代 96
5. 再折衝期 111
6. ファーイン・チューニング探求期 114
おわりに――「新憲法」制定以後の迷走について 123
1. ロード・トゥイヴァカノ内閣 123
2. アキリシ・ポヒヴァ内閣 127

第2章　神の国、神の民、聖霊の風
　　――パプアニューギニアにおける聖霊運動と神権国家への希求　塩田　光喜　143
第1節　発端――1995年9月6日　143
第2節　宣教の開始　151
第3節　パプアニューギニアのキリスト教化――宣教団サイドから見た100年　153
第4節　パプアニューギニア人キリスト教徒の実態　162
第5節　キリスト教諸教団によるニューギニア分割の完成　167
第6節　聖霊運動の勃発　169
第7節　聖霊運動とイデオロギーの出現　178
第8節　聖霊運動の消滅とその思想的達成　180
第9節　新たな宗教運動の出現――信仰十字軍と「膝折り作戦」　183
第10節　「膝折り作戦」の展開と政府との対決　189
第11節　神と悪魔の狭間で――現代PNG人の精神状況　196
第12節　パプアニューギニアのキリスト教の100年――受動的改宗者から能動的使徒へ　202
第3章　マオリのキリスト教　内藤　暁子　215
はじめに　215

第1節　キリスト教の伝来　216
1．キリスト教受容の過程　216
2．旧約聖書が果たした役割　220
第2節　マオリの千年王国運動――19世紀の場合　222
1．パパフリヒア　222
2．パイ・マリレ　223
3．テ・フィティによるパリハカ村の運動　226
4．リンガトゥ　228
第3節　マオリの新宗教運動――20世紀の場合　231
1．ラタナ教①――癒しの神ラタナ　231
2．ラタナ教②――政治の世界へ　233
3．ラタナ教③――現代のラタナ教会　233
第4節　現代のキリスト教会とマオリ　234
1．アングリカン（イギリス国教会）　235
2．メソディスト　237
3．カトリック　238
4．マオリの都市化と新興キリスト教勢力の台頭　238
(1)モルモン　240

(2) ペンテコステ派　244
第5節　あるマオリ家族の宗教生活　246

第4章　信仰から開発へ
——ソロモン諸島の独立教会における「新しい生活」の変遷　石森大知　261
はじめに　261
第1節　聖霊の働きとパラダイス村の建設　264
第2節　メソジスト教会からの分離・独立　270
第3節　エトの死とその継承者　275
第4節　「信仰の時代」から「開発の時代」へ　278
第5節　考察　282
おわりに　286

第5章　辺境の牧師たち
——パプアニューギニア・マヌス島のキリスト教と伝統　馬場淳　295
はじめに——「おまえの名は『生命の書』に書き込まれた！」　295
第1節　マヌスとキリスト教　299

第2節　栄光のカリスマ――パリアウ　302
1．パリアウ運動　303
2．マカソル　306
第3節　二つの領域を生きる者――ポール　309
1．ライフヒストリー　309
2．キリスト教とカストムの対立と止揚　312
第4節　神に召命された者――ジョン　315
1．ライフヒストリー　315
2．キリスト者の葛藤　318
第5節　媒介としてのキリスト教――むすびにかえて　322
後書き　329

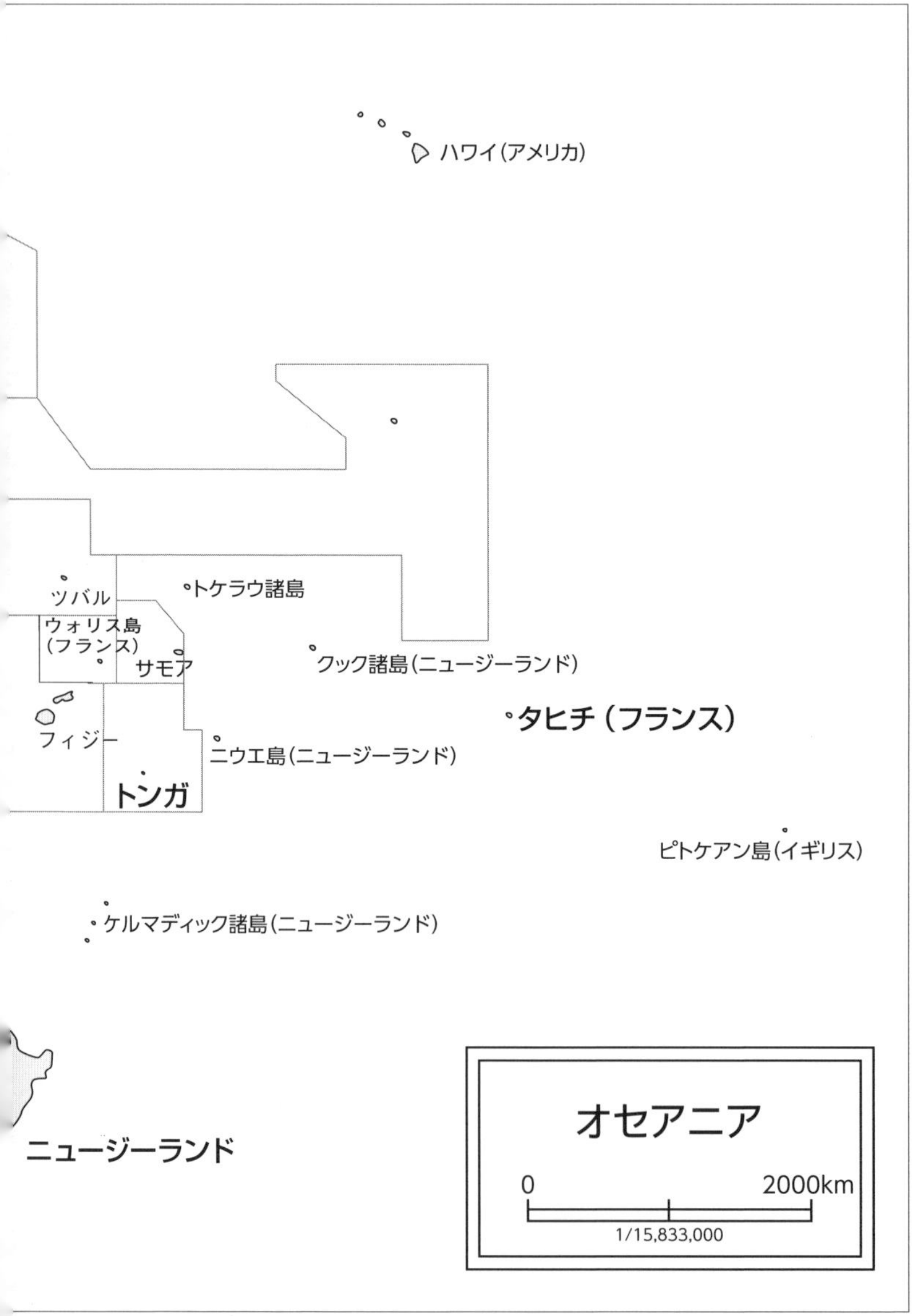
ハワイ(アメリカ)
ツバル
トケラウ諸島
ウォリス島
(フランス)
サモア
クック諸島(ニュージーランド)
タヒチ(フランス)
フィジー
ニウエ島(ニュージーランド)
トンガ
ピトケアン島(イギリス)
ケルマディック諸島(ニュージーランド)
ニュージーランド
オセアニア
0
2000km
1/15,833,000

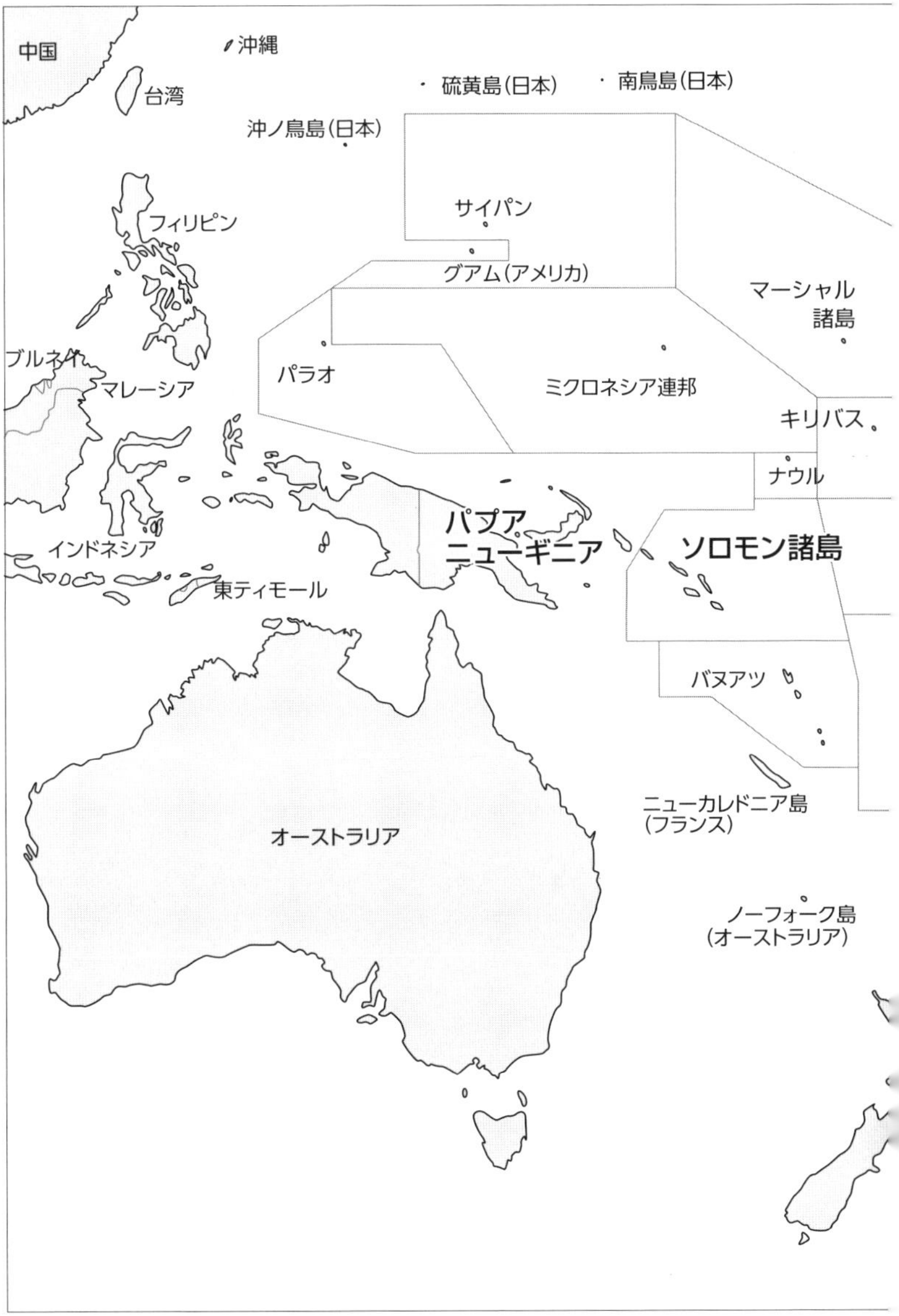
中国
沖縄
台湾
硫黄島(日本)
南鳥島(日本)
沖ノ鳥島(日本)
サイパン
フィリピン
グアム(アメリカ)
マーシャル
諸島
パラオ
ブルネイ
マレーシア
ミクロネシア連邦
キリバス
ナウル
インドネシア
パプア
ニューギニア
ソロモン諸島
東ティモール
バヌアツ
ニューカレドニア島
(フランス)
オーストラリア
ノーフォーク島
(オーストラリア)

プレリュードとフーガ

塩田　光喜

プレリュード

（覆された宝石）のやうな朝
何人か戸口にて誰かとさゝやく
それは神の生誕の日。

西脇順三郎　『あむばるわりあ』より「天気」

新約聖書をマタイ・マルコ・ルカ・ヨハネの四福音書とたどり、使徒行伝へと読み進んでゆき、ある箇所にさしかかると風光が一変する思いがする。
それは使徒行伝13章第4節だ。

「二人は聖霊に遣わされて、セレウキアに下って行き、そこからキプロス島に向かって船出した。」

ダマスコ途上で、昇天したイエス・キリストの声を幻聴して回心したサウロが第一回目の伝道旅行に出る場面だ。（使、13：4）

サウロの足が踏み板をたわめ、船へと歩みを進めてゆく。ホメーロスによって「葡萄酒色の海」と讃えられた地中海はまばゆい陽光を反射して、その波はキラキラときらめいている。

ここで、新約聖書の読者は乾いて荒涼としたパレスティナ・ユダヤの地を離れて地中海世界へと誘われるのだ。そして使徒行伝の主役はペテロからサウロへと交替する。いや、サウロは海へと乗り出した瞬間から作者のルカによってパウロと呼び換えられる。ユダヤ名「サウロ」からローマ名「パウロ」への転換は、それまでのパレスティナ・ユダヤの乾燥の大地から、環地中海帝国、ローマ帝国へとキリスト教が舞台を移したことを象徴する。すなわち、「海のキリスト教」が始まったのである。

以後、使徒行伝の作者ルカは使徒パウロの小アジアとギリシャにおける、すなわちエーゲ海沿海諸都市の三度にわたる伝道旅行を描き、最後にエルサレムでユダヤ人大衆に襲われ、ローマ軍当局に捕らえられたパウロが、ローマ帝国市民としてローマ皇帝の判決を求めて、海路ローマに到着するところで筆を擱《お》いている。

そして、パウロは第一の書翰「ローマ人への手紙」においてギリシャのコリントスからローマのキリスト教徒共同体に向けて「イスパニアに向け旅立たせてもらいたいと考えています。」（ローマ、15：24）と告げる。

パレスティナ・ユダヤの地からイスパニアへ。

パウロの伝道の構想は地中海の東の端から西の端へと雄大に展開する。イスパニアの先は当時、「ヘラクレスの柱」と呼ばれたジブラルタル海峡で、ヘレニズム・ローマ世界がそこで終わる世界の最果てである。

結局、パウロはローマで殉教して、その構想は彼の生時には実現せずに終わるが、パレスティナ・ユダヤの地における宗教・政治状況の激変が彼の死後、彼のキリスト教をキリスト教主流派の地位へと押し上げることになる。

まず、パウロによって「主の兄弟」と呼ばれる（ガラテア、1：19）イエス・キリストの異父弟、義人ヤコブがユダヤ教サドカイ派によって、紀元62年に処刑される。

ヤコブはイエスの死後、エルサレム教会の最高指導者として、イエスの法灯を継いで原始キリスト教団に君臨していた。パウロもヤコブの権威の下にあり、教義上の重要な問題について、彼の裁可を求めていた。

そのヤコブが殺された4年後には、パレスティナ・ユダヤの地において「（第一次）ユダヤ戦争」と呼ばれるユダヤ人急進派の指導するローマ帝国への大反乱が起こり、70年にはローマ軍によりエルサレムが陥され、エルサレムの神殿も破壊された。

ヨセフスはエルサレム落城の光景を次のように描いている。

「ローマ兵たちは出会った者を剣で突き刺しながら進んだ。そのため路地という路地には死体の山が築かれ、都中が血で氾濫し、火炎の多くがその血で消えるほどだった。」

（ヨセフス、95頁）

このユダヤ戦争において、エルサレムのユダヤ人キリスト教徒達は「ローマ人に対する闘いへの参与を拒否して、66年にヨルダン川対岸のペラに退いた。」（エリアーデ、213頁）エリアーデによれば、「このできごとは、キリスト教とユダヤ教の分離を示すものである。」（エリアーデ、213頁）

だがその後、パレスティナ・ユダヤのキリスト教団は「キリスト教の主流を外れ、のちに異端と宣されるエビオン派という弱小な分派としてのみ残存した。」(ジョンソン、313頁)

このユダヤ戦争は、パレスティナ・ユダヤの地のユダヤ人やローマ帝国各地に散らばる離散(ディアスポラ)のユダヤ人を主要メンバーとしていた原始キリスト教団に深甚な衝撃を与えた。

この衝撃の中からローマ帝国弾劾の書、新旧約聖書の掉尾を飾る新約聖書中唯一の預言の書『ヨハネ黙示録』がパトモスの聖ヨハネによって書き上げられる。その書は世界の終末への予感と待望の念と徹底した反権力の姿勢によって、後のキリスト教世界の反体制運動にパトスとミュトスの源を供給することになる。

とまれ、エルサレム落城は、原始キリスト教団をパレスティナ・ユダヤの地から地中海へと決定的な方向転換をさせたのである。

その方向転換を導いたのが、パウロの神学であった。

そしてパウロは先に掲げた「ローマ人への手紙」において、その後のキリスト教の運命を決する重大な宣言を行う。

「人は皆、上に立つ権威に従うべきです。神に由来しない権威はなく、今ある権威はすべて神によって立てられたものなのです。したがって、権威に逆らう者は、神の定めに背くのであり、背く者はわが身に罰の宣告を招きます。」

(ローマ、13:1-2)

この文言によって、キリスト教徒はローマ帝国の権力体制に随順することが命ぜられ、更に250年後にキリスト教会の司教達がローマ皇帝コンスタンティヌスに取り入り、体制宗教と化す根拠を与えることとなる。

しかし新約聖書には、キリスト教徒と国家権力の関係を定めるパウロと全く相反する立場が存在する。

まず第一は、イエスの有名な「カエサル（皇帝）のものはカエサルに、神のものは神に」（マタイ、22：21）という立場である。この言葉はイエスに向かって論敵であるパリサイ人の放った詭計に満ちた発問（誘導尋問である）に答えて発せられたものである。

イエスはパレスティナ・ユダヤの地で流通していたデナリウム銀貨（その上にはローマ皇帝の肖像が刻印されている）を示して、先の言葉を発した。それによって、キリスト教徒は現世の権力と関与すべからずという立場を表明したのである。

またこの言葉はイエスの貨幣や商売に対する否定をも含意している。

イエスはソロモン王が即位の時にロバに乗ってエルサレムに入場したように、ロバに乗ってエルサレムに入ると「神殿の境内に入り、そこで商売をしている人々を追い出し始め、両替人（当時の銀行である）の机や、鳩を売っている人たちの腰掛をひっくり返し、境内を通って商品を持ち運ぶことをだれにも」許さなかった。（マルコ、11：15-16）

そして山上の垂訓においても「人は誰も二人の主人に兼ね仕えることはできない。一方を憎んで他を愛するか、または一方に親しみ、他をうとんじるか、どちらかである。あなたがたは神とマンモン（現世の富）とに兼ね仕えることはできない」（マタイ、6：24）と述べている。

すなわち、イエスはキリスト教徒が貨幣経済、市場経済に立ち入ることを禁ずるのである。

そして『ヨハネ黙示録』第18章においてパトモスの聖ヨハネは、イエスの反市場主義を終末の預言に託して敷衍し、展開する。

「これらの商品で彼女（「淫婦の母、地上のあらゆる憎むべき者の母である大バビロン」すなわちローマ帝国のアレゴリーである）から富を得ていた商人たちは、彼女の苦しみに恐れを抱いて遠くに立ち、泣き悲しんでこう言う。

不幸だ。大きな都よ。
亜麻布と緋紅と深紅色の布をまとい
金と宝石と真珠で装うた者よ、不幸だ。
あれほどの富が
わずか一時間のうちに無に帰してしまうとは。」

（黙、18：15-17）

そしてパトモスの聖ヨハネは現世権力の否定をイエスとともに共有する。

「この女（ローマ帝国、すなわち現世権力）と姦淫を行ない、ぜいたくをほしいままにした地上の王たちは、彼女が焼かれる煙を見て、そのために嘆くであろう。王たちは彼女の苦しみに恐れを抱き、遠くに立ってこう言う。

不幸だ、大きな都よ、
力強い都バビロンよ、不幸だ。

おまえに対する裁きはわずか一時間にして終わった。」

（黙、18：9-10）

こうしたイエスやパトモスの聖ヨハネの現世権力否定、現世の富の否定は強烈な終末意識に淵源する。そもそもバプテスマのヨハネから洗礼を受け、福音伝道を開始したイエスの第一声が「汝ら悔い改めよ。天国は近づけり」（マタイ、4：17）「時は満てり、神の国は近づけり、汝ら悔い改めて福音を信ぜよ」（マルコ、1：15）であった。

すなわち、キリスト教は終末の切迫を背に、救済に与り、天国へ往かんとする者は悔い改めるべしというメッセージ（使信）とともに始まったのである。

この終末への切迫感は新約聖書全編を貫いて脈打ち流れる根本感情である。

現世はまもなく終末を迎えるというのに、現世権力・現世の富に一体、何の意味があるのか、それは塵芥にすぎぬ、というのがイエスとパトモスの聖ヨハネの現世否定を貫通する論理である。

それゆえイエスは命ずる。

「あなたがたは自分のために地上に宝を積んではならない。そこでは虫が食い、さびがつき、泥棒が忍び込んで盗み出す。あなたがたは自分のために天国に宝を積みなさい。（中略）あなたの宝のある所にあなたの心もあるからである。」

（マタイ、6：19-21）

しかし現世を否定する者は現世からも否定されるであろう。イエス自身が磔刑《たっけい》によって、現世から否定されたように。

終末の日々。

「そのとき、人々はあなたたちを苦難にあわせ、殺す。また、あなたたちはわたし（イエス）の名のためにすべての民族に憎まれるであろう。」

（マタイ、24：9）

だが、「人々を恐れるな」とイエスは告げる。

「体を殺しても、魂も殺すことのできない者どもを恐れるな。むしろ、魂も体も地獄で滅ぼすことのできるお方（すなわち、神エホバ）を恐れよ。（中略）あなたたちは、髪の毛一筋までも皆、数えられているのである。」

（マタイ、10：28―30）

それでは、終末の日々、キリスト教徒が為すべきことは何か？

それはこの世の終わりと最後の審判の善き知らせ（福音）をイエスに倣って伝道することである。復活のイエスは命ずる。

「わたしには天においても地においても、すべての権能が与えられている。だから、あなたたちは行ってすべての国の人々を弟子にしなさい。父と子と聖霊の御名による洗礼を彼らに授け、わたしがあなたたちに命じたことをすべて守るように教えなさい。わたしは世の終わりまで、いつまでもあなたたちとともにいるのである。」

（マタイ、28：18−20）

ここに同じ神（エホバ）を共にしながらキリスト教をユダヤ教から分かつ決定的な違いが存在する。まず第一は、イエスを「神の子」とするか否かをめぐって、ユダヤ教とキリスト教は激しく対立する。ユダヤ教からすれば、単なる人間にすぎないイエスを「神の子」と呼ぶのは、神エホバに対する冒瀆である。そして、

「（太祖アブラハムの血を享けた子孫である）ユダヤ人は神によって選ばれた「選民」であって、ユダヤ人だけが救われるのであり、基本的に異邦人は救われない。」

（加藤、40）

それゆえユダヤ教徒は宣教を行って、全人類をユダヤ教徒にしようとはしない。
だが、キリスト教徒にはイエスによって福音を宣《の》べ伝え、全人類をキリスト教徒にすべきことが命ぜられている。

「すべての民族に対する証しとして、天の国のこの福音が全世界に宣べ伝えられるであろう。それから終わりが来るのであろう。」

（マタイ、24：14）

この預言がパウロをしてパレスティナ・ユダヤの地を去らしめ、「異邦人の使徒」として地中海（当時のローマ帝国臣民にとっての全世界）を舞台とした宣教へと赴かしめたのである。

そして、パトモスの聖ヨハネによって、イエスのこの命令は、更にキリスト教徒の胸深くに刻印される。

「また、わたしは中天を飛ぶもう一人の天使を見た。この天使は地上に住んでいる人々すべての国民と部族、言語の異なる人々と民に宣べ伝えるために、永遠の福音を携えていた。そして、声高らかに叫んだ。

神を畏れ敬い、神に栄光を帰しなさい。

神の裁きの時が来た。

天と地、海と泉を創ったかたを礼拝しなさい。」

（黙、14：6-7）

イエスとパトモスの聖ヨハネのこの終末を背にした宣教の命令が、後にクリストファー・コロンブスをして新大陸へ向け船出せしめ、今日に至るまで、海を越えて異教徒を改宗せしめようとする「宣教師」という奇妙なカテゴリーの人間類型をキリスト教社会の中に産み続けていく原動力となる。

フーガ

太平洋の島々でフィールド・ワークを行う人類学者は多少の差はあれ、キリスト教と遭遇せずにはいられない。

1985年、私はパプアニューギニア南高地州において、30年前まで生き続けていた石器時代の文化を再現しようという目的を抱いて、フィールドとなる民族をさがし、彷徨していた。

まず、私はコロバ（郡庁所在地）のステーションへ向かい、そこで巡回統治官であったキャップ・レナードに連れられ、コロバ周辺の村々を巡った。

その日曜日、我々はコロバの市場へサツマイモや野菜を求めに行った。市場といってもだだっ広い空き地のそこここに筵を敷いた女達が、イモや野菜を並べているだけのものだ。私は市場の真ん中に立って何事か叫んでいるやせた中年の男に気がついた。私はキャップ・レナードに英語で「彼は何を叫んでいるんだい？」とたずねた。レナードはぶっきら棒に「俺はイエス・キリスト、救世主だと言っている。気が狂っているのだ。」と答えた。男の風貌は、私に、かつて映画で見たパゾリーニの『奇跡の丘』のイエス・キリスト像を想い起こさせた。それが私の生涯最初のキリスト教との出逢いだった。

私はコロバの地から、タリのステーションへと移り、APCM（アジア太平洋クリスチャン・ミッション）の宿に泊めてもらった。

夜、宿のリビングで、私は遙かインドネシア国境近くの村から研修を受けに、APCMにやってきていた、小柄で目の大きい中年の男と知り合いになった。

男は、フィールド・ワークをするなら自分の村でやらないかと言って熱心に私を誘った。

男はピジン英語で書かれた新約聖書（Gutpela Nius Baibl）をやおら開いて、

「初めに言葉があった。

言葉は神と共にあった。

言葉は神であった。」

と読み上げた。

男は私の目をのぞき込んで、「言葉って何のことだかわかるかい？」と質問した。

私は正直に「わからない」と答えた。

男は顔をほころばせて「イエス・キリストのことなんだ！」と言った。

男の眼は神秘の真理を発見した喜びでキラキラと輝いていた。

続けて、男は、我々はイエスのおかげで心は満たされている。だが、物質的には満たされていない。ここで、ジャパンから来たあなたと出会ったのは神の御引き合わせに違いない。ぜひ、うちの村に来てもらいたいと熱っぽく慫慂《しょうよう》した。

だが、当時の私は、何が何でも、石器時代の文化を研究して人類文化の原像に迫りたいの一念だった。

「申し訳ないが、僕はキリスト教には興味がないんだ」と告げて、私は彼の申し立てを断った。

彷徨の果てに、私はインボングという人口3万人ほどの民族のアンブプルという村に落ち着いた。

その村にも教会があり、私のホスト・ファーザーのウィンディ老人の第一夫人、ゴパが熱心に教会通いをしていたが、私は敬遠して、教会には足を向けなかった。

１９８６年になった。

私を村に連れてきてくれた、当時パプアニューギニア大学の学生だったサイモン・アペが不倫を詰《なじ》った妻のクク（第一夫人ゴパの次女）を村に送り返し、私とククは隣人となった。

3月。なぜか村に動揺と不安が広がりはじめた。

インボング族の守護神キグウェ・ペルゲポがインボングの地を見晴るかすパプアニューギニア第二の高峰キグウェ山から去ろうとしているという噂が流れた。

日が落ちる夕暮れ時に鳴いて夜の訪れを告げるワピエ・アゴロという名の蝉が、突然、昼日中に鳴き出した。

常は陽気なホスト・ファーザーのウィンディ老人が「シオタ。わしは怖い」とつぶやいた。

郡庁所在地イアリブの中学校の寄宿舎住まいをしているマテとティロがセメスター・ブレークで帰ってきて、村の空き地でビンゴを始めた。大人達は熱に浮かされたように眼を血走らせて、この射倖的な賭博に入れあげた。

余所の村から親せきのコヤポの家に泊まりに来ていた若い男が小学校に上がる前のコヤポの娘を犯した。

異邦人の私にも人々の心の奥で何事かがおこりつつあるのが感ぜられた。

5月のある朝。ククが興奮して私の家に駆けこんできた。

「シオタ！　ワグメの村で若い女が死んで天国行けたんやけど生き返ったんや！　もう、アンブプルはこの話で持ちきりや。ほんで、その女、ルートいうんやけど、ルートが言うには2000年がきたら、天地はなしになって、最後の審判が行われて、信心深いクリスチャンは天国で楽しゅう暮らすんやけど、信仰を持っとらんハイデン（異教徒）や教会に行っとるクリスチャンでも悪い事しとる者は地獄の業火の中で永遠に苦しむことになるゆうんや。ルートはそれをジーザス（イエス）本人の口から聞いたんや。シオタ。もう世界は終わるんや。一刻も早う改心せんかったら永遠に地獄に落ちるんや。バイブルに書いてあったことがもうじきほんまに起きるんや！」

それからだ。アンブプル村の近隣一帯、いや、インボングランド中に宗教的熱狂の嵐が吹き荒れたのは。教会では毎夜2時、3時まで祈祷と聖歌と告白と説教が夜に日を継いで行われた。教会に背を向けていた村の男達が次々と悔い改めて信仰の道に入っていった。奇蹟が起こり、人々は夢や幻視でイエスや天使を見、聖霊が降臨した。

そしてカウペナ・ミッション・ステーション（宣教駐在所）に、あの死んで天国へ往き、イエスと対話し、イエスに案内されて、天国の都市「新エルサレム」を案内され、イエスから終末の預言を受け取って復活した女、アンボ・ルートが自らの体験を告白するためにやってきた。

ミッション・ステーションの大広場は円形闘技場のようにすりばち状に傾斜し、近在の村々から、その話を聞こうと集まった老若男女がその空間をびっしりと埋めた。

私は、テープレコーダーを回しながら、アンボ・ルートの天路歴程譚に耳を傾けた。その話は90分もの長さに及んだ。

ダンテの『神曲』やジョン・ミルトンの『失楽園』にも匹敵する素晴らしいキリスト教文学だと思った。ルートの長大な語りが終わると、たくさんの人々がカウペナの大教会に押し寄せ、涙ながらに悔い改めを行い、回心した。

翌日から、私の家にはルートの話を聞かせてくれと言って、テープを聞きに来る者が引きもきらなかった。

リヴァイヴァル（信仰復興）は新たなステージへと突入した。

私のホスト・ファミリーの二人の女、ククとククの叔母（ゴパの妹）アゲパンボが聖霊の賜《たまもの》を受け取ったのだ。ククは異言のカリスマをアゲパンボは預言のカリスマを授かった。

ククの住む家（私の隣家だった）が、今や、教会に代わってリヴァイヴァルの中心となった。ククの家は聖霊の降臨する家となり、信仰深き男女が祈りと聖歌とエクスタシー（法悦、恍惚）を味わいに集まるようになった。

そうなると、私は単なる観察者では済まなくなった。

熱烈な信者達（とりわけ、ククは）は私に悔い改めて、仏教からキリスト教に改宗せよと朝起きてから夜寝るまで、ひっきりなしに愛の折伏をくり返した。

私はすっかりリヴァイヴァルの渦の中に引きずりこまれたのだった。

そんな日々が4ヵ月も続いた。それは私にとって受難の日々であった。

私はたまらず、村を逃れて首都のポートモレスビーへと降り、アンボ・ルートの預言のテープ起こしと翻訳に着手した。

そんなある日、私は突然、言葉を失った。

失語の苦しみの中で、1ヵ月をすごし、何とか言葉を取り戻し、私は、テープ起こしと翻訳を了え、帰国の途に就いたのだった。

その体験は私の人生の軌道を大きく変えてしまった。

私の問いは、「人類原初の精神とは何か」から「キリスト教、そして文明はいかにして生まれ、人間の精神をいかに変容せしめるのか」へと一転した。

その後20数年、私は聖書を読み、キリスト教史を勉強し、そして2年に1度の割合でアンブプル村へ帰り、村人達のその後を追った。

それは、白鯨モビー・ディックに片脚をもぎ取られたエイハブ船長の執念の追跡航海にも似ていた。

あの終末運動＝リヴァイヴァルの半年は、村人達、特に男達の人生の軌跡をも大きくねじ曲げることになった。

ある者は神の召命を受け、牧師の道を選び、ある者はより純粋なセクト（教団）を求めて、村の教会を離れ、異言のカリスマを求めてペンテコステ派の教会へと移り、ある者は独学で読み書きの術をものにし、ひたすら聖書を読みふけり、その中から特異な神学を編み出していった。

アンボ・ルートもまたその後、異端の廉で教会を逐われ、ポートモレスビーへ降り、自らの教団を立てた。

1997年、私は太平洋宣教200周年を期して、アジア経済研究所において、『太平洋島嶼諸国におけるキリスト教と政治・社会変容』と銘打った研究会を結成し、本書の執筆者達を含む何人かの人類学者に参加してもらい、2年間、思索と討議を積み重ねていった。

2年後、本書の原型となる論集の草稿は完成したが、出版に際して壁に突き当たった。

私達は、いくつかの出版社に打診したが、なぜか、出版をOKしてくれた出版社は不渡りを出し、その度ごとに新たな出版社にお願いして回ったのである。

私達は『さまよえるオランダ人』よろしく、寄港地を求め、数年の歳月を「航海」したが、ついに共編者、大谷氏の尽力により、明石書店と契約を交し、我々はついに安住の港を得たのだった。

だが、私が2003年から2年間、シドニー大学アジア太平洋研究所に客員研究員として、アジア経済研究所より派遣され、また大谷氏が2006年にサバティカルでオークランド大学で研究活動を送られ、出版はさらに遅れた。

その間、私は『石斧と十字架――パプアニューギニア・インボング年代記』（その中に、終末運動の全過程とアンボ・ルートの告白を詳細に書き録した）を出版し、1985～87年のインボング体験に一応のけりをつけ、更に、太平洋キリスト教史へと着手していったのである。

遅れに遅れた出版だが、あらためて振り返れば、「災い転じて福」の感を強くする。この彷徨の10年間に我々のキリスト教理解はぐんと深まった。もし、当初の1999年に出版されていたならば、その内容は今よりもはるかに薄く、キリスト教の表面をかいなでるものでしかなかったであろう。そうした言説をインボング語では「オガ、オガ、カウ（上っ面、上っ面だけ）」と呼んで卑しむ。

本書はこの「プレリュードとフーガ」（ヨハン・セバスチャン・バッハ）、そして私の「海のキリスト教総論」、続いて、大谷論文、塩田論文、内藤論文、石森論文、そして大谷氏の後書きで締め括られる(1)。

私は密かに、我々の四論文を新約聖書の四福音書になぞらえている。すなわち、「トンガ福音書」「パプアニューギニア諸島福音書」「ニュージーランド・マオリ福音書」「ソロモン福音書」である。

こうした太平洋の四島嶼において、福音はどのように広がっていったのか、そして、パレスティナ・ユダヤの乾燥の曠野に生まれたキリスト教が、いかにして、はるか数万キロ離れた緑したたる太平洋の島々に到着したのか、そして、風土と文化の異なる土壌に移植されたキリスト教がどのように変貌し、また、太平洋諸島民の精神を変容させたのか。これらが、我々4人の共有する問題意識である。

ちなみに、牧師となったサリス・マロワのテスティモニー（信仰告白）の拙訳をタイプしてくれた、日本人キリスト教徒の女子学生は「太平洋では神が人に近い！」と驚嘆していた。

私はその時、初めて気付かされたのだが、この「神と人の近さ」こそ、太平洋のキリスト教の本質を解き明かす鍵となるのではないだろうか。

神と人が直に対面して交わるキリスト教の世界、聖霊の幸《さき》わう島々、オセアニアへようこそ！

注

（1）本稿は2008年に執筆されたものであり、その時点ではまだ馬場氏の論文は加えられていなかった。本書成立の詳しい経緯については、大谷による「後書き」を参照。大谷注。

序章　海のキリスト教総論

塩田　光喜

第1節　楽園幻想

毎年、何十万人もの人間が西洋世界（ヨーロッパ＋北米大陸）から、ハワイやタヒチやフィジーといった太平洋の島々へと観光に訪れる。彼らの移動を内的に起動させる動機は「そこには楽園がある」という共同幻想だ。この太平洋楽園幻想は19世紀にはすでに確立しており、ハーマン・メルヴィル（『白鯨』の著者）、R・L・スティーヴンスン（『宝島』の著者）、そして画家のポール・ゴーギャンらが南洋の楽園を夢見て、マーケサス諸島、サモア、タヒチへと異文化ダイヴィングを行った。

楽園！

西洋の楽園幻想には二つの起源がある。

一つは、誰にもおなじみのアダムとイヴの「エデンの園」だ。そこには、「エホバ神、観るに美麗《うるわ》しく、食うに善き、もろもろの樹を土より生ぜしめ、又、園の中に生命の樹、および善悪を知るの樹を生ぜしめ給えり」（創世記、2：9）。

ここで重要なことはエデンの園の人類の祖アダムとイヴはイノセント（無知で、無邪気な、純潔の、罪を知らない）なことだ。その象徴として、創世記の作者は「アダムとその妻は二人ともに裸体《はだか》にして恥じざりき」（創世記、2：25）と我々に告げる。

然り、エデンの園における人類の祖は、罪意識とともに性意識を知らないのである。だが、蛇（後に魔王サタンと同一視される）の唆《そそのか》しによって、まずイヴが、次いでアダムが知恵の樹の実（＝善悪を知る樹の実）を食べる。「ここにおいて、彼らの目、ともに開けて、彼らその裸体《はだか》なるを知り、すなわち、無花果《イチジク》の葉をつづりて裳《も》作れり」（創世記、3：7）。

すなわち、人類の祖は知恵を得るとともに、性意識に目覚め、イノセンスを失ったのである。

そして、それが、キリスト教の強調してやまぬ「人類の原罪」であった。

アダムとイヴが禁断の知恵の実を食べ、イノセンスを失い、性に目覚めたと知ったエホバ神は怒り狂い、二人を楽園追放（失楽園）に処し、「エデンの東」へと追いやる。そして、エデンの園では、たわわに実る果実を手にとって食べる暮らしから、苦しい労働によって「汝は野の草を食らふべし。汝は面《かお》に汗して食物を食らひ、ついに土に帰らん。そはその中より汝は取られたればなり。汝は塵《ちり》なれば塵に帰るべきなり」（創世記、3：18－19）と呪いをかけられる。

性に目覚めたアダムとイヴは性交を行い、カインとアベルの二子を得る。こうして、性交による人類の生殖が始まった。ちなみに、古代キリスト教神学の集大成を行ったアウグスティヌスによれば、性行為によって、人類は原罪を遺伝してゆく。

キリスト教の罪意識には、性が深く刻印されている。

もう一方の楽園幻想は古代ギリシャ・ローマに起源を持つ。

それは美と愛（エロス）と快楽の女神アフロディテ（英語ではヴィーナス！）に起源する。大地母神ガイアと天神ウラノスは夫婦であったが、ウラノスはガイアとの間にもうけた子供達を地底深く押し込めた。怨んだガイアは息子クロノスに鎌を与え、ウラノスの男根を切り取らせる。クロノスが切断した父神ウラノスの男根を海に投じると「そのまわりに白い泡アプロスが、不死のししむらからして立ち湧いてきた。そしてその中に一人の乙女ができあがった」（呉茂一、1979、221頁）。

これが、ボッティチェリの傑作『ヴィーナスの誕生』で有名なアフロディテの誕生である。

アフロディテ（ヴィーナス）は波に乗ってキュテーラ島に上陸する。その後、キュテーラ島はアフロディテ（ヴィーナス）の島として、すなわち、美とエロスと快楽の楽園として、西洋世界の人々に表象されることになる。

18世紀フランスの大画家ワットーは『シテール島（キュテーラ島のフランス語読み）への巡礼』を描き、ユダヤ・キリスト教の性愛嫌悪の楽園像とは異なる、美とエロスと快楽の楽園シテール島を復活させることとなる。

そして、60年後に、タヒチを訪れたフランスの探検航海者、ルイ・アントワーヌ・ドゥ・ブーゲンヴィルはタヒチ島を「ヌーヴェル・シテール（新シテール）」と名付けることになる。

第2節　タヒチ――白人到来前

太平洋と名付けられている巨大な海洋は実に、地球表面の3分の1を占める。残り3分の1が全陸地面積、残り3分の1がその他の海洋を合わせた面積である。太平洋がいかに巨大な海洋であるか、このことをもっても推し量ることができる。

その太平洋上に散らばる島々は、地図上では点（ごま粒）のように小さい。これから、我々が訪れようとしているタヒチ島は太平洋上の島としては大きな島だが、それでもその面積は1000平方キロメートル余である。巨人（太平洋）の体に止まった蚊1匹（タヒチ島）程度の大きさもない。

ニューギニア島とオーストラリア大陸を除く太平洋の島々に人類が上陸するようになるのは、オーストロネシア系（かつてはマラヨ・ポリネシア系と呼ばれていた。こちらの方がイメージが思い浮かべられてよい呼称である）と呼ばれる民族集団の祖が、台湾ないしは南中国海岸において、約6000年前、アウトリガーという腕つきの浮きをカヌーに取り付ける技術を発明して、海洋に乗り出して以降のことだ（塩田、1994、21頁）。

この簡単な発明により、カヌーはそれまでとは比較にならない安定性を得、それまで数人～10人程度しか積載能力のなかったカヌーは、20～70人と彼らの食糧、それに犬やブタといった家畜も乗せられる程、大型化し長距離航海が可能となった。

こうして、オーストロネシア系諸民族の大航海時代が始まった。そして、その後わずか5000年の間に、西はアフリカ大陸沖のマダガスカル島、東は南米大陸沖のイースター島にいたる太平洋、インド洋を横切り、東西2万キロ、地球半周以上に及ぶ海域を占拠していったのである。

マーケサス、タヒチ、ハワイといった東ポリネシアの島々に最初の人類が到達したのはAD300～700年。日本の弥生時代から律令時代の事であった（ベルウッド、1985、61頁）。

こうしたオーストロネシア系諸民族はそれから千数百年かけて、石器時代ながら、高度で複雑な社会組織と精神文化を築き上げていった。

タヒチやハワイやトンガでは、数層から成る階級社会を形成し、トンガ諸島では全島に君臨する神聖王トゥイ・トンガを戴くまでになっていた。

タヒチでは、大きく三つの身分に分かれた。貴族（人類学では首長と呼ぶ。タヒチ語ではアリイ）層、中間のラアティラ層、そして平民層（タヒチ語ではマナフネ）。そして各身分も内部に更に何層にも上下関係が形作られた。たとえば、貴族層アリイはアリイ・ラヒ（高位首長）とかアリイ・ヌイ（大首長）と呼ばれる最高位の首長層とアリイ・リイ（下位首長）と呼ばれる劣位の首長層に分かれていた。

1770年、西洋人がタヒチを「発見」する頃、タヒチにはアリイ・ラヒ（高位首長）が6～7の部族連合を創り上げ、その上にゆるやかな支配を布いていた。

最初にやってきた白人達（ウォリス、ブーゲンヴィル、クックら）はこうしたアリイ・ラヒ達をヨーロッパの基準で裁断し、王とみなした。だが、アリイ・ラヒはヨーロッパ的意味での「王」ではなく、あえて言えば大貴族であるにすぎなかった。たとえば、アリイ・ラヒは臣下におぶられて移動した。おそらく、地面に足が触れることで、聖性が失われると考えられたのであろう。

このことからもわかるように、アリイ（貴族）は神と人間との媒介者であると見なされていた。

ポリネシアの貴族層は一般に、神々を始祖とし、始祖神から現世代に至る長大な族譜を暗記している（日本の天皇家と似ている)。

神と人との媒介者としては他に祭司階級が存在した。

祭司は貴族層から世襲的に選ばれ、タヒチにおいてはマラエと呼ばれるピラミッド状巨大石造神殿における祭儀を行い、万神殿の神々とその神統、及び宇宙創生の神話と各神々の物語を記憶していた。この祭司層はマラエ(巨大石造神殿)とともにキリスト教宣教団によって壊滅させられるのだが、その最後の生き残りの一人が、ベルギー生まれのフランス人貿易商にして素人民族学者、そして歴史家のジャック・アントワーヌ・ムーレンハウトに伝え、彼の『太平洋諸島航海記』(1837、パリ)に辛うじて記録されて、今日に至るまで白人到来前のタヒチ文化のあり様を教えてくれる。1891年、南海の楽園を求めてタヒチに到着したポール・ゴーギャンは伝統文化の影も見られず、落胆するが、ムーレンハウトの著書に驚喜し、気に入った部分を丸写しにして、挿絵をつけて『マオリの古代信仰』というノートをつくった(湯原、1995、139頁)。以後のゴーギャンの作品のモチーフや象徴はすべて、このノートに、更に言うならムーレンハウトに負っている。

タヒチのパンセオン(万神殿)の主神は、他のポリネシアの島々同様タアアロア(ニュージーランド・マオリではタンガロア、ハワイではカナロア)であるが、彼が全宇宙を創造した(Moerenhout, p.210-212)。彼は後に、女神達とまぐわうことにより、神々と人間を生み出させる(Moerenhout, p.213-215)。

だが、白人達がタヒチを「発見」した頃には、タアアロアは宗教学者ミルチャ・エリアーデ呼ぶところの「閑な神」と化しており、力ある主神はタアアロアの息子神オロとなっていた。

タヒチ諸島(と呼んでおく。クックの命名によればソサイアティ諸島。すなわち王立協会諸島)の風下にある小島にライアテアという名の島がある。この島はタヒチ諸島全体の霊的・宗教的中心と見なされ、「宇宙のへそ」(湯原、143頁)と呼ばれていた。

この島で17世紀（Howe, p.127）に、宗教改革が起こり、主神がタアアロアからオロに取って代わられる。オロ神は性的にアグレッシブで、戦さの守護神であり、己れにまつろわぬ者に対しては破壊的暴君であった。オロ・カルト（信仰運動）は18世紀にタヒチ本島を席捲し、西洋の探検航海者達がタヒチを来訪した時には、タヒチの主神となっていた。

オロ・カルトはアリオイという宗教結社によって担われた。

アリオイは7段階のイニシエーション儀礼によって格付けされた宗教結社で、タヒチ諸島全体は12のロッジ（支部）に分かれる（アリオイを記述する時のムーレンハウトはヨーロッパの秘密結社を、特にフリー・メーソンを念頭においている）（Moerenhout, p.246-249）。アリオイ結社はゴーギャンを魅了し、彼はその痕跡をさがし求めることになる。

アリオイは階級横断的で、親族・地縁関係からも自由な純粋に宗教的な結社であったが、同時にタヒチの地方から地方へと演劇・舞踏を上演して回る伶楽集団でもあった。キャプテン・クックは3回、タヒチを訪れているが、いずれの時も、アリオイの演劇（ヘイヴァ）を見せられている（クック、２００４、２２１頁／２００５ａ、１５１頁／２００５ｂ、82頁）。クック（２００５ａ）に付されたヘイヴァの上演を描いた絵（１５０頁）を見ると、能のように高度に様式化された舞踏的な劇であったことがわかる。

そして、アリオイ結社のもう一つの特色はその公然たる性行為と嬰児殺しである。

クックの第一回航海、１７６９年5月12日に、同行の植物学者バンクスにプランティンの木を渡しに来た「若い女性のうちのひとりが、布の上に足をふみだし、おどろくほどの無邪気さで腰から下をすっかりはだけ、（中略）からだを回転させた」（クック、２００４、１２４頁）とあり、5月14日には、「6フィート以上の身の丈がある若者が、年のころ10ないし12の少女といっしょに、われわれ数名と原住民の群衆の面前で横になった」とある

（クック、２００４、１２５頁）。クックは後者の性行為に関して、「このことを書いておくのは、これが猥せつ行為というよりは、習慣のように思えたからである」（クック、２００４、１２５頁）と注記している。

おそらくは、アリオイの行為であろう。なぜなら、ムーレンハウトは「クックの本において、アリオイ結社の記述がなされているが、そこにおいては売春が原則であり、嬰児殺しは義務であった」（Moerenhout, p.249）と書いているが、ここにおける「売春」は近代人類学においては「儀礼的性行為」と呼ばれる性的制度に相当すると考えられるからである。

そして、数々のタヒチ探訪記の中でも、オロ神への人身供儀と並んで18〜19世紀のヨーロッパ人を震撼させたのが、アリオイ結社の嬰児殺しの記述であった。この件をめぐって、アリオイ結社はキリスト教宣教団から目の敵にされることになる。

アリオイ結社の男女メンバーのかなり自由な性交渉は、当然、出産を帰結する。だが、オロ神の厳しい掟はアリオイ結社のメンバーは子を持つべからず、だった。中絶技術を持たなかったタヒチ人は生まれたばかりの嬰児を殺すしかなかったのだ（死児のモチーフはゴーギャンの絵にも現れることになる）。

西洋のキリスト教文化圏において、嬰児殺しはイエス生誕時のヘロデ王の嬰児殺しを連想させずにはおかない。すなわち、嬰児殺しを行うアリオイ結社は身の毛もよだつ反キリスト結社ということになるのである。

こうして、オロ神の芸能集団アリオイ結社はキリスト教プロテスタント宣教団により、抹殺されて地上から消え、後にタヒチに来住したポール・ゴーギャンによってその生き残りを探求されることとなる。

生と快楽の神オロは同時に死と破壊の神でもあった。

最後に、白人到来前のタヒチの宗教シーンを彩る人格に、シャーマン、あるいは神霊憑依者の姿があった。神々に憑依された者は、エクスタシーの中で神の言葉を告げ、預言を行い、神その人とすら見なされた。

オロ・カルトを起こした宗教改革者は、こうした神霊憑依者であったと考えられる。こうした神霊憑依者は大首長をも凌駕する政治的発言力を持つと同時に性的カリスマをも獲得した。ムーレンハウトは伝えている。

「タヒチ人がこうした状態（戦の神オロに憑依される）になると、彼は異常で明瞭な形で腕を布でくるみ、それが彼に女性達の好意への権利を彼に与える徴となるのであった。彼は祭司達と同じく、12人まで女性を持つことができるのである。

女性達は彼がこうした熱狂的状態を保つ限り彼のもとにとどまり、燃えるような情熱をもって彼の抱擁に身を委ね、憑依した神その人からのものとして彼の抱擁を受け容れるのであった。」

（Oliver, p.360）

これが、ウォリス、ブーゲンヴィル、クックら、西洋の探検航海者達がタヒチを訪れた時の、タヒチの宗教状況であった。

第3節　ロンドン伝道協会（ＬＭＳ）

２００９年はジャン・カルヴァン生誕５００年に当たる。さよう、マックス・ウェーバーの『プロテスタンティズムの倫理と資本主義の精神』の主役を務め、ウェーバーから近代西洋資本主義のエートスを形作る教説を編み出したとされた、あのカルヴァンである。

だが、近代西洋資本主義の精神の頽落（＝強欲資本主義）とともに、もはやカルヴァンの生誕500年を祝う（記念する）知的機運は全く見られない。

私が辛うじて見つけた記事は「ジャン・カルヴァンは本当に怪け物（モンスター）だったのか？」という7月28日付けのテレグラフ紙のインターネット版のみだった。ピューリタン革命で近代市民社会へ向けてスタートを切った、ピューリタンの生地イギリスですら、この体たらくである。

記者のChristopher Howel氏によれば、カルヴァンに敬服するのを妨げる障壁は二つある。それは血も凍る権威主義と、彼の胸の悪くなる、かの有名な救済予定説である。

カルヴァンは1536年、わずか26歳の年に『キリスト教綱要』を著し、救済予定説を体系化し、教会と国家が合体する神権国家を構想してスイスのジュネーヴにおいてそれを実現した。

それは恐るべき禁欲的イデオロギー国家だった。

「あらゆることに宗教警察が介入した。ごく自然な生命の衝動や屈託なく喜び浮かれる気持ちを表すことのほとんどすべてが、邪推され、禁じられ、罰せられた。賭博、舞踏、歌、劇場、それどころか小説を読むのさえ禁止された。礼拝はむき出しの壁にかこまれた教会の中で行われた。装飾、派手、祭壇は禁物だったし、幼児イエス・キリストの像さえ、あってはならなかった。冒瀆の言葉を口にすること、九柱戯、声高に冗談を言うこと、軽率なおしゃべりをすることなどは高額の罰金の対象となった。」

（フリーデル、1987、222頁）

スペインの人文主義者、ミカエル・セルヴェトゥスは、イエスは神の子ではなく人間にすぎないことを立証して、フランスでカトリックの異端審問にかけられ、カルヴァンのジュネーヴに逃げ込んだ。ヒトラーのドイツを逃れて、スターリンのモスクワに飛び込むようなものである。

カルヴァンは友人にこう書いた。

「セルヴェトゥスが長々とたわごとを書いて送ってきました。わたしが同意したら、ジュネーヴへ来たいとのこと。もし彼がこちらに来たら、わたしに権威があるかぎり、生きてここから生きて出て行くようなことはさせないでしょう。」

（ジョンソン、1999、45頁）

セルヴェトゥスはジュネーヴ市当局の手で火刑に処せられた。

カルヴァン本人は断頭刑を望んでいたのだが。

このように、16世紀のジュネーヴはヨーロッパの国際宗教改革運動にとって、20世紀国際共産主義運動にとってのモスクワだった。

ヨーロッパ各地の改革派知識人はジュネーヴを訪ね、カルヴァンの教理を自国に持ち帰った。

イギリスにおいてもそうであった。

イギリスにおける宗教改革はヘンリー8世に始まると言われるが、ヘンリーの「宗教改革」は妻のキャサリンと離婚して、愛人のアン・ブーリンと結婚するために（カトリックは離婚を認めない）、そして、もう一つはイギリス国内の修道院を解体して、その巨大な富を手に入れるために行われた。

手本はドイツにあった。

宗教改革の祖、マルティン・ルターはドイツの諸侯（領邦君主）に修道院の没収を勧め、これがドイツの領邦君主がカトリックを捨て、ルター派に転向していく大きな動因となる。ヘッセン方伯の修道院没収で得た財産は9万5600フロリン、方伯の「直轄財産の年収に匹敵した」（西原、2007、18頁）。すなわち国庫は倍増したのである。

これが政治権力者が「宗教改革」を支持する政治経済的理由であった。

ルターの宗教改革が成功したのは、こうした領邦君主らの打算に見事に合致したからだった。

それゆえ、ドイツの農民達が宗教改革の熱気の中で、領邦君主に向けて反乱の刃を振り向けた時（ドイツ農民戦争）、怒り狂ったルターは『農民の殺人強盗団に抗して』と題するパンフレットを書いて、領邦君主に農民を暴力的に弾圧するよう使嗾《しそう》している。曰く「近頃のように異常なときには、諸侯は祈りによるよりも殺戮によってたやすく天国を勝ち取ることができる」（ジョンソン、36頁）。

むろん、ルターには『聖書』による裏付けがあった。

使徒パウロの「ローマ人への手紙」第13章である。

この悪名高い手紙において、パウロはローマの原始キリスト教徒にこう告げる。


「人は皆、上に立つ権威に従うべきです。神に由来しない権威はなく、今ある権威はすべて神によって立てられたものなのです。したがって、権威に逆らう者は、神の定めに背くのであり、背く者はわが身に罰の宣告を招きます。」

（ローマ、13：1-2）

パウロの手紙のこの一節は、常にキリスト教聖職者が世俗権力に取り入り、体制宗教になることを正当化しようとする時、彼らを教理的に支えることになる。我々は後に、タヒチにおいても、このパウロの悪魔の囁きが宣教団の行動を針路付けるものとなるのを見るだろう。

とまれ、カトリックとプロテスタントを支持する権力者達は、激しく戦い合った末、1555年、アウグスブルクの和議が結ばれ、互いのテリトリーを認め合い、「領土の支配者がその領土の宗教を決定する」と合意した（ジョンソン、48頁）。パウロの「世俗権力者神権授与説」に則って。

ヨーロッパ亜大陸において、宗教戦争が吹き荒れている間に、ヘンリー8世はイングランドを「本イングランドはエンパイア」（すなわち独立した王権国家）であり、その国王は「教会と国家との最高首長」（ムアマン、1991、214頁）とする法案を議会通過させ、ここに「イギリス国教会（Anglican Church、日本では聖公会と称する）」が成立した。

このヘンリー8世による「宗教改革」は彼とアン・ブーリンの娘、エリザベス1世に継承され、「1559年、エリザベスは礼拝統一令を制定してカトリックのソールズベリ典礼を廃止し、代わって国教会の英語による祈祷書が公認のものとされた」（西原、30頁）。

その年、「スコットランドでは、貴族階級の最有力派が、カルヴァンの弟子ジョン・ノックスに扇動され、カトリックの統治に対して反旗を翻した」（ジョンソン、30頁）。

続く1560年、オランダはオラニエ公ウィレム（オレンジ公ウィリアム）の指導下、カルヴィニズムの旗印を掲げて、カトリックのスペイン・ハプスブルク王家の支配に対する独立運動を展開した。

こうした隣国におけるカルヴィニストの勝利は、当然イングランドにも影響を及ぼさずにはおかない。イングランドのカルヴィニズムは、まず知識人のキリスト教改革運動として始まった。彼らは、ヘンリー8世とエリザベス1世の間にキャサリン女王がカトリック回帰政策を採ると、大挙、ジュネーブに亡命する。そこで、カルヴィニズムの理論武装をして、エリザベスが宗教寛容政策に戻すと、イングランドに帰還した。

そうした知識人の中から指導者として頭角を現したのが、「ジュネーヴで教育を受け、ケンブリッジ大学レディー・マーガレット神学教授となった」トマス・カートライトである（シャロック、1997、16頁）。カートライトの知的精神的指導のもと、ケンブリッジは急速にカルヴァン主義化してゆく。「ケンブリッジはピューリタン（=カルヴィニスト）の牙城であり、とりわけ16世紀後半（エリザベス時代）に設立されたエマニュエル学寮とシドニー・サセックス学寮がピューリタンの重要な拠点となった」（シャロック、1997、16頁）。

だが、カルヴィニズムによる「上からの宗教改革」という戦略はエリザベスの拒否に遭って、イギリスのカルヴィニスト知識人達は説教師や牧師を養成することにより、「下からの宗教改革」を目指すことになる。そしてその行く先にイングランドのピューリタン革命とクロムウェルの統治が実現することになる。

ピューリタン（清教徒）という言葉が使われ出したのは1563年頃のこと（シャロック、12頁）であり、知識人のカルヴィニズムが説教師や牧師を通して、中下層のイギリス人大衆の間に浸透を始めた時期である。

多くの社会的名称がそうであるように、「ピューリタン」の名称も非難やからかいのニュアンスをもって使われ始めたのである。

「一般のロンドンっ子は、黒服に身を包み朗唱するような口調で敬虔なお決まりの文句を口にする〈きっちり野郎（ピューリタンの蔑称）〉が劇場の舞台に登場すると、笑いこけたりすることができた。」

（シャロック、14頁）

当時のイギリスはエリザベス統治下で「メリー・イングランド（陽気なイングランド）」と呼ばれていたのである。我々は、２００年以上後の１７９７年、タヒチのマタヴァイ湾にぞろぞろと上陸したカルヴィニスト宣教師達が、やはり「黒服に身を包み朗唱するような口調で敬虔なお決まりの文句を口にする〈きっちり野郎〉」だったことを記憶しておこう。

だが、とロジャー・シャーロックは付け加える。「善行によってではなく信仰によって義とされるのであり、人間性は完全に堕落している、と信じている点ではロンドンの市民もピューリタンと同じだったのである」（シャロック、15頁）。

そして、カルヴィニズムを特徴づける「救済予定説の教義は１５７１年に制定された英国国教会の正統的教義の中にも取り入れられているのである」（シャロック、15頁）。

カルヴィニズムの教理（後に詳述する）はイギリス社会全体に浸透しつつあったのである。

だが、ピューリタンと一般のイギリス人の間には決定的な断層が走っていた。

それはピューリタンが16世紀における「聖書原理主義者（ファンダメンタリスト）」だったことだ。

「聖書が聖霊によって書かれた神の言葉であると信じる点では共通しているのだが、英国国教会の中道政策を支持する人たちは、教会や国家の運営に関しては他の典拠に頼ることにも吝かではなかった。

英国国教会のフッカーは、教会伝承や人間の心に刻みつけられている自然法にも一定の位置づけを与えていた。

こんなことはピューリタンには許せなかった。(中略)教育あるピューリタンにとっては、聖書こそ人間と神についてのあらゆる知識の唯一の典拠だった。」

(シャロック、15頁)

キリスト教史が教えるように、ルター派はカトリック教会の正統性を否定して「信仰のみ(ボナ、フィデ)」を唱えたのに対し、カルヴァン派のスローガンは「聖書のみ」であった。

このような「聖書原理主義」がカルヴィニスト(ピューリタン)に要求するのは「聖書が読めること」すなわち、リテラシー(読み書き能力)である。

「民衆へのピューリタニズムの浸透を図るべく、ピューリタン指導者たちはその一手段として読書とその前提となる識字技能を身につけることを奨励した。」

(今関、1988、97頁)

そして、それは200年後、カルヴィニスト宣教団がタヒチ人をカルヴィニストに仕立て上げようとした時にも繰り返されることになる。

すなわち、タヒチ語を文字に起こす術を身につけた宣教師達はカテキズム(教理問答書)、聖歌、そして新約ルカ福音書を読ますべく、学校を建て読み書きを教え、タヒチで最初の近代的機械として、印刷機を導入したのである。

そして聖書とは、創世記からヨハネ黙示録までの全巻を読み通した者なら、誰でもわかるように、エホバ神による世界創造から世界終末までの世界史計画を記した書物である。

そして「ピューリタンはまた、神の言葉としての聖書のなかに、堕落した（罪深い）人間の救済という一つの目的に向かう計画を読み取るのである。」（シャロック、10頁）

「この計画」を成就するために、人間の生活は武装された軍隊生活のようなものに変えられる。すなわち、キリスト教徒は常に敵地のなかを進撃する兵士とみなされるのである。」（シャロック、10頁）

すなわち、ピューリタンはエホバ神の窮極的世界計画を達成するための前衛集団なのである。

ここに、旧約ダニエル書や新約黙示録の千年王国論が流れ込むと、終末の切迫へ向けて聖徒達（＝ピューリタン）のサタンとその手先達に対する闘争が開始される。

そう、中世ヨーロッパ史を通じて、支配階級に対する反体制的運動のマニフェスト＝『共産党宣言』であった「ヨハネ黙示録」がピューリタン運動の中に、再び、力強く流れ込んできたのである。

「黙示録」第14章において、世界の終末の切迫とイエス・キリストの再臨とその最後の審判を前にして、第一の天使は声高らかに叫ぶ！

「神を畏れ敬い、神に栄光を帰しなさい。
神の裁きの時が来た。

天と地、海と泉を作った方を礼拝しなさい」

（黙、14：7）

また第二の天使が続いて来て叫ぶ！

「倒れた、大バビロンは倒れた。
み怒りを引き起こす姦淫のぶどう酒を
すべての国民に飲ませたものは。」

（黙、14：8）

ここに大バビロンとは黙示録を記した聖ヨハネをパトモス島に流島した当時の世界帝国、ローマ帝国権力を暗喩したものである。

ここには、パウロの「ローマ人への手紙」のあの「現世権力随従論」とは全く反対の「現世権力論」が内蔵されている。

不正・不義なる現世権力は打倒されねばならないとパトモスの聖ヨハネは教える。

「この女と姦淫を行い、ぜいたくをほしいままにした地上の王たちは、彼女が焼かれる煙を見て、そのために嘆くであろう。王たちは彼女の苦しみに恐れを抱き、遠くに立ってこう言う。

不幸だ、大いなる都よ。
力強い都バビロンよ、不幸だ。

おまえに対する裁きはわずか一時間にして終わった。」

（黙、18：9-10）

「この女」とは「バビロン」、すなわち古代ローマ帝国＝現世権力体系を指す。

「彼女があなたに支払った通り、彼女に払い戻せ。
その行いに応じ、倍にして返せ。
彼女が混ぜて入れた杯に
その倍の量を混ぜてやれ。
女がおごり高ぶり、贅沢をほしいままにしたのと
同じほどの苦しみと悲しみを彼女に与えよ。」

（黙、18：6-7）

こう叫ぶとき、「ヨハネ黙示録」はまぎれもなく革命文書である。

文字を読めるようになり、『聖書』を読めるようになった抑圧された中下層のピューリタンの胸に、とうとう「黙示録」の革命的メッセージは流れ込んだのである。

ピューリタンの代表的文学『天路歴程』を書いた「バニヤンが（故郷）エルストウの地平を超えた世界を初めて知ったのは、（クロムウェルの軍隊、ニューモデル軍の）軍隊の太鼓が鳴り響き、印刷機からパンフレットが嵐のように吹き出すなか、期待と希望が人々の心を満たしていたこのような時期だったのである」（シャロック、27

頁）。

西洋近代市民革命の烽火を上げることになるピューリタン革命が始まったのである。

1642年8月、チャールズ1世の挙兵により内乱が始まった。（ムアマン、309頁）

国王軍とオリヴァー・クロムウェル率いるピューリタン軍＝ニューモデル・アーミーはイングランド各地で激闘を展開するが、士気と規律においてはるかに勝るピューリタン軍は1645年、ネーズビーの決戦で国王軍を撃破し、勝利を手にする。

1649年、チャールズは断頭刑に処せられ、クロムウェルの共和政が始まる。

1658年のクロムウェルの死後、息子リチャードが護民官となるが、息子には父のリーダーシップも政治的カリスマもなかった。リチャードは1660年辞職し、その年5月29日、チャールズ2世は亡命先フランスから帰還して、王政が復古する。

だが、このピューリタン革命はイギリスとイギリス人のその後の歴史と国民性に、消えることのない刻印を記すこととなる。

ロジャー・シャロックによれば、

「17世紀のそのような理想（ピューリタニズム）がその後のイングランド人に与えた影響には測り知れないものがある。しかも、その影響は当時のピューリタン教派の正統的な後継者である非国教会諸教派（ノン・コンフォーミスト）にとどまらない。事実、ピューリタン的要素はわたしたちの文化の血肉の一部になって、根絶しようにも根絶し切れないある種の悪癖のようにさえなってしまった。」

（シャロック、9頁）

という。

ピューリタン諸教派は、王政復古後、そしてイギリス国教会復活後、ノン・コンフォミスト（非服従派）と呼ばれ、少数派として公職禁止など差別待遇を受けながら生き延びていく。

だが、ヨーロッパはピューリタン＝ノン・コンフォミストが文化的前衛であった時代を追い越していた。

17世紀近代科学革命が始まったのである。

ピューリタン革命の始まった翌年に生まれたアイザック・ニュートンは、ピューリタン革命後、ニュートンの三法則を発見、世界はニュートンの三法則に則って、厳密に数学的に運行することになり、神の意志の介入する余地がなくなった。これが窮極的には「神の死」、あるいは少なくとも、エホバ神を宗教学者エリアーデの言う「閑な神」にしてしまうことになる。

また、王政復古の年、１６６０年にはイギリスで王立協会＝ロイヤル・ソサイエティ（The Royal Society of London for Improving Natural Knowledge）が設立され、「新しい機械論的自然学研究の中心センターとなった」（坂本、２００８、２４９-２５０頁）。

創立１００年後、王立協会＝ロイヤル・ソサイエティはキャプテン・ジェームズ・クックを金星（英語名ではヴィーナス）観測のため、タヒチに送り、クックはタヒチ諸島をソサイエティ諸島と命名する。

18世紀はヨーロッパ亜大陸においては啓蒙主義の時代、イギリス（イングランド＋ウェールズ＋スコットランド：英語ではグレート・ブリテンだが、日本人になじみのあるイギリスを用いる）では産業革命の時代である。

17世紀ヨーロッパの偉大な科学革命はヨーロッパの知と信の布置（constellation）を、それまでとは根底から一変させてしまった。

1687年、ニュートンは『自然哲学の数学的諸原理（プリンキピア）』を著し、今日の科学的世界観を確立する。

18世紀には、「信仰」ではなく「理性」が第一原理となる。

キリスト教は理性と折り合いをつけずには、もはや存続することができなくなり、「理神論」が考案され、神はニュートンの数学的決定論の世界の設計者へと変容する。

18世紀啓蒙主義のチャンピオン、ヴォルテールは言う。

「わたしは神の存在を信じる。神秘主義者や神学者のいう神ではなく、自然の神、偉大なる幾何学者、宇宙の設計者、不変の超自然的な永遠の原動力という神を。」

（ジョンソン、139頁）

ここには、『聖書』に描かれているような奇蹟によって世界に介入し、己れの意志を貫くエホバ神の存在する余地はない。神は世界の絶対君主の地位を去り、数学的に厳密に展開する因果関係の外へ放逐されたのだ。

ニュートンの宇宙には天国も地獄も存在する余地はない。

とするならば、神が天地創造以前からある少数の者のみを救済（すなわち天国昇天）へ、残りの絶対多数の者達は遺棄（すなわち地獄落ち）へと予定しているとする、カルヴァンの救済予定説は笑うべき迷信だということになる。

そう、ポスト・ニュートンの時代にあっては、カルヴィニスムは旧時代の迷妄となってしまったのである。

これが、18世紀の知識人の常識となった。

だが、18世紀には、未だ中世と地続きの精神世界に生きる下層大衆が大半を占めていた。

こうした下層大衆をその棲家である共同体から放逐したのが、イギリスの囲い込み運動であり、産業革命であった。

イギリスにおいては、国民はイギリス国教会の「教区」という名の宗教共同体に帰属していた。

だが、地主の「囲い込み（エンクロージャー）」によって、土地を失って、都市に流れ込む農民達が大量に発生した。

共同体との絆を断たれ、都市に流入した農民達は都市の下層プロレタリアートとなり、貧窮した不安定なデラシネ（故郷喪失者）となった。

彼らの物質的・精神的疎外状況に火を投じたのがメソディストの教祖、ジョン・ウェスレーだった。

彼は「国教会の教区制度の慣例を打ち破り、聴衆がいるところならどこへでも出かけて説教」（ジョンソン、162頁）をした。「40万キロメートル以上を踏破し、野外集会で3万人に及ぶ聴衆に語りかけた。42回アイルランド海を渡り、4万回を超える説教をしたと推定されるが、ときにはそれが3時間も続いたという」（ジョンソン、162-163頁）。

こうして、一方では産業革命の進行する18世紀イギリスにおいて、巨大な信仰復興運動が勃興したのである。

ロンドン伝道協会が結成されたのも、そうした信仰復興運動の熱気の中からだった。

そもそも、始祖カルヴァンが宣教活動を認めていなかった。

マックス・ウェーバーによれば、「カルヴァン自身は、教会の拡大は、〈神ひとりがなし給う業〉だという理由から、異教徒伝道の義務を認めていない」（ウェーバー、1989、171頁）という。

それが、徳川日本において、オランダ（カルヴィニズムが国教である）が、スペイン・ポルトガルを駆逐して、対日貿易を独占し得た理由である。オランダのカルヴィニスト商人にとっては、極東の異教徒の魂が地獄に堕ちようが、交易で利が上がればどうでもよかったのである。

大航海時代の海外宣教の主役であったイエズス会は18世紀、ヨーロッパ中から放逐の憂き目に遭っていた。「とりわけ〈イエズス会士漁り〉が、この世の暗闇、暴力、策略はすべてイエズス会のせいだとしたため、ヨーロッパのほとんどすべての国々にこれ以上にないほど無茶な抑圧規制の措置がとられるにいたった。」（フリーデル、２０８頁）

日本では知られていないが、ヨーロッパにおけるイエズス会のイメージは「陰謀家集団」というものである。それは、プーシュキン＝ムソルグスキーの『ボリス・ゴドノフ』、エイゼンシュテイン＝プロコフィエフの『イワン雷帝』、トーマス・マンの『魔の山』を見れば明らかである。

その結果、「イエズス会士が公然と許容されたのは、カタリーナ女王の治めるギリシアとフリードリヒ（大王）の治めるプロテスタントの地域だけとなった」（フリーデル、２０９頁）。

18世紀、イエズス会は地下に潜り、海外宣教どころではなかったのである。

その間隙を突くようにして、18世紀末、プロテスタントは初めて組織的海外宣教に乗り出すこととなるのである。

イギリスにおける18世紀信仰復興運動がその原動力を与えた。

その熱気を受けて、ノーサンプトンの靴屋であったバプティスト、ウィリアム・ケイリーは１７９４年インドに渡り、布教を開始する。

ケイリーはその年、ブリストルのバプティスト派ジョン・ライランドに「反奴隷協会」に連なるノン・コンフォミスト（ピューリタン）諸教派が結集して、伝道教会を樹立するよう慫慂《しょうよう》する手紙を送る。（Hiney, 2000, p.4）

ライランドはブリストルの反奴隷運動家H・O・ウィリスにケイリーの手紙を見せ、ウィリスは3人の有力なノン・コンフォミスト（ピューリタン）牧師達にライランドを引き合わせ、ここに5人は伝道協会を設立することを決定する（Hiney, p.5）。

そのうちの一人、カルヴィニストのディヴィド・ボウグは、ロンドンに創刊された「福音雑誌（the Evangelical Magazine）」において、次のように呼びかけた。

「我々は『自分自身を愛するように汝の隣人を愛せよ』（ローマ、13：9）と命ぜられています。そして、キリストは全ての人間が我々の隣人だと教えています。あなた達はかつて、残酷でいとうべき偶像崇拝の中に生きる異教徒でした。イエスの僕《しもべ》が異郷からやって来て、彼の福音をあなた方の間に説いたのでした。すなわち、それがあなた方の救済の知識です。あなた方はイエスの僕らの親切への公平な代償として、かつてのあなた方と同じ状況に生きている国々に使者を送り、彼らの物言わぬ偶像から生きた神に、仕える主を代えるよう懇願し、神の子が天国から再び降って来られるのを待つべきではないでしょうか。真に、あなた方は使徒達の債務者なのです。」

（Hiney, p.5）

この一文に見られるように、当時のピューリタンは世界の終末の切迫、すなわち、イエス・キリストの再臨と最後の審判の切迫への待望と恐怖の内に生きていたのである（Garrett, 1982, p.10）。そして、その必要条件として全ての国々への救済のメッセージを伝える義務に衝き動かされていたのであった。

時あたかも、フランス大革命勃発から6年の事であった。

ここに、諸国宣教のピューリタンの伝道組織としてのロンドン伝道教会（London Missionary Society、略してLMS）が誕生し、太平洋における「海のキリスト教」の嚆矢となったのである。

引用文献

今関恒夫［1988］『ピューリタニズムと近代市民社会――リチャード・バクスター研究』みすず書房
ウエーバー、M（大塚久雄訳）［1989］『プロテスタンティズムの倫理と資本主義の精神』岩波書店
クック、J（増田義郎）［2004］『太平洋探検1　第一回航海（上）』岩波書店
クック、J（増田義郎）［2005a］『太平洋探検3　第二回航海（上）』岩波書店
クック、J（増田義郎）［2005b］『太平洋探検5　第三回航海（上）』岩波書店
熊谷圭知・塩田光喜編［1994］『マタンギ・パシフィカ――太平洋島嶼国の政治・社会・変動』アジア経済研究所
呉　滋一［1979］『ギリシア神話（上）』新潮社
坂本賢三［2008］『科学思想史』岩波書店
シャロック、R（バニヤン研究会訳）［1997］『ジョン・バニヤン』ヨルダン社
ジョンソン、P（別宮貞徳訳）［1999］『キリスト教の2000年（下）』共同通信社
西原稔［2007］『クラシックでわかる世界史』アルテスパブリッシング
フリーデル、E（宮下啓三訳）［1987］『近代文化史1』みすず書房
ベルウッド、P（池野　茂訳）［1985］『ポリネシア』大明堂
ムアマン、J・R・H［1991］『イギリス教会史』聖公会出版
湯原かの子［1995］『ゴーギャン――芸術・楽園・イヴ』講談社

Hiney, Tom [2000] *On the Missionary Trail: A Journey Through Polynesia, Asia, and Africa With the London Missionary Society*, Atlantic Monthly Press.
Howe, K. R. et al. [1988] *Where the Waves Fall: A New South Sea Islands History from First Settlement to Colonial Rule*, Honolulu: University of Hawaii Press.
Moerenhout, Jaques Antonie [1837] *Voyages aux iles du Grand Océan*, Paris: Adrien Maisonneuve.
Oliver, Douglas L. [1974] *Acient Tahitian Society*, Honolulu: Univercity of Hawaii Press.

第1章　トンガにおける王権とキリスト教
――植民地宣教期から民主化運動期へ

大谷　裕文

はじめに

現在、地球上には多種多様な「キリスト教」がある。古代にキリスト教信仰が定着したヨーロッパ諸社会やヨーロッパのキリスト教文化を継承したアメリカ合衆国、カナダ、オーストラリア、ニュージーランド、及び中米・南米の一部社会のみならず、アフリカ、アジア、太平洋島嶼国にもかなりの数の「キリスト教徒」が生活している。これら世界諸地域の「キリスト教」は、その教義、信仰、実践において驚くほどの多様性を示しており、キリスト教徒の日常生活の多様性まで含めて見るならば、「イエス・キリストへの信仰」という重要な共通性を除けば、ほとんど何も共通点がないほどである。例えば、本章で主題的に取り扱う南太平洋トンガ王国の「キリスト教」の場合、フリー・ウェズリアン・チャーチ・オブ・トンガ、トンガ・カトリック・チャーチ、フリー・

チャーチ・オブ・トンガ、チャーチ・オブ・トンガ、トーカイコロ・クリスチャン・チャーチ、セブンス・デイ・アドヴェンティスト・チャーチ、アッセンブリー・オブ・ゴッド・チャーチ、アングリカン・チャーチ、モルモン教会（同教会発祥の地である合衆国では、「モルモン教はキリスト教ではない」という見方がとりわけバイブルベルトにおいて支配的であるが、トンガではキリスト教の一教派と見なされている）など、土着化したキリスト教会があるのみならず、各教会のリーダーが率先して、ヨーロッパや合衆国のキリスト教実践とは全く無関係な、カヴァ儀礼やトンガ・ダンス祭の挙行、あるいは主日礼拝での民族衣装着用など、キリスト教布教以前の「伝統文化」を実践し続けているのである。今日の人類学におけるキリスト教研究においては、上述したような「キリスト教」信仰の共通性と多様性を同時に考慮に入れなければならない。この点に関して、南アの植民地化とキリスト教布教の複雑な絡み合いの歴史を詳細に分析したコマロフ夫妻は以下のように述べている（Comaroff J. L. and J. Comaroff [1997] p.6）。

モダニティ総体は要するに、普遍性志向を有する市場資本主義やプロテスタンティズムなどの同質化推進力が顕著であるにもかかわらず、同時に単数でありかつ複数であり、特定的でありかつ一般的であり、局地的でありかつグローバルなのである。

こういった今日の人類学におけるキリスト教研究の動向を踏まえて、本稿でキリスト教という語を使うとき、それは、「イエス・キリストへの信仰」という唯一の重要な共通点を有する世界の夥しい数の多種多様な信仰形態を指している。

アフリカ、アジア、太平洋島嶼国に多種多様なキリスト教が根付いたのは、19世紀から20世紀の初めにかけて、ヨーロッパ諸国及び合衆国のキリスト教宣教師が積極的な布教活動を継続したからである。この時代のキリスト教宣教は、植民地主義を背景に展開されたので、植民地宣教と呼ぶことができるであろう[1]。植民地宣教と植民地統治は、これまでしばしば同種の一体的な活動と考えられてきた。確かに、両者は共通のモデルとイメージ、それから植民地の人々を従属民に転換することを通して、文明・福音の支配を確立・強化するという目的(ファビアンの言う「コモン・グラウンド」)を共有していた。しかしながら、ニコラス・トーマスが指摘しているように、植民地宣教は太平洋の多くの地域において西洋の一体的かつ一貫的な企図と呼べるようなものではなく(Thomas [1994] p.62)、植民地宣教と植民地統治の利害も常に一致するとは限らなかったのである(Thomas [1994] pp.106-107)。したがって、特定地域における宣教活動の歴史を見ていくときには、植民地宣教と植民地統治の間に見られる「コモン・グラウンド」のみならず、両者の軋轢も視野の中に入れていかなければならない。

１９８０年代半ば以降のポストコロニアル論、ポストモダン論の隆盛の中で、コロニアルな宣教活動とポストコロニアルなキリスト教会の動向を恣意的に裁断して、後者の新奇性を過度に強調する傾向が見られた。このような傾向に反発して、マイア・グリーンは、現在に至るまでの植民地宣教の連続性とキリスト教研究におけるマテリアルな次元の重要性を強調している(Maia Green [2003] pp.10-11)。しかしながら、このような主張は、現実の政治経済過程から遊離した表象スペースに特権的な位置を与えるポストコロニアル論の一系譜の単なる裏返しであり、「新奇」な現象の重要性を読み損なってしまう危険性を抱えている。植民地宣教とその所産を現在に至る社会・政治・経済の連続的な過程に即して捉え、宣教師、植民地行政官、商人、土着の権力者、そして民衆などのエイジェンシーの自律性と非拘束性(ディスコース)の双方に留意し、ポストコロニアル現象の含意を読み取っていくアプローチが、現在の人類学的なキリスト教研究に必要であると筆者は考えている。

植民地宣教の連続性と区別して捉えなければならないキリスト教の新しい動向として、グローバル・チャーチ運動、パラチャーチ運動、およびそれらとグローバル化の関係性に注目する必要がある。近年、グローバル化の進展がもたらす諸矛盾(2)に対処する対抗運動が世界各地で台頭しているが、このような運動の中でキリスト教、とりわけグローバル・チャーチ運動、パラチャーチ運動が大きな役割を果たしているケースが、かなり多く認められる。1980年代半ば以降、トンガ王国を揺るがしていった民主化運動は、その典型であり、政治権力とパラチャーチ系キリスト教の屈折した節合関係に言及することなしに、この対抗運動を語ることはできない。この小さな独立国（人口約10万人、トンガタプ、ハーパイ、ヴァヴァウの三つの島嶼群の総面積約750㎢）が、現代におけるグローバル化・国民国家・キリスト教のトライアッドを考えていく上で示唆的な事例を提供してくれているのである。本稿は、1790年代末（最初のキリスト教宣教師が布教活動を開始した時代）から2015年（皮肉なことにキリスト諸教会指導者の多くが、2015年に入ってから、かつて民主化運動のシンボル的なリーダーであったアキリシ・ポヒヴァ首相に反旗を翻すようになった年）に亘る、約215年間の王権とキリスト教の絡み合いを政治・経済過程に即して叙述し、それを通してトンガにおけるコロニアル状況及びポストコロニアル状況における王権とキリスト教の節合関係の特性を明らかにすることをその目的としている(3)。

第1節　キリスト教宣教師の到来とトンガ王権

1．初期国家の崩壊とLMS宣教師の布教活動

トンガにおける最初のキリスト教の布教は、LMS（London Missionary Society〈ロンドン伝道教会〉）の宣教師

によって18世紀末に開始された。当時、トンガ諸島では、諸首長間の抗争が続き、神聖王トゥイ・トンガと世俗王トゥイ・カノクポルからなる二重王権秩序に顕著な解体の兆しが現れていた。筆者が収集した伝承によれば、1799年、当時最も野心的な首長として知られていたヴァヴァウ諸島のフィナウ2世は、彼の兄弟、トゥポニウアの協力を得て秘かにトンガタプ島へ行き、イナシ儀礼（神聖王トゥイ・トンガにとって最も重要な秩序更新儀礼）の夜にトゥイ・カノクポルの王位にあったトゥクアホを暗殺するという出来事が起こった。この事件を契機として、初期国家の政治的中心は失われ、以後政治的野心を抱く周縁諸首長の乱立状態が現れる。当面、諸首長の政治的野心は、親族関係を基盤とする伝統的な貢納システムの再編を通して、自己の支配を拡大することに向けられていた（Gailey [1987] p.178）。上述した野心的な周縁首長フィナウは、トゥクアホ暗殺に対する復讐を唱えていたトンガタプ島ヒヒフォ地区の首長を急襲した。この1799年の戦闘で重要な役割を果たした人物が、英国人ヴェイソンである。彼は、フィナウに協力して、不可侵のアジール（聖域）に逃げ込んで難を逃れようとしたヒヒフォの戦士のなかに火を投げ込んで、これを全滅させるという作戦を展開した（Orange [1840] p.175）。しばらくして、今度は、ヒヒフォの首長が反撃に転じ、先のフィナウの攻撃に協力したトンガタプ島ハハケ地区の住民を壊滅させる程の大攻撃を加えた。トンガの歴史学者シオネ・ラトゥケフ氏によると、この戦闘で殺害された人々の屍はうずたかく積み上げられ、その頂から遥か遠くのエウア島が見えたという（Latukefu [1974] p.6）。この出来事の中に窺われるトンガタプ島の東（ハハケ）と西（ヒヒフォ）の対立は、民主化運動に揺れる21世紀の現在に至るまで、トンガの歴史の中で繰り返し現れることになる。

上述した戦乱勃発の少し前（1797年4月）に、LMSから派遣された10名の宣教師がトンガタプ島に上陸した（Wilson [1799] p.105）。LMSの宣教師は、上陸後まもなくして、時のトゥイ・カノクポル（高齢のムムイ）とその息子トゥクアホの庇護を受けることに成功し、トンガタプ島ヒヒフォ地区を中心としてトンガで最初のキリスト教布教活動を展開した。ところが、1795年に設立されたLMSの英国本国におけるメンバーの多くは、超教派的に集められた「下層」の博愛主義的かつ福音主義的な未経験者であった。先の10名の宣教師も、ほぼ全員が、このような層の出身であり、「異教徒」に対する宣教活動に必要な知識、技能、及び語学力を有していなかったので、彼らの布教活動は失敗の連続であった（Latukefu [1974] p.25）。しかし、宣教師にとってそれ以上に困難な問題は、トゥイ・カノクポルとその配下の諸首長の宣教師に対する眼差しであった。当時、トンガの首長は、フィジーの白檀を入手することに夢中になっており、西欧の物品、とりわけ斧、鑿、釘に伝統的な交易品であった鯨の歯を携えてフィジーに行き、それらを白檀と交換していた（Gailey [1987] p.219）。このような状況のなかで、トンガの諸首長にとって最も有用であったものは、聖書ではなく、鉄器をはじめとする西欧の貴重品であった。LMSの宣教師は、当初二つの主要な目的をもっていた。第一に、「野蛮」なトンガ人に福音を伝え、彼らを改宗させること、第二に、プロテスタンティズムの経済倫理に基づいて、「怠惰」なトンガ人に産業の観念をもたらし、彼らを勤勉な労働に就かせることである（Wilson [1968] pp.279-281）。しかし、トゥイ・カノクポル及び諸首長と良好な関係を維持するために、第一の目的よりも第二の目的を重視せざるを得なくなり、結局トンガの支配者層との経済取引（換金作物、布、鉄器などの物品と新鮮な食糧とのバーター交換）に傾斜していったのである。このような経済取引への傾斜は、LMS宣教師の運命を予示するものであった。英国から持ってきた物品には限りがあり、補給も行われなかったので、それが底をつくことは時間の問題であったからである。

こういった点に加えて、LMS宣教師に致命的な打撃を与えたのは、既にトンガに根付いていたビーチコーマーであった。最初のビーチコーマーは、現在史料的に確認できる限りでは、1796年にエウア島とノムカ島に立ち寄ったアメリカ船オッターから逃亡した者達であった。彼らは、もともとは英国からオーストラリアに流された囚人であったと考えられている（Gunson [1977] p.96）。彼らのなかでよく知られている人物は、アンブラー、コネリー及びブライアンである。彼らは、モードが言うビーチコーマーの範疇に入る人物であった（Maude [1968] p.135）。すなわち、①自文化から一時的にあるいは半永久的に脱離し（西欧の貨幣経済から離れ）、②異なる社会（とりわけ太平洋島嶼社会）の関係の網目に参加し、③大なり小なり当該社会の慣習・観念・価値の影響を受容し、④当該社会に生計を依存して生きる異人（主として西洋人）であった。上述の3人のビーチコーマーのうち、アンブラーは、世俗王トゥイ・カノクポルと結びつき、トゥイ・カノクポルの戦士の娘と結婚した。コネリーは、神聖王トゥイ・トンガの宮廷があったムアに住んでいた。アンブラーとコネリーはともにトンガ語を流暢に話し、LMS宣教師の通訳として活躍した。一方、ハーパイ諸島で生活していたブライアンは、非常に粗暴な男であったが、武器やその他の鉄器の扱いには長けていた。LMSの宣教師達は、入れ墨を施し半裸で生活するブライアンを特に嫌っていたと言う。

これらのビーチコーマーは、最初のパパランギ（白人〈Papalangi〉）の定住者として特権を享受していたが、LMSの宣教師の布教活動が始まってから、この特権が脅かされるようになった。最初に宣教師と対立したコネリーは、1797年に宣教師が乗ってきた船（ダフ号）で英国に連れ戻された。その後アンブラーとブライアンは、「我々は英国の上流の人間であるが、宣教師達は単なる平民に過ぎない、その上、宣教師達は、礼拝のなかでトンガの首長を殺そうとして神に祈っているのだ」と吹聴して回った（Latukefu [1974] p.26）。宣教師にとって不運だったのは、宣教師の到着後3ヵ月間で3人の有力首長が相次いで死んだことであった。それでトンガの人々は、件のビーチコーマー達の非難中傷を真に受けるようになった。宣教師を取り巻く状況が厳しくなるなかで、ヴェイソンという人物が、布教活動から脱落し、トゥイ・ハータカラウア王朝（神聖王トゥイ・トンガの系譜から派生したもう一つの王朝）の系譜に属する首長、ムリキハーメアのもとで生活し始めた。彼は、トンガの生活文化を受容するとともに、ムリキハーメアをはじめとするトンガの首長に西欧文化を伝達する役割を果したと言われている。先に述べた1799年の戦乱によって宣教師の布教活動はほとんど不可能になった。このような状況のなかで、ヴェイソンを除くLMSの宣教師のうち、3人が殺害され、残りの宣教師は、オーストラリアのニュー・サウスウェールズに逃れざるを得なくなった。しかし、ビーチコーマー（アンブラーとブライアン）が安泰であったわけではない。アンブラーは、首長の一人を罵倒した件で処刑された。ブライアンも、ヴァヴァウ島の首長の娘に乱暴を働いた廉で殺害された。

2. ウェズリアン・メソディスト宣教師の布教活動

LMS宣教師の挫折の後もトンガにおけるキリスト教布教活動への関心は持続していた。ニュー・サウスウェールズへ逃れたLMS宣教師の一人であったシェリーは、伝道本部にトンガにおける布教活動の再開を繰り返し嘆願していた。シェリーの死後、彼の妻がシドニーの若いウェズリアン宣教師、ウォルター・ローリーに粘り強く働きかけた結果、ローリーは遂にトンガで布教を行うことを決心するに至った。これは、福音主義団体として互いに競合しつつも協力し合っていたLMSとウェズリアン宣教団（メソディスト）（Martin [1983] pp.65-67）の間の微妙な関係の一例である。ローリーは、英国ウェズリアン伝道本部の意向を確認した後、1822年8月16日に彼の妻、子供、及び3名の従者とともに、ウェズリアン宣教師として初めてトンガに上陸した。ローリーの一行は、首長ファトゥ（トゥイ・ハータカラウア王朝に属するムリキハーメアの息子）の庇護を受け、ムアで布教を開始した。しかしながら、ローリーは、ウェズリアン・メソディストの名前が示しているように、厳しいメソッドをムアの住民に押し付ける傾向があった。これは、この時期のウェズリアン宣教が、世界的に直面した問題であった。ローリーは、すぐに土着宗教の祭司や有力首長の執拗な敵対行動に直面した結果、健康を害し、翌年布教活動を断念して、3人の従者を残してトンガを去っていった（Latukefu [1974] pp.27-28）。続いて1826

年に、ローリーの後任として、トマス（John Thomas）とハッチンソン（John Hutchinson）がシドニーのウェズリアン伝道局からトンガに派遣されてきた。彼らは、前任者の轍を踏まないようにするために、伝道所と学校をトゥイ・カノクポルの本拠地であったヒヒフォに置き、有力な首長アタ（Ata）の庇護を受けた。アタは２人の宣教師に助言者の役割と西洋の物品（銃、斧、ナイフ、釘、リネン等々）の供給を期待したが、２人の宣教師は、アタの期待に反して、「主人」のように振る舞った。期待していた武器や助力を宣教師から得ることができなくなったアタは、ヒヒフォの民衆が伝道所・学校を訪れることを禁止し、次第に宣教師に迫害を加えるようになった。アタに仕えていた祭司も、２人の宣教師に対する敵意を煽り続けた。改宗を迫る宣教師に対して、アタは、「私達には祖先から受け継いだ私達のやりかたがあり、私の心は変わらないので、あなた方の宗教には加わらない」と答えたという（Latukefu [1974] p.28）。こういったアタの敵対的な行動に、トマスとハッチンソンの仲違い、彼らとビーチコーマーや捕鯨船員との間の軋轢といった否定的な要因が重なってヒヒフォでの布教は絶望的となり、１８２９年に同地の伝道所は閉鎖された。このようにトマスとハッチンソンも、布教活動の早い段階で挫折を経験することになったのであるが、彼ら自身の「ハビタス」が手詰り状態を招来した要因の一つであったことはほぼ間違いないところであろう。先に挫折したＬＭＳ宣教師と同様に、トマスとハッチンソンは何れも英国の「下層」の出身であり、彼らが受けたフォーマルな教育は日曜学校のみであった。その結果、彼らは、読み・書き・説得のリテラシーを欠き、性格的にも柔軟性の欠如という問題を抱えていたので、ヒヒフォの住民とのコミュニケーションは困難を極めた。こういった状況の中で、彼らはジョン・ウェズリーの信仰覚醒運動の最も特徴的な教説、すなわちメソディスト教会の名称の由来となったメソッド（聖書に根拠を有する規律正しく厳格な日常生活実践方法）を一方的に押し付けながら、メソッドに反する土着の生活様式（伝統舞踊、カヴァの儀礼、入れ墨、喫煙、半裸の生活）などを厳しく禁止したという(4)。

こういった閉塞状況の突破は、1827年に来島したウェズリアン宣教師ナサニエル・ターナーによってもたらされた。ターナーは、初期の宣教師にしては珍しく立派な教育とニュージーランドでの十分な布教経験を有する人物であった。彼は上陸後直ちにヌクアロファに伝道所を開設し、聖書をトンガ語に翻訳しつつ、神・聖霊・イエスの三位一体を伝統的なトンガの神々の位階で説明する「キリスト教教義の土着化」を押し進めた(5)。ヌクアロファでは、既に1826年からタヒチ人のLMS宣教師(ローリーの感化を受けたフィジー人タカイが連れてきたハペとダヴィダ)が教会を建て、キリスト教の布教を行い、かなりの「成功」を収めていた(1827年に約300人が定期的に礼拝に参加していた)ので、ターナーを受け入れる基盤は整っていたと考えることができるであろう(Latukefu [1974] pp.50-51)。当時ヌクアロファの首長であったアレアモトゥアは、アタとは異なり、土着宗教の守護神の「効力」への深い懐疑から、新しいより強力な守護神としてのキリスト教に深い関心を示し、ターナーから積極的に英語とキリスト教的な知識を吸収した。老齢で政治力に欠けていたアレアモトゥアは、トゥイ・カノクポル王朝内部の権力闘争で、ハア・ハヴェア出自集団(Haa Havea)に属する首長、とりわけマアフとアタの力に圧倒されていたが、親族力学上の暫定的な均衡を維持する必要から、1827年に第18代トゥイ・カノクポルに推挙された。トゥイ・カノクポルとなったアレアモトゥアは、政治的には相変わらずハア・ハヴェア出自集団の首長の思いのままに操られていたが、宗教的には歴史の転回点を画する重要な一歩を踏み出した。というのは、1830年にターナーによって洗礼を受け、名目的であるとはいえ、トゥイ・カノクポルとして初めてキリスト教徒(ウェズリアン)となったからである。当時、トンガの王や首長にとって、宗教の価値を推し量るほとんど唯一の基準は、領地の拡大、戦闘での勝利、マテリアルな財の獲得、病気からの回復、結婚戦略の成功など、直接的かつ可視的な「効力(御利益)」であった。アレアモトゥアも、この基準に基づいて土着宗教とキリスト教とを秤にかけた結果、キリスト教の方を選択したのである。キリスト教徒となったアレアモトゥアは、さらに一歩前進し、ヴァヴァウ諸島の当時の支配者であったフィナウ・ウルカララ3世と、ハーパイ諸島の支配者であったタウファアハウ（アレアモトゥアの甥の息子で、後のジョージ1世）のもとにウェズリアン宣教師を派遣する命令を下した（Howe [1984] p.186）。このアレアモトゥアの決断は、その後のトンガにおけるキリスト教土着化の基本線を決定づけるものであり、それはターナーにとっても全く思いがけない幸運であった。この出来事は、また土着権力と外来宗教とのインタープレイの進捗がなければ、布教の進展も望めないことを示している。

ヴァヴァウ諸島のフィナウ・ウルカララ3世とハーパイ諸島のタウファアハウは、ともにアレアモトゥアが派遣した宣教師を歓迎したが、タウファアハウの方がキリスト教の「効力」に関してはるかに強い関心を抱いていた。幼少の頃から強力なマナ（超自然力）の持ち主とみられていたタウファアハウは、後に連戦連勝の勇敢な戦士として知られるようになったが、1826年のハーパイ諸島ヴェラタ要塞の戦闘で、ラウフィリトンガ（Laufilitonga〈最後の神聖王トゥイ・トンガ〉）と戦ったとき、背中を槍で刺され瀕死の重傷を負った。この出来事を契機として、タウファアハウは伝統的な守護神の「効力」について懐疑の念を抱き、ウェズリアン宣教師の「神」に強い関心を寄せるようになったと言われている。(6)

アレアモトゥアが派遣したウェズリアン宣教師を受け入れてから、タウファアハウは、土着の守護神と宣教師の新しい「神」の双方に対して「効力」の検証を慎重に進め、その結果新しい神の「優越」を確信するに至り、遂に1831年に洗礼を受けてジョージ1世を名乗るようになった。ジョージ1世は、ウェズリアン宣教師の支援を背景として、敵手を一人ずつ屈服させるという仕方で政治統合を進めていった。ウェズリアン宣教師は、キリスト教徒であるジョージ1世と異教徒の諸首長との闘いを「聖戦」と位置づけていたので、自ら「商人」としてジョージ1世に大量の武器を供給した（Gailey [1987] p.180）。近年の人類学におけるキリスト教研究では、「経済勢力」としての「植民地宣教団」の役割に対して関心が高まっているが（Maia Green [2003]）、上述したウェズリアン宣教師の商人としての活動は、その典型的な事例と言えるであろう。

ウェズリアン宣教師によって補給を受けたタウファアハウは、装備において優勢となり、各地の戦闘で勝利を収め、１８３０年代末には、ヴァヴァウ島とハーパイ諸島をほぼ支配下に置いた。同時に、ウェズリアン宣教師の助言を受け入れながら法典の編成に着手し、１８３９年にヴァヴァウ法典（Code of Vavau）と呼ばれる最初の成文法をヴァヴァウ島のネイアフで発布した（Latukefu [1974] p.121）。しかしながら、ジョージ1世による政治統合はその後必ずしも順調に進捗したわけではない。フランスの海軍力を背景に持つマリスト系カトリック宣教師が来島し、ジョージ1世との一戦に備えて敵対勢力を結集し始めたからである。次に、このカトリック陣営のジョージ1世に対する対抗活動について述べることにしたい。

3．遅れて来たカトリック宣教師

アジア・太平洋におけるローマ・カトリックの宣教活動は、16世紀に遡る。スペインは、１５７１年にフィリピンのマニラを建設し、ここを植民地支配とカトリック宣教（イエズス会宣教師による宣教）の中心として、軍人と宣教師が同じ船に乗り合わせて、さらに遠くのミクロネシア、メラネシアへの進出を試みていた。１６０６年に、エスピリサント島（ヴァヌアツの一部）で、１６６８年にはミクロネシアのグアム島で布教が開始された。ミクロネシアとメラネシアでの布教活動は早くから始まったが、ポリネシアにおけるカトリック宣教はかなり遅れ、１８３６年にタヒチで「イエスとマリア聖心修士会」に属するフランスの宣教師が布教を試みたのが最初である。トンガでのカトリック布教はさらに1年遅れて、１８３７年に開始された。

１８３７年、西太平洋名義司教（Vicar Apostolic）であったフランス・マリストのビショップ・ポンパリエは、ヴァヴァウ島でカトリックの布教を開始した。しかしながら、当時既にヴァヴァウ島を支配していたジョージ１世は、カトリック信仰を「異端の宗教」ないしは「敵対的信仰」と位置づけて、ポンパリエをヴァヴァウ島から排除した。１８４２年には、タヒチとマルケサスがフランスによって併合された。この出来事を伝え聞いたジョージ１世は、カトリック宣教師への警戒心をより一層強めていった。こういった状況の中で、再度トンガで布教を行う機会を窺っていたポンパリエは、ジョージ１世に敵対する勢力の拠点となっていたトンガタプ島のペア村に目を付け、１８４２年にポンパリエの一行は同地に赴いた。彼らは、ペア村に集結する諸首長の大歓迎を受け、到着後直ちに「カトリック・チャーチだけが主イエス・キリストが掟を与え給われた唯一つの教会であり、トンガの人々は未だ真のキリスト教を知らないのだ」という主張を掲げて（Latukefu [1974] p.136）、カトリック伝道所を同地に開設した。こういった動きに対して、１８４３年、ウェズリアン宣教師は、カトリック宣教師が古い土着宗教に固執するペアの首長の言動を黙認している点を論《あげつら》って、「カトリック教徒は邪悪な異教徒である」というプロパガンダを繰り返したという[7]。一方、カトリック宣教師は、ウェズリアンのプロパガンダに対抗して、「異教徒の生活においても、キリスト教の神がその背後に最初から潜在的に作用しているので、トンガの伝統的な生活様式とカトリック信仰は矛盾しないこと」「ジョージ１世を支援するウェズリアンは、新興の邪教に過ぎないこと」を繰り返し強調することによって、ラウフィリトンガの支持、及びジョージ１世に反感を抱くトンガタプ島のハア・ハヴェア出自集団に属する首長（マアフやラヴァカ等）の支持を獲得することに成功したという[8]。カトリック陣営の反撃に直面したジョージ１世は、１８４１年に敵対するアタとヴァハイの称号を剥奪し、続いて１８４５年にハア・ハヴェア出自集団の結集点を消し去ることを意図して、巧妙な手口でマアフをフィジーのラウ諸島に追いやることに成功した。さらに同年、支配の正当化のために「伝統文化」の一部を継承する必要性を認識したジョージ１世は、第19代トゥイ・カノクポルとして即位し、トンガの主要な島嶼の暫定的な統合を達成した。

しかしながら、フィジーから帰還したマアフやペア村のラヴァカは謀反の疑いを呼び起こすような言動を繰り返していたので、ジョージ1世は彼らの忠誠心を再確認するために、1847年にトンガタプの統治を彼らに委託し、自らはハーパイに撤退して様子を窺うことにした。この間にカトリック宣教師は、トゥイ・トンガ（ラウフィリトンガ）を担ぎ出してジョージ1世を牽制しようとした。自己の神聖性が伝統的な象徴体系に由来するものであることを十分に認識していたラウフィリトンガ[9]は、当初カトリック宣教師の活動を支持しつつも改宗は頑なに拒んでいたが、1847年に遂にカトリックに改宗した。マアフやラヴァカは、「異教」に拘《こだわ》って改宗しなかったが、カトリック宣教師の積極的な「補給」を受けていた。このようにして、対立の構図は、キリスト教徒対異教徒の戦いからプロテスタント対カトリックの対峙へと変化していった。こういった状況のなかで、カトリック司祭とトゥイ・トンガによって扇動されたハア・ハヴェア出自集団の首長（マアフ、ラヴァカ、アタ）は、ジョージ1世が予期した通り、1851年に反旗を翻した。しかしながら、カトリック陣営の様々な工作にもかかわらず、事態は相変わらずジョージ1世に有利な方向に推移していった。ジョージ1世は、「カトリック＝異教徒の討伐」を大義として掲げることによって、ヴァヴァウとハーパイから大軍を動員し、トンガタプ島のハア・ハヴェア出自集団の首長を火器で激しく攻撃した。追い詰められたカトリック陣営は、フランス海軍の介入に最後の希望を託してトンガタプ島のペア村に要塞を築いて立て籠ったという（Latukefu [1974] p.136）。しかし、ペアの要塞[10]はジョージ1世の軍勢に包囲され、激しい攻防の末、1852年8月に遂に陥落した。頼みにしていたフランス海軍の到着は、同年12月であった。ジョージ1世は、要塞のなかで生き残った首長とカトリック司祭を助命することによって彼らの恒久的な忠誠を獲得することに成功した。このようにして半世紀以上に亘る内乱が終息した。その結果、ウェズリアン・メソディストの信仰を秩序中心化の原理として位置づけ、カトリックを秩序の周縁部に組み入れる構造が形成された。こういった新しい差異化の仕掛けをとおして、ジョージ1世の政治統合は完成度を高めていった。しかしながら、ジョージ1世に対する脅威がこれで消滅したわけではない。というのは、新たに形成されたウェズリアンとカトリックの間の非対称的な関係がフランス海軍の介入を招いたからである。1861年に、フランス海軍はトンガタプ島に上陸し、ウェズリアンとカトリックの対等な扱いをジョージ1世に求め、この要請が拒否された場合は武力を行使すると威嚇した。ジョージ1世は、止むを得ずフランス海軍の要請を受け入れ、ウェズリアンとカトリック教徒の対等の扱いとカトリック教徒の政府官吏への任用を約束した。その結果、法的・形式的次元においては、両教派の平等性が認められることになったので、トンガ・カトリック・チャーチも表向きの批判を差し控えて自尊心と自己満足の小さな世界に閉じ込もる傾向を見せるようになった。しかしながら、トンガ・カトリック・チャーチ（Catholic Diocese of Tonga）の批判的・反政府的な傾向性が消滅してしまったわけではない。それは潜在的な形でその後も存続したのである。この点は、社会・政治的現実の次元において、トンガ・カトリック・チャーチの構造的劣位が変化することは一度もなかったという事実を考慮するならば、決して不思議ではないであろう。

第2節　立憲君主国家の形成から植民地へ

1．新国家の建設とキリスト教諸教派

前項で述べたように、キリスト教は、ウェズリアンとカトリックの形式的な対等性と両者の実質的な非対称

性を抱えながらも、ともかくも19世紀中葉にはトンガ社会のなかに根を下ろした。そして、1830年代からジョージ1世を支援してきたウェズリアンが、トゥイ・トンガを秩序の中心とする古い象徴体系に代わって、新たに生成された政治権力を支える公的イデオロギー装置（「実質的な公式教会」）として定着することになった。そして、このイデオロギー装置に依拠しながら、ジョージ1世は、1860年代から1880年代にかけて、立憲君主国家の制度的形式の整備に全力を傾けた。こういった新国家建設の事業において、2人の英国人ウェズリアン宣教師が大きな役割を果たした。シャーリー・S・ベイカーとジェームズ・E・ムールトンである。

S・ベイカーとJ・ムールトンは、それぞれ19世紀末の「植民地」で活躍した「二つの対照的な英国人の型」を代表する人物であったようである（Garrett [1992] p.142）。S・ベイカーは、彼の娘によって出版された回想記のなかでは、英国国教会の聖職者であり、かつオックスフォード・ホーム・グラマースクールの校長であったジョージ・ベイカーの息子として1836年にロンドンに生まれ、その後良家の子弟として恵まれた教育を受けながら成長していった紳士として描かれている（Rutherford [1971] p.1）。しかし、こういったベイカー像は彼自身によって捏造されたものであるようだ。というのは、S・ベイカーと交流のあった人物が、彼の品格を形容する上で、異口同音に「粗野」「無教養」「無知」といった言葉を使用しているからである。さらに、ベイカーの英語の発音は教養層のアクセントには程遠いものであったという（Rutherford [1971] p.2）。S・ベイカーは、現在のトンガのウェズリアン聖職者の間では、「下層から叩き上げた粗野な人物ではあったが、たぐいまれな政治力の持ち主であり、ポリティカル・アニマルと称すべきほどの精力的な策士」(11)というイメージで語られることが多いが、上述の事実を考慮するならば、こういったイメージの方がS・ベイカーの実像により近いものであると言えよう。S・ベイカーは、1860年8月に、ウェズリアン宣教師として彼の妻とともにトンガタプ島にやってきた。当初、S・ベイカーはトンガタプ島東部のハハケ地区で地道な宣教活動を展開した。ムア村を中心とするハハケ地区は、神なる王、トゥイ・トンガのトフィア（世襲領地）であったために、トンガ・カトリック・チャーチの本拠地となっていた。ハハケの住民もまた、トンガタプ島における「東」と「西」の対立には敏感であったので、トンガタプ島西部のヒヒフォ地区に所縁のあるジョージ1世の王権を簒奪によるものと考え、ジョージ1世と癒着したウェズリアン宣教師を敵視する傾向を見せていたという（Rutherford [1971] p.14）。このような状況のなかでの布教活動は困難を極めたが、それでもS・ベイカーは無視や沈黙を続けるハハケの民衆に粘り強く働きかけて、かなりのカトリック教徒をウェズリアンに転向させることに成功した。しかしながら、S・ベイカーの頑固かつ粗野な態度が同僚宣教師の反感を招き、ウェズリアン・チャーチ内の人間関係が非常に悪化したために、S・ベイカーは他の宣教師から距離をとり、当時のウェズリアン・チャーチ伝道本部規定では禁止されていた「政治」の領域に活路を見いだそうとした。オーストラリアのウェズリアン・チャーチ伝道本部や同僚宣教師との懸隔はさらに大きくなっていったが、S・ベイカーは、躊躇《ためら》うことなく持ち前の政治力を最大限に発揮してジョージ1世に近づき、遂に国王の助言者となることに成功した。国王の助言者となったS・ベイカーはジョージ1世を補佐して、トンガが国際社会で近代的な立憲君主国家として承認されるために必要な一連の制度的形式の確立（憲法の公布、枢密院、内閣、議会といった機関の創設、官僚機構及び行政組織の整備）に向けて尽力した。S・ベイカーとジョージ1世の協働によって創り上げられた、上記の立憲君主国家制度、とりわけトンガ憲法（「1875年憲法」）は、その後何度も小さな変更を加えられながらも、「2010年新憲法」制定[12]まで、その成立から135年間に亘ってトンガ王国の統治機構を規定する基本枠組みとして存続した。

一方J・ムールトンは、S・ベイカーとは対照的にオックスフォード神聖クラブ（the holy club at Oxford）を源流とする正統的メソディスト信仰の伝統を汲む学者肌の宣教師であり、ギリシア・ラテン語に精通し、首長層のトンガ語を巧みに話し、賛美歌作曲家としてもウェズリアン・チャーチに多大な貢献を行った人物である。

ムールトンの最大の功績は、１８６６年に英国のパブリック・スクールをモデルとした最初の中等学校、トゥポウ・カレッジをヌクアロファに創設し、ラテン語、英語、歴史、代数学、幾何学、物理学といった教科からなるアカデミックなカリキュラムと厳しい評価基準を通して、優れた人材（聖職者や国家官僚）を育成していったことである（Garrett [1992] p.142）。ムールトンは、キリスト教主義に基づく道徳教育の重要性を唱えながら、それ以上にトゥポウ・カレッジを指導的な聖職者と国家官僚の育成を第一の目的として掲げるエリート教育機関に育て上げていくことに心血を注いだのである。ムールトンの努力は報われ、トゥポウ・カレッジは、長期に亘ってトンガで最高のエリート養成機関として高い評価を与えられてきた。トンガ政府は、１８８１年に早くも、「諸外国の政治的・宗教的影響力を制限し、立憲君主国家としての独自性を確保せんがために」という口実のもとに、「ムールトンの学校」とは異なる国立中等機関、トンガ・カレッジ（Tonga College）を創設した。しかしながら、「ムールトンの学校（トゥポウ・カレッジ）」は、その後も第二次世界大戦終了時まで、トンガ・カレッジを良きライバルとしながらもエリート校としての地位を失うことはなかった。こういったトゥポウ・カレッジのエリート校としての地位は、ウェズリアン系の小学校を卒業し、その後１９２７年から６年間トゥポウ・カレッジで教育を受けた後、オーストラリアに渡り、かつてムールトンが教鞭をとっていた兄弟校ニューイントン・カレッジを経てシドニー大学に進んだ故トゥポウ４世の経歴（Taulahi [1979] pp9-10）が示しているであろう。ムールトンは、宣教師としての布教活動においては、当時の英国メソディズムの基準を重視し、「トンガ独自のキリスト教解釈や古い宗教との習合、及びカトリックを中心とする他教派の信仰」に関してはこれを厳しく批判する姿勢を維持していたという。[13]

以上のような人格と宣教上の態度を有するムールトンは、英国及びオーストラリアのメソディスト伝道本部の形式主義を嫌悪していたS・ベイカーとは肌が合わず、実際に両者は政治への関与や宣教上の方針をめぐってたびたび衝突した。こういった両者の権力闘争は、やがてウェズリアン・チャーチの分裂という深刻な事態を招いた。海外の伝道本部からの完全な独立を主張するS・ベイカーの「フリー・チャーチ・オブ・トンガ（the Free Church of Tonga）」とそのような独立を否定するムールトンの「ウェズリアン・チャーチ（the Wesleyan Church）」の対立は、ジョージ1世が、1885年に、S・ベイカーの「フリー・チャーチ・オブ・トンガ」を実質的な「公式教会」として公認するに至って、いよいよ決定的なものとなった。トンガ・カトリック・チャーチにとって、このようなウェズリアン・チャーチの分裂は、勢力拡大の絶好の機会であった。しかし当時のトンガ・カトリック・チャーチを管轄していた中央オセアニア名義司教（Vicar Apostolic of Central Oceania）のJ・A・ラマーズは争いを好まない穏健な人物であったので、ローマ法王を中心とするカトリック信仰の普遍性を強調することで十分に満足し、トンガにおけるカトリックの現状を敢えて変えようとはしなかった。(14) 彼はまた、中央オセアニアにおけるフランスの利益を代表する人物ではあったが、当時顕著になりつつあったドイツと英国のトンガへの介入に対しても全く無力であった。

ジョージ1世とS・ベイカーが主導していた新国家の建設は、上述したウェズリアン・チャーチの分裂に加えて、相反する二つの政治勢力、すなわち首長の特権を制限しつつ人民の平等を一定程度実現しようとする力と伝統的な首長権を保持しながら首長に新たな法制上の特権的な身分（貴族）を付与しようとする力の妥協を如何に図るかという困難に直面していたが、こういった矛盾を内包したまま、上からの力で国家建設が強引に推進され、その結果1870年代の終わりには、英国の政治制度をモデルとした小さな立憲君主国家の枠組みが姿を現した。このようにして誕生した立憲君主国家としてのトンガ王国は、1877年にドイツと二国間条約を締結した。この条約は、ドイツがトンガ王国の独立と主権を承認する見返りとして、トンガ王国がドイツのヴァヴァウ島への寄港を優先的に承認することを主たる内容とするものであった。1881年には、英国とトンガ王国との間で二国間条約が結ばれ、この条約によって英国がトンガ王国の主権を承認し、トンガ王国が、英国との自由貿易とトンガ在住英国人に対する英国領事の裁判権を承認することになった。また、1886年にはアメリカ合衆国との間にも、同趣の条約が締結された。以上の三つの条約によって、トンガ王国の主権は国際的に承認されることになった。しかしながらジョージ1世の死後、トンガ王国は独立をそう長く維持することはできなかった。ジョージ2世の奢侈によって、トンガ王国の国家財政は破綻の危機に瀕し、追い詰められた当時の首相サテキが、1897年及び1898年に、ゴドフロイの利権を継承したドイツ系商社、D・H・P・G（Deutsche Handels und Plantagen Gesellschaft）と多額の借款契約を結んだために、ドイツがこれを口実として介入することを恐れた英国政府がトンガの保護国化を急いだからである（Campbell [1992] pp.111-112）。英国政府の主たる関心は、トンガそれ自体ではなく、フィジーの利権を守ることにあったと言われているが、トンガ、とりわけヴァヴァウ諸島はフィジーに近接しているので、ドイツのトンガへの介入は何としてでも阻止しなければならなかった。ドイツの西サモア領有とアメリカ合衆国の東サモア領有（1899年）を承けて、ドイツと英国の間で熾烈な外交交渉が展開され、最終的にはトンガに関する英国の権益を認める方向で妥協が成立した。その結果、1900年に英国とトンガ王国の間で新たな条約が締結され、英国がトンガ王国を保護国とし、トンガの外交権と予算編成権を英国が掌握した結果、トンガ王国は英国の実質的な植民地となった。この保護国条約は、公的には両国の友好的な協議に基づいて平和裏に調印されたものとされてきたが、実際には、「気の進まないジョージ2世」を英国政府代表バジル・トムソンが威嚇することによって締結されたものであった（Campbell [1992] p.113）。保護国条約が締結された後も、英国政府によって任命された西太平洋高等弁務官（The High Commissioner of the Western Pacific）は、ジョージ2世にしばしば圧力をかけたので、「非常に神経質で内気な気質」のジョージ2世は、英国人に恐怖心を抱き、人前に出ることを極力避けていたという（Grimshow [1907] p.279）。一方フランスも、トンガの領有に強い関心を持ち続けていたが、19世紀末の太平洋における英・米・仏・独の力関係から、英国によるトンガの保護国化の過程に介入することはできなかった。このような事情で、フランス政府を後ろ楯にもつカトリック名義司教ラマーズも、またこの一連の出来事をただ座視するほかはなかったのである。

2. サローテ女王時代の「公式教会」とカトリック

英国の保護国となることによって、トンガ王国は半主権国家（保護国という名の植民地）となった。しかしながら、20世紀初頭のトンガでは、保護国条約に反する英国高等弁務官の内政への干渉、19世紀末の政争に起因する王室と国会の軋轢、カウタハ事件[15]を契機とするジョージ2世と英国高等弁務官との露な反目、ジョージ2世の病気に乗じてウルカララを中心とする首長グループが展開した一連の権力奪取の策謀、ジョージ2世の健康悪化に伴うクイーン・サローテの結婚問題と王位継承問題等々、この半主権国家を維持することさえ困難な政治的危機状況が続いていた。こういった危機の増大は、多分にトンガを取り囲む国際情勢の変化によるものであったが、同時にそれは、19世紀後半のトンガ王権の安定性がジョージ1世の傑出した個人的資質に由来していたことを示していた。

さらに都合の悪いことには、以上のような政治的危機に加えて宗教的な危機も深刻化していった。ジョージ1世によって実質的な「公式教会」として公認されたS・ベイカーの「フリー・チャーチ・オブ・トンガ」は、トンガ生まれの白人宣教師、J・ワトキンに引き継がれ、ワトキンのリーダーシップの下に、ヴァヴァウ諸島及びハーパイ諸島の全域とトンガタプ島の多くの地域で順調に勢力を拡大していった。その結果、1911年の時点では、「フリー・チャーチ・オブ・トンガ」の信徒数は1万5968名にまで増大した。これに対して、ムールトンの「ウェズリアン・チャーチ」の信徒数は同じ年に5334名まで減少してしまった（Wood [1975] pp.211-

212）。このように信徒数では、「フリー・チャーチ・オブ・トンガ」の方が圧倒的に優勢であった。しかしながら、こういった「フリー・チャーチ・オブ・トンガ」の発展は、ジョージ1世とS・ベイカーが創出した教会と王権との相互依存関係、すなわち教会が王権をイデオロギー的に支え、王権が守護者として教会を保護・監督する関係に亀裂をもたらすことになった。1837年生まれのワトキンは、70歳を越してから年毎に横暴になり、1918年にサローテ女王が即位してからは、王権を支えなければならない立場にありながら公然とサローテ女王に反旗を翻すようになった。1920年、「フリー・チャーチ・オブ・トンガ」の内情を把握するために、サローテ女王がワトキンに対して同教会の教会法と諸規約の提出を求めたところ、ワトキンは、「国王は教会に関わる事項に関しては何の権限も有していない」と答えてこの申し出を拒絶したという（Campbell [1992] p.129）。実際、ワトキンは、教会法と諸規約を無視して、人事や財務といった重要な事項もサローテ女王に相談することなしに全て独断で取り仕切っていたという（Campbell [1992] p.128）。19世紀中葉には、先述したようにトンガ・カトリック・チャーチが王権に対する最も厳しい批判を展開していたのであるが、今や皮肉なことに実質的な「公式教会」である「フリー・チャーチ・オブ・トンガ」がこの役割を担うことになり、トンガ・カトリック・チャーチの方は、この間自己の狭い世界に沈潜し顕著な動きを示すことはなかった。このような宗教的危機の増大が、サローテ女王に「宗教改革」を決断させる契機となった。とりわけ、上述したワトキンの目に余る態度は、「宗教改革」断行の直接的な引き金となったと思われる。しかしながら、我々は、こういった一連の出来事とそこに現れる登場人物の役柄の他に、劇が演じられる舞台の方にも目を向けなければならない。というのは、当時ようやく「宗教改革」劇を可能ならしめる本舞台が出現しつつあったからである。

20世紀初頭のトンガのエリート層は、「トンガは他の太平洋の島々とは異なり、列強の植民地となることはなかった」という誇りをもっていたという。(16) サローテ女王もそのような人物の一人であった。トンガ王国の相対的な自立性を重視するサローテ女王にとって、政治的安定に向けての最大の懸案事項は分裂した二つのウェズリアン起源の教会、すなわちS・ベイカーの「フリー・チャーチ・オブ・トンガ」とムールトンの「ウェズリアン・チャーチ」の統合であった。サローテ女王の「宗教改革」の企図は、1920年代に入ると、それを可能にするような諸条件が徐々に整ってきたので、二つの対立する教派の聖職者や諸首長によって真剣に受けとめられるようになっていた。ムールトンの「ウェズリアン・チャーチ」は、人材・情報・資金の面で外部の勢力（とりわけオーストラリアや英国のウェズリアン・チャーチ）との紐帯を維持し続けていたので、フリー・チャーチ・オブ・トンガの聖職者や首長も「ウェズリアン・チャーチ」の影響力を侮ることはできなかった。また、トンガの内部においても、シオネ・ハヴェアのような国内外の情報に通じた優れた知識人は「ウェズリアン・チャーチ」に集中していた。そこで先王（ジョージ2世）も、シオネ・マテイアロナの首相就任（1905年）に窺われるように、英国の圧力の下に「ウェズリアン・チャーチ」の有為な人材を重用せざるを得なかったという事情が既に存在していた。サローテ女王自身も、生育の過程のなかで、一方では王室が形式的な庇護を与えていた「フリー・チャーチ・オブ・トンガ」の影響を被りながら、他方では家庭教師のレシエリ・トンガの感化を受けながらムールトンの「ウェズリアン・チャーチ」の伝統も内面化していった。レシエリ・トンガは、ムールトンが育てた女性知識人であり、かつ首相を務めたシオネ・マテイアロナの義理の妹でもあった。また、サローテ女王の夫、トゥンギ・マイレフィヒは、1880年代から90年代にかけてジョージ1世及びジョージ2世と政治的に対立してきた有力首長、トゥクアホの息子であったので、サローテ女王と1917年に結婚してからも、[17]「ウェズリアン・チャーチ」のメンバーとして引き続き重要な役割を果たすとともに、首相として妻の宗教改革を支えた。さらに、「ウェズリアン・チャーチ」の新リーダー、R・ページのサローテ女王に対する献身的な協力も「宗教改革」の遂行にとってきわめて重要であった。ページは、1907年にウェズリアン宣教師として来島し、ムールトンの後継者として1947年までトンガで活躍したオーストラリア人であったが、一方では改革を急ぐことなく事態の「自然な成行き」を気長に見守りつつ、他方では「宗教改革」の重要な局面において適宜実践的な助言を与えながらサローテ女王を陰で激励し続けた人物であった（Garrett [1992] p.146）。

以上のような舞台装置の上ではじめて、サローテ女王は「宗教改革」を主導する主人公の役柄を演じることができたのである。一連の出来事のエピローグは、対立する二つの教会関係者が参集した合同会議の場での両派の和解とワトキンの表舞台からの追放であった。追放されたワトキンはなおも抵抗を続けて小教派を組織し、再び「フリー・チャーチ・オブ・トンガ」を名乗った。しかしながら、この再組織された「フリー・チャーチ・オブ・トンガ」は、宗教世界の周縁に追いやられた完全な弱小教会となり、その後トンガの歴史において影響力を発揮することは一度もなかった。このようにして、1924年に、まがりなりにも「ウェズリアン・チャーチ」と「フリー・チャーチ・オブ・トンガ」の統合が達成され、新教派「フリー・ウェズリアン・チャーチ・オブ・トンガ（The Free Wesleyan Church of Tonga）」が発足したのである。これ以後40年以上に亘って、トンガは稀にみる長期の政治的安定を享受することになった。

「宗教改革」の過程において、トンガ・カトリック・チャーチの潜在力は絶えず非カトリック教徒の疑念を呼び起こしていた。というのは、トンガ・カトリック・チャーチは、表立った行動を差し控えていたとはいえ、相変わらずトンガ内部においては多数の不満分子を擁し、外部ではローマ・カトリックの国際的な諸勢力、とりわけフランスのマリスト会と結びついていたからである。1906年、司教ラマーズが死去し、その後任にA・オリエが選出された。オリエは、ラマーズとは異なり、精力的かつ攻撃的な人物であったので、一時はトンガ・カトリック・チャーチにも大きな反政府の動きが現れるのではないかと思われた。しかしオリエの在任は6年弱で終わり、J・ブランが後任の司教に任ぜられ、1953年まで長期に亘ってその地位に留まった。J・ブランの方針はラマーズのそれに近いものであり、安定性を獲得した政府及び王室との摩擦を極力回避しようとした。特にサローテ女王は教派の別なくあらゆる層の人々の間で圧倒的な人気を得ていたので、J・ブランは、「サローテ女王といま事をかまえるのはあらゆる観点からみて得策ではない」と考えていたという。[18] 1920年代末から30年代初めにかけての不況期には、ほとんど唯一の現金収入源であったコプラの国際市場における価格が暴落し、トンガの各地で民衆は口々に生活の苦しさを教区の聖職者に訴えた。カトリックの強いトンガタプ島東部のハハケ地区においても、事情は同様であった。かつての筆者のインフォーマントであったK村のS老人によると、「当時は、ランプのケロシン代や病人の薬代も払えないような苦しい生活が続いていたので、窮状を村のカトリック司祭に訴えたところ、そのような不平不満は、司教も言われているように、はっきりと口に出さない方がよいと諭された」と言う。

こういったJ・ブランの方針に変化が現れるようになったのは、第二次世界大戦後の1950年代に入ってからである。この時代になると、トンガ・カトリック・チャーチの「説教」でも政府高官の汚職、土地制度の矛盾、貧困問題などのテーマが取り上げられるようになったが、それはまだトンガ・カトリック・チャーチの内部に向けてのメッセージの発信であったので、「ウェズリアン信仰とカトリック信仰はともにサローテ女王支配の安定化原理である」という当時の信念は揺るがなかった。[19] 外に向けて社会の矛盾を衝くトンガ・カトリック・チャーチのメッセージが発信されるようになるのは、ブランの後継者としてトンガ司教（Bishop of Tonga）となったJ・H・ロジャースが、実利的な利益を誘因として急速に信者数を増やしていったモルモン教会との競合関係のなかで、精力的な活動を余儀なくされるようになった1960年代の半ばである。さらに直接的かつ厳しい政府批判が行われるようになったのは、パテリシオ・フィナウが、1972年、初めてのトンガ人司教としてJ・H・ロジャースの後任に選出されてからである。

第3節　トゥポウ4世の統治とキリスト教会

1.「開発政策」の展開とキリスト教会の対応

1965年12月17日、ニュージーランド・オークランドの病院で病気療養中であったサローテ女王が亡くなった。王の空位期間中の政治的混乱を回避するために、サローテ女王死去の報が入ると同時に、サローテ女王の長男トゥポトアが、トゥポウ4世としてトンガ国王に即位する旨が官報で公示された。トゥポトア（トゥポウ4世）は、既にサローテ女王時代に、緩やかな近代化を主導することによって「開発主義者」の片鱗を見せていた。1942年、トゥポトアは最初のトンガ人学士としてオーストラリアから帰ってきたが、政治家としての準備を行う暇もなく、帰国と同時に教育大臣と保健大臣を兼務することになった。しかし、それでも当初期待された以上の手腕を発揮し、サローテ女王の保守的政策の枠内で、綴字法の改正（1943年）、国立中等学校トンガ・カレッジの移転・拡充（1943年）、国立教員養成大学の新設（1944年）、国家エリート養成中等教育機関としてのトンガ・ハイスクールの新設（1947年）、南太平洋健康保険機構（South Pacific Health Service）への加入（1947年）、巡回医療制度の創設（1948年）等々、次から次へと改革を進めていった。さらに1949年には、トゥポトア（トゥポウ4世）は、首相に任命され、「伝統的なトンガの生活様式を破壊するものではなく、それを支援するような経済発展」（Campbell [1992] p.168）というサローテ女王のかねてからの緩やかな近代化政策に沿って、農地再配分を目的とするトンガ全土の地籍図測量、上水道の敷設、小学校及び中等学校の校舎の建て替え、バニラや柑橘類等の新しい換金作物の導入、新農法の普及促進、コプラ生産の振興、農産物の海外販路の開拓、発電設備の更新、捕鯨業を含む近代的漁業の確立、新通貨制度の導入等々の近代化を少しずつ押し進めていった。

こういったサローテ女王時代の緩やかな近代化政策は、トゥポウ4世の国王就任とともに、より積極的な開発政策に置き換えられることになった。トゥポウ4世は、開発目標を着実に達成するために「5カ年計画（five-year development plan）」を採用することを議会で表明した。その後トンガ政府は、英国から有償援助、ニュージーランドとオーストラリアから無償援助を受けることに成功し、これらの資金を活用して第一次5カ年計画（1966〜1970年）が実行に移された。この5カ年計画に基づいて、デートラインホテルの建設に代表される観光開発、クイーン・サローテ港の開設、道路網の整備、医療・保健制度の整備、ココ椰子の植え替え、技術教育機関の新設などの事業が推進されていった。さらに第二次5カ年計画（1971〜1975年）の実施によって、政府が所有・運営権の一部を有するトンガ銀行の創設、空港施設の整備、食料・雑貨を商う市場とバスターミナルの新設、電力・水道事業の拡大、ラジオ放送の拡充、トンガ防衛隊の再編整備などが達成された。こういった積極的な開発の推進は、一方ではトンガの民衆、とりわけ首都ヌクアロファに住む人々の「生活水準の向上」に部分的に結びついたことは否定できない。しかしながら、他方では、急速な人口増加に起因する土地問題の深刻化、貨幣経済の浸透による貧富の格差の増大、金銭志向の流布、国内移住及び国際移住の激化といった「社会問題」を引き起こすことになった。

以上のような歴史過程の中で顕在化していった「社会問題」に対するトンガの人々の関心は、第一次5カ年計画の初期の段階で既にかなりの高まりを見せていたが、公にそれを批判する者は決して多くはなかった。5カ年計画は、トゥポウ4世の自家薬籠中の政策であったので、それに対する露な批判は「王権批判」と受け取られたからである。[20] このような状況のなかで諸矛盾を衝く公的メッセージを発した数少ない存在がトンガ・カトリック・チャーチであった。フリー・ウェズリアン・チャーチ・オブ・トンガは、当時、「宗教改革」を契機として構成された王権との相互依存関係を引き続き安定的に維持していたので、政府や王権に対する批判的な言動を差し控えざるを得なかった。モルモン教会は、教義の上では王権批判の原理を有していたが、実践的には、散発的な王権批判を行いつつ、王権にファカヘケヘケ（おべっか）を繰り返して妥協を図るという巧妙な戦術を採っていたので、社会問題に対するモルモン教会の批判的な発言は額面通りには受け取られなかった。[21] というわけで、トンガ・カトリック・チャーチの一連の批判的な動きは教派の違いを超えてトンガの人々の耳目を引くことになった。既に述べたように、トンガ・カトリック・チャーチ司教、J・H・ロジャースは、1960年代半ばからトンガの一般民衆に向けて社会・政治的メッセージを発信し始めた。そして1968年には、トゥポウ4世の第一次5カ年計画のなかで顕在化してきた諸問題、とりわけ急激な人口増加と土地不足の深刻化に対処するために、J・H・ロジャースは、トンガ政府に対して海外の土地を借り受け、それをトンガ人移住者にリースすべきであるという提言を行った（Campbell [1992] p.198）。この提言は、そのまま受け入れられることはなかったが、トンガ人出稼ぎ労働者の一時的滞在に関するニュージーランド政府とトンガ政府の労働協約締結（1970年）の一因となった。こういったJ・H・ロジャースの路線を継承し、それを著しく発展させた人物が、先述した初めてのトンガ人司教、パテリシオ・フィナウである。

司教となったパテリシオ・フィナウは、モルモン教会の実利的な戦術に対抗するために、日常生活のなかで生じる信徒の現実的な要求や悩みに直接答えていく方針を打ち出した。このような方針を具体化していく上で、パテリシオ・フィナウは土地問題と海外移住問題の重要性を戦略的観点から特に強調した。その結果、1973年、トンガ・カトリック・チャーチのリーダーシップのもとに、トンガ全国教会協議会〈TNCC〈Tonga National

Council of Churches〉）が組織された。社会正義（social justice）を重要視する同協議会は、１９７５年に政府に土地制度改革を迫ることを意図して、土地分配の不平等に関するセミナーを開いた。海外移住をめぐる状況は、土地問題以上に深刻であった。１９６０年代半ばに顕著になった国内移住の波[22]は、１９７０年代の初めになると海外移住の波となり、国境を越えてニュージーランドに向かい始めた。そしてこういった移住者の流れは、ニュージーランド警察と移民局の係官によって13名のトンガ人が連行されるという事件（いわゆる１９７４年の「暁の急襲」事件）を引き起こすまでになった（青柳、１９９１、２２２〜２２４頁）。「暁の急襲」事件の後、両国政府によって労働協約が結ばれ、ニュージーランドへの移住に対して一定の制約が課せられるようになった。また、不法滞在者の増加とともに、トンガ国内では、一家の働き手を失った家族の崩壊、子供の虐待、長欠児童の増加、子供の非行化、移住者からの送金に頼るトンガ経済のいびつな構造等々、深刻な問題が顕在化していった。

　このような状況に対処するために、トンガ・カトリック・チャーチは、１９７５年に土地・移住セミナーを開催するとともに、新労働協約によってニュージーランド行きを希望する短期出稼ぎ労働者のために、出発前のオリエンテーションからニュージーランドでの生活の支援を経て確実な帰国までのプロセスを保障するカトリック・ワーク・スキームを発足させた。トンガ・カトリック・チャーチの援助によって１９７８年にニュージーランドに出稼ぎに行った筆者のインフォーマント（カトリック教徒）の男性によると、同年までに、このワーク・スキームに参加した出稼ぎ労働者の総数は２３０名を超えるまでになったという。新労働協約に基づいてニュージーランドに移住した労働者の生活はかなり厳しいものであった。上述のインフォーマントの場合、手取り収入は、南オークランド・マヌカウ市の建築現場で5カ月間働いて給料の約30％に相当する５８０ドルに過ぎなかった。しかし、それでも５８０ドルは彼にとって有難かった。というのは、当時既に市場経済は十分トンガに浸透していたが、現金収入を得る手段がきわめて限られていたので1カ月に50ドル稼ぐことも困難であったからである。彼のニュージーランドでの生活は厳しかったが、オークランドのカトリック・チャーチが「絶えず自分を激励し、荒む心を支えてくれた」おかげで、何とか予定通りトンガに帰って来ることができた。市場経済の浸透に起因する所得格差の拡大、「伝統的な互酬性」の浸食、首都ヌクアロファにおける就職難、学校教育における競争の激化といった多種多様な要因の複合によって、多数の人々がニュージーランドへの移住に駆り立てられていったのであるが、新労働協約実施以後も、不法滞在者の数は減る気配を見せなかった。このような状況の中で、カトリック教徒の出稼ぎ労働者の場合、事前のオリエンテーション、ニュージーランドでのカトリック・チャーチの生活支援、帰国を促すアドバイスもあって、問題を起す者は比較的少ないと言われてきた。

しかしながら、1970年代末になると、トンガ・カトリック・チャーチは新たな問題に直面するようになった。1970年代末、トンガ人出稼ぎ労働者の多くは依然としてニュージーランドへ出かけていた。これらの出稼ぎ労働者のなかのカトリック教徒に対しては、上述したカトリック・ワーク・スキームによる支援が依然有効であった。しかしながら、この頃から出稼ぎ労働者の波は分散化する傾向を見せ始め、一部の出稼ぎ労働者はオーストラリアやアメリカ合衆国（特にハワイ、カリフォルニア、ユタ、アリゾナ、テキサス）へ向かい、現地で「トンガ人コミュニティ」を形成するようになった。こういったトンガ人海外移住者の流れに見られる分散化はその後ますます顕著となり、アメリカ合衆国やオーストラリアの「トンガ人コミュニティ」は現在ではすっかり現地に根付いている。このような「トンガ人コミュニティ」に住む人々の多くは、民族集団相互の政治力学に巻き込まれ、種々の差別を被ってきたが[23]、それでも「先進国の高い賃金」に惹かれて10年、15年と不法に滞在を引き延ばし何とか現地に留まろうとする者が少なくない。アメリカ合衆国やオーストラリアへ行ったトンガ人カトリック教徒に関しては、「彼らは少し違う。彼らの多くは、出稼ぎに来ても、留守家族との絆を大切にし、送金を欠かさず、予定通り帰って行く」という評価をよく耳にするが[24]、不法滞在や行方不明など問題がないわけではない。これらの問題に対処するために、トンガ・カトリック・チャーチは、司祭デイヴィッド・マリンズを移住者に奉仕する「チャプレン」としてアメリカ合衆国へ派遣したこともあるが、これまでの取り組みは全く不十分であり、現地の移住者及び留守家族の要求に十分答えることができなかった[25]。しかし、このような大きな問題はトンガ・カトリック・チャーチだけで解決できるものではないこともまた明らかであるので、1980年代を通して、同教会はトンガ政府の「無責任な移住政策」を批判しながら、「より適切な移住政策の確立」を政府に働きかけていった。

2．司教パテリシオ・フィナウの社会・政治的メッセージ

前項では、トゥポウ4世の「開発政策」及びそれが引き起こした結果に対するトンガ・カトリック・チャーチの対応について述べたが、本項では一連の対応を指導してきた司教パテリシオ・フィナウの王権・政府に対する批判的言説について述べることにしたい。

パテリシオ・フィナウは、トンガのカトリック聖職者の間では、「誠実で、誰に対しても率直に自己の意見を述べる希有な人物」として今日でも高い評価を受けている。海外においても、南太平洋の島嶼国を中心として、パテリシオ・フィナウは、社会政治問題に関する高い見識と広い視野を有する聖職者としてその名を広く知られている。またパテリシオ・フィナウは、1972年にローマ法王パウロ6世によって司祭に叙任されたとき、カトリックの伝統的な象徴群の中から自己の紋章として「王冠」を選び取ったと言われているが、デイヴィッド・マリンズによれば、この王冠は「神の王国（Kingdom of God）を我々の生きている現世に導入すること」を意図する彼の神学を象徴するものであり、パテリシオ・フィナウは、実際にこの象徴を掲げて「懸命に働き、熱情をもって人々に語りかけ、広く旅をして歩いた」という（Mullins [1994] p.xi）。こういったパテリシオ・フィナウの

精力的な活動は、カトリック教徒の多いトンガタプ島ハハケ地区やマウファガ地区に住んでいる人々の間でも語り草となっており、1995年の調査においても、「フィナウは、疲れを知らない人で、姿を見かけない日のほうが少なかった」といった話をよく耳にした。

以上のようなパテリシオ・フィナウの類まれなパーソナリティは幼少の頃から目立っていた。彼は、マウファガのカトリック系中等学校、アピフォオウ・カレッジに隣接する家で生まれたが、生家の近くの人々の間では、「小さな頃から才気煥発であり、アピフォオウ・カレッジに入り込んで、先生と宗教的な議論を堂々と行ったり、同校の生徒を言い負かしたり、時には予言を行ったりしていた」という話が語り継がれている。当時のトンガ・カトリック・チャーチの司教は、先述したJ・H・ロジャースであったが、ロジャースは特に目立つ子供であったパテリシオ・フィナウに眼をつけ、優れたトンガ人カトリック聖職者の育成を意図して、11歳の時にパテリシオ・フィナウをニュージーランドのカトリック系中等学校、聖パトリック・カレッジ（St. Patrick's College）に留学させた。同校を卒業した後、ニュージーランドの聖母マリア神学校に進み、同校でカトリック神学に関する高等教育を受けた後トンガに帰国したという。その後、英国でカトリック神学の研鑽を積み、それを終えた後、さらにフィリピンのアテネオ・デ・マニラ大学で革新的な牧会学に関する研鑽を続け、MAの学位を取得してトンガに帰っていった。こういった一連の勉学の過程で、「常に優れた成績を収め」、帰国後も司祭として「著しい活躍を見せた」ために、1972年に38歳の若さでトンガ・カトリック・チャーチ司教に就任するという異例の人事が行われたのだという。(26)

しかしながら、以上に述べたようなパテリシオ・フィナウの際だった個性は、しばしば人間関係の面で誤解や摩擦を引き起こすことになった。彼は、「日曜日の教会の中だけではなく、市場で、政治の場で、また余暇の場でも徹底的で真摯な宗教的態度」を求める人物であったので（Mullins [1994] p.xii）、彼を支持する一般のカトリック信徒の中にも疲れを訴える者が少なくなかった。彼の下で働くカトリック聖職者の中にも、「頭の回転が早く、しかも考えたことを直ちに実行に移す」ので、「パテリシオ・フィナウにはとてもついて行けない」とこぼす者が珍しくなかった(27)。また、パテリシオ・フィナウは、本源的には、トゥポウ4世とトンガ王国に対する愛を有していたと言われているが、「ゴスペルの価値」が教会の中だけではなく、政治や経済活動の領域にまで浸透することによってのみ、トンガ王国という国家はキリストに忠実であることができるという信念を固く抱いていたので、既成の秩序の維持に拘泥する王族、貴族、政府高官等々から嫌悪されていたことも事実である。フリー・ウェズリアン・チャーチ・オブ・トンガの聖職者の間でも、「余計なことを言う煙たい男」、あるいは「サローテ女王以来の安定した教会と国家の関係を傷つける人物」といった見方が広がりを見せていたという。

ところが、上述したような攻撃や誹謗中傷にも拘らず、パテリシオ・フィナウは、社会正義の実現を求めるメッセージを発し続けた。ローマ・カトリック教会に向けては、政治権力と癒着し、権威主義的・エリート主義的体質を有し、民衆に対しては我慢と耐乏を強調し、社会正義の欠如に目を瞑りながら展望のない民衆のその日暮しを黙認する傾向のあるローマ・カトリックの過去を批判する発言を繰り返した。一方、トンガ・カトリック・チャーチについては、古くから「民衆の窮状、民衆の期待、民衆の願望」に関心を寄せてきた点でヴァチカンよりも先進的であったことを自負しつつも、行動面での不十分性に反省を迫った(28)。そして、トンガ・カトリック・チャーチの将来の行動計画においては、「非暴力主義と対話」が重要であることを説き、教会の役割を、「人々に同胞愛を説きながら、暴力を行使せず対話によって不正と戦うこと」であるとした（Mullins [1994] p.82）。こういったパテリシオ・フィナウの権力批判は、その後トンガ全体を揺るがすことになる民主化運動の中で、より一層高まりを見せることになる。

第4節　民主化運動の展開とキリスト教会

1．民主化運動と「1875年憲法」

トンガにおける民主化運動は、先に述べた「1875年憲法」の見直し・再解釈の試みと相乗的に作用する形で進展してきた。「1875年憲法」には、「全ての首長及び人民は、本法の制定以後、如何なる点から見ても、農奴制及びあらゆる隷属から解放されねばならない、首長あるいは人民は誰でも、強制的に、あるいはトンガ式の高圧的な要請によって、他者から物を奪い取ること、あるいは獲得することは違法である」という、旧い身分制度と生産様式からの解放を宣言する条項、いわゆる当時としては画期的な「解放令」を含んでいた。このトンガの「解放令」は、「植民地キリスト教」でさえも、救済（異教徒の魂の救済だけではなく、当該社会に広く「文明」を施与する営為）の名の下に、旧い「隷属」からの民衆の「解放」を実現する一面を有していたことを示している。しかし、「植民地キリスト教」は、他方では新たな「拘束」を当該社会の民衆に課したのである。それは例えば、「1875年憲法」第63条に伺われる。そこには、議会の44議席（大臣4、貴族国会議員20、民衆国会議員20）のうち合計24議席を王族・貴族勢力（大臣＝貴族と貴族国会議員）が占有し、残りの20議席が民衆の投票によって選出される旨の文言が見られる（Latukefu [1975] pp.25-27）。議会における貴族国会議員と民衆国会議員の議席数は、その後、7対7（1914年）、9対9（1984年）と変更されてきた。大臣定数も、9（1919年）、7（1932年）、8（1943年）、7（1944年）、8（1970年）、9（1974）、10（1979年）、11（1988年）、12（1990年）、15（2005年）と増減を繰り返してきた。しかしながら、重要な点は、王族・貴族勢力と民衆国会議員の比率には大きな変更はなく、民主化運動に一定の進捗が認められた１９９０年代末においても、トンガ議会の構成員33名中、民衆国会議員の数は９名に留まっていたことである。

21世紀に入ると、「１８７５年憲法」に関する新たな解釈が台頭し、上記の規定は、王族・貴族以外の一般民衆には、国政参与権と市民的自由が与えられておらず、民衆は、自らの政府を合法的手続きによって改革する手段すら与えられていないことを意味するものであるという見解が広がりを見せるようになった。さらに、政体（form of government）に関するこのような憲法規定が、「国王は神聖（sacred）である」旨を宣言する国王神聖条項（１８７５年憲法第44条）によって究極の基盤を与えられていることも、一部のキリスト教聖職者の間で議論の対象となってきた。なぜならば、グローバル化時代の激変に何とか対応しようとするキリスト教諸教派の世界的なパラチャーチ運動の影響を受けたトンガ全国教会協議会が「教会と王権」問題の再検討を行っており、神聖条項は、S・ベイカーが教会と王権（国家）に関する19世紀後半のウェズリアン宣教師の一般的見解（すなわち国家とそれを代表する王権は、神が社会の安寧確保のために人間に対して与えられた重要な恩寵であるという国家・王権観）に基づいて創り上げた規定に他ならないという見方を呈示しているからである。[29] ここに「１８７５年憲法」が内包する根本的な不平等性の問題が存在し、この不平等性の克服が２００１年以降の民主化運動の中で強く志向されるようになってきたのである。どちらかと言えば古いタイプのフリー・ウェズリアン・チャーチ・オブ・トンガの聖職者に属するシウペリ・タリアイ氏（トゥポウ・カレッジ元校長）でさえも、この時代の高揚した空気に動かされて、「２００２年の今日、まだ生き残っている１８７５年トンガ憲法は、トンガの人々の中に不平等な威厳、不平等な価値、不平等な高潔性、及び不平等な人権原理の上に成立しているように思われる」と述べている（THRDM [2002] p. 1）。

トンガの民主化運動の展開を見ていくとき、特に注目せねばならないポイントは、最高裁判所の重要性である。

なぜなら、最高裁判所は王族・貴族の権力をある程度抑制する権限を有しているからである。もちろん、最高裁判所を含む諸裁判所の判事も最終的には国王によって任命されるのであるが、最高裁判所判事だけは国籍離脱者やニュージーランド人などの外国人が就任することになっており、その結果、最高裁判所は、時々の政治状況に積極的に介入し、トンガ国会の議決に対して違憲判決を出すことも珍しくない。このような意味でトンガにおいては、王族・貴族・民衆の何れにおいても、現在の政治情勢を読み取り将来に向けて戦術を立てていく上で最高裁判所の決定が非常に重要な意味を持っているのである。

ここで、これまでのトンガにおける民主化運動の展開を振り返ってみるならば、そこに以下のような6つの局面を見いだすことができるように思われる。

a　民主化運動揺籃期（1985年頃から1990年総選挙に至るまで）
b　民主化運動発展期（1990年総選挙後から1999年総選挙に至るまで）
c　熱狂の時代（1999年総選挙後から2005年総選挙を経て11・16事件に至るまで）
d　再折衝期（11・16事件から2008年4月24日総選挙まで）
e　ファーイン・チューニング探求期（2008年4月24日総選挙から2010年総選挙まで）
f　「新憲法」制定以後の迷走期（2010年総選挙から現在まで）

以上のような6つの局面のうち、本節ではaからeまでの5つの局面を取り上げ、以下にそれぞれの局面における政権とキリスト教諸教派の動向の絡み合い《エンタングルメント》を中心に叙述し、fについては、「おわりに」において論じることにしたい。

2．民主化運動揺籃期

1985年以前のトンガでは概して政治について語ることはタプ（tapu：危険行為の意であり、英語タブーの語源となった語）であった。とりわけ、実質的な「公式教会」であるフリー・ウェズリアン・チャーチ・オブ・トンガやより「伝統志向」の強いチャーチ・オブ・トンガにおいて、そのような傾向が顕著であった。しかしながら、1985年以前のトンガにも、王権及び政府を批判する言動が見られなかったわけではない。先に述べたように、トンガ・カトリック・チャーチ司教、J・H・ロジャースは、1968年にトゥポウ4世の第一次5カ年計画のなかで顕在化してきた諸問題、とりわけ急激な人口増加と土地不足の深刻化に対して婉曲な批判を行っている。ロジャースの後任司教、パテリシオ・フィナウは、より厳しい王権・政府批判を展開した。そして、モルモン教会は、トンガの王権と政府に対して声高な非難を行った直後に甘言によって巧く取り入る独自戦略を散発的に展開してきた。また、アテネシ大学フタ・ヘル学長は、トンガ政府高官の汚職・縁故主義の蔓延に対してキリスト教的教養主義の立場に基づく憂国的オピニオンを折に触れて表明していた。しかしこの時期には、「1875年憲法」公布以来の長い歴史を有する「伝統的政体」を直接的かつ持続的に公然と批判する者はほとんど見られなかった。ところが1980年代後半には一転して、「伝統的政体」が内包する不平等性を批判し、その改革を持続的に要求する民主化運動が燎原の火のようにトンガ全島に広がっていったのである。

このような動きの背景には、1960年代後半以降のトンガにおける高等教育拡大プロセスの中で、トンガ教員養成大学、フィジーの南太平洋大学、ニュージーランドのオークランド大学やヴィクトリア大学、オーストラリアのシドニー大学やオーストラリア国立大学、あるいは米国のハワイ大学等々の大学を卒業した「民衆教育エリート（教会聖職者、教員、公務員、政治家がその中心である）」が国内で徐々に政治意識を高めていき、旧来のエリートである「首長＝貴族」の政治的基盤を徐々に脅かすようになったという状況が作用していた。民主化運動の象徴的存在であるアキリシ・ポヒヴァも、このような外国体験を有する「民衆教育エリート」の一人に他ならなかった。「伝統」の重要性を改めて主張する「王権派」から革命的な政治制度の大変革を唱える「急進派」に至るまで、様々な主張を掲げる「民衆教育エリート」が発言力を強めるにつれて、村落に住む一般の人々もコミュニティ内の教会、PTA、カヴァ・サークル（コショウ科の伝統的飲料を飲む成人男性の宴会で、週末には「民衆教育エリート」のゲストを迎えて大規模なカヴァ・サークルが夜を徹して開かれることが多い）などへの参加を通して次第に社会意識の面で「感化」を受け、様々な言論が村落レベルで受容される基盤が社会的に形成されていった。このような社会状況の変化を受けて、トンガのマスメディアにも大きな変化が生じた。1980年代半ば以前のトンガのメディアは、国有の「トンガ・クロニクル紙」と「ラジオ・トンガ」、及びトンガ・カトリック・チャーチが発行する「カトリック・チャーチ・ニューズレター」などのキリスト教諸教派の広報紙にほぼ限られていた。例外は、1981年に国立教員養成大学講師となったアキリシ・ポヒヴァが開始した時事批評解説ラジオ番組であろう。

これらのメディアに共通している特徴は、自らの利益に適う特定領域の限定された情報のみを報道する傾向が顕著であったことである。ところが1980年代後半に入ってからは、世論動向の変化と太平洋島嶼国の中では例外的に「言論の自由」を明記するトンガ憲法の再発見を通して、自らの体制批判を歯に衣着せぬ論調で精力的に展開する「個人所有」の新聞（一人の論客がリーダーとなって発行・執筆・編集・営業を行うタブロイド判大紙型の定期刊行物で、政治パンフレットを含む広義の新聞）が相次いで創刊された。「ケレア（Kele'a、編集長アキリシ・ポヒヴァ、1986年創刊）」、「マタンギ・トンガ（Matangi Tonga、編集長ペシ・フォヌア、1986年創刊）」、「タイミ・オ・トンガ（Taimi'o Tonga、編集長カラフィ・モアラ、1989年創刊）」がその代表的な例であり、これらの新聞は民主化に関わる世論の動向に決定的に大きな影響を及ぼすようになった。

民主化運動それ自体の台頭は、1985年に財務大臣セシル・コッカーによる税制改革案の公示とアキリシ・

ポヒヴァ解雇事件が重なったことに起因する。セシル・コッカーは、1982年に就任した直後から、経済への介入を極力控える自由主義政策を推進し、1985年に所得税を10％の均一税率に改定するとともに消費税率も引き上げる税制改革案（富裕層にとっての大幅減税案、民衆にとっての増税案）を打ち出した。一方1985年1月、アキリシ・ポヒヴァは、3年間に亘って続けてきた自らの時事批評解説ラジオ番組が予告もなく突然打ち切られ、同時に公務員職（教員養成大学講師職）からも追われるという苦悩を経験することになった。このような状況の中で、アキリシ・ポヒヴァは、解雇問題に関しては法廷闘争を繰り広げ、増税問題に対しては新聞ケレアの創刊をもって対抗する運動を展開して、民主化運動台頭の口火を切った。その後、トンガの民主化運動は、外国人へのトンガ・パスポート販売事件を機に一気に燃え広がることになる。

1980年代半ば、トンガ・パスポート売買に関する奇妙なラウ・ペ（噂）をヌクアロファの街角で頻繁に耳にするようになった。その当時、外国人にトンガ・パスポートを販売することそれ自体は、法的には特に問題となる行為ではなかった。トンガ・パスポートの売買は、1984年に国会で審議された国籍法で議決・承認されていたからである。それにもかかわらず、人々は、「香港や台湾など東アジア各地で、国際的に広くトンガの偽パスポートが売られている」、「パスポートの不正売買からあがる莫大な収益で、国王や大臣が私腹を肥やしている」、「ヴナ・ロードなどの目抜き通りでの立ち売り販売からあがる収益は、ほとんど大臣達のポケットに入っているらしい」といった、パスポート販売をめぐる数々の不正の噂が広く流布していた。ほどなく、前国王トゥポウ4世や警察長官アカウオラの収賄、トゥポトア皇太子（故国王トゥポウ5世）の外国人への土地不正リース、華僑へのフォヌアレイ島不正リース計画、香港駐在トンガ名誉領事のパスポート不正売買事件等々の疑惑が、次々に表面化していった。人々の怒りの声が高まる中で、パスポート販売を合法化した1984年国籍法は、トンガ憲法29条に抵触しているという最高裁判所の判断も示された。

こういった騒然とした空気の中で、1988年から1989年にかけて、様々な疑惑の解明と1984年国籍法の廃止を求める直接的な抗議行動が、民衆国会議員に転身したアキリシ・ポヒヴァ、フリー・ウェズリアン・チャーチ・オブ・トンガの「プレジデント」という要職に就いていたアマナキ・ハヴェア、トンガ・カトリック・チャーチ神父セルウィン・アカウオラ、トンガ・カトリック・チャーチ司教パテリシオ・フィナウ、女性教育学者アナ・タウフェウルンガキ等によって展開されていった。この運動は、やがて村落の中まで浸透していき、1990年総選挙運動の流れを決定することになった。ヌクアロファの街頭や村落の集会所で声高に「改革」を唱える民衆国会議員候補の多くは、選挙運動期間中に反政府キャンペーンを精力的に繰り広げた。これらの候補は、結果的に選挙前の予想よりも多くの得票数を得て、民衆国会議員定数9のうち4を占める「躍進」を遂げることになった。これに対して、「王権派」は、一方では議会内で、侮辱罪の適用を示唆し、他方では議会の外で警察による巡回給食サービスの導入を宣伝する「飴と鞭の戦術」によって反撃を開始した。まもなく、「民主派」の動きは封じ込められ、事態は「微調整」に落ちつくかに見えたが、やがて外国人の「帰化」と彼らへのパスポート発給問題が再燃し、トンガ政府はその対応に追われることになる。

この運動の台頭は、またトンガのキリスト教諸教派の「教会内ポリティックス」にも大きなインパクトを与えることになった。実質的な「公式教会」であるフリー・ウェズリアン・チャーチ・オブ・トンガの内部においては、既に1970年代末に同教会の実力者であったセニトゥリ・コロイ師のスクリプチャー・ユニオン運動の承認をめぐって権力闘争が始まっていた。同師のスクリプチャー・ユニオン運動は、フリー・ウェズリアン・チャーチ・オブ・トンガの「惰性化した形式主義」を厳しく批判し、日々の聖書の規律正しい読解（メソッド）とそれを通しての直接的な聖霊体験と信仰確証を目指す刷新運動であった。「権力闘争」に敗れたセニトゥリ・コロイ師は、1978年にフリー・ウェズリアン・チャーチ・オブ・トンガと袂を分かって新教会、トーカイコロ・クリスチャン・チャーチを創設した。

ジョン・ウェズリーの18世紀メソディスト運動（信仰覚醒運動）の原点回帰を思わせるようなスクリプチャー・ユニオン運動は、信仰面において「過激《ラディカル》」であったことは確かであるが、ジョン・ウェズリーの運動自体が時の権力との関係において両義性を有していたように、民主化運動の展開の中で、トーカイコロ・クリスチャン・チャーチも王権に対して両義的な姿勢を見せることが多かった。それは、例えば日曜日の主日礼拝では王権に自省を求める説教を行いながら、同教会独自の二つのプログラム、すなわち子供に対して母の愛と苦労、及び父の責務と役割の自覚を促すマザー・オブ・ジ・イヤーとファーザー・オブ・ジ・イヤーにおいて、1993年のマザー・オブ・ジ・イヤー賞を前国王王妃ハラエヴァル・マタアホに、2000年のファーザー・オブ・ジ・イヤー賞を前国王自身に贈呈した事実、あるいは1998年に、同教会が前国王の講話を纏めた献呈書籍〈イエス・キリストは国の礎石〈Ko Sisu Kalaisi'a e Makafonua〉〉を出版した事実からも明らかであろう。このようなトーカイコロ・クリスチャン・チャーチの両義性は、後述するように11・16事件と同教会の関係をめぐる疑念に繋がっていく。

一方、本体のフリー・ウェズリアン・チャーチ・オブ・トンガ内の「権力闘争」は、80年代後半の民主化運動台頭の中でより一層厳しさを増し、民主化運動への支援を主張するパラチャーチ系グループ（アマナキ・ハヴェアやシモテ・ヴェアなど）とあくまで「公式教会」の立場を維持して王権擁護を唱える反パラチャーチ系グループの対立が深刻化していった。フリー・ウェズリアン・チャーチ・オブ・トンガ内のこういった対立は、現在でも続いているが、21世紀に入ってからは概して民主化運動から距離を保とうとする方向に転換した穏健パラチャーチ系が優勢であると言えよう。トンガ・カトリック・チャーチ内においても、上述したエキュメニカルな改革派に属するパテリシオ・フィナウと政治への関与に慎重な姿勢を見せる反パテリシオ・フィナウ派の軋轢が高まっていったが、フリー・ウェズリアン・チャーチ・オブ・トンガとは異なり、比較的最近に至るまで民主化運動支援派の力が優勢である。トンガで2番目に古い教会、チャーチ・オブ・トンガにおいても、教会内ポリティックスが熾烈になっていった。同教会は、トンガ全国キリスト教協議会の発足以来、同協議会に加盟してきたが、パラチャーチ系革新派に属するフリー・ウェズリアン・チャーチ・オブ・トンガ牧師、シモテ・ヴェア師が率いるトンガ全国教会協議会がトンガ民主化推進運動（Tonga Pro-Democracy Movement）との連携を強めていくにつれて、同教会内部の慎重派の発言力が高まり、遂に1992年にトンガ全国教会協議会を離脱することになった。トンガにおけるもう一つの小さな、しかし存在感のある教会、セブンス・デイ・アドヴェンティスト・チャーチは、「世俗の騒音に惑わされることなく、静かに信仰の世界に沈潜すべきである」という信仰中心主義から、民主化運動に関わることは望ましくないという姿勢を現在に至るまで貫いている。

　トンガのキリスト教世界において「有徴性《マークト》」を帯びた教会として語られてきたモルモン教会は、独自のレーマナイト論[30]の立場から王権への批判と甘言を繰り返す戦術を続けてきたが、同教会内の対立はこれまでほとんど顕在化していない。ただし、モルモニズムに特徴的なマテリアリズム（あらゆる超自然的存在は、物的存在でもあると考えるモルモン神学の存在論〈Webb [1916] pp.174-178〉の具体的な現れとして、モルモン教は合衆国を初めとする世界各地のビジネス界に大きな影響力を有していることはよく知られている。トンガにおいても、中小企業経営者のかなりの部分がモルモン教徒であるが、こういったモルモン教徒経営者の大多数が民主化運動の強力な支持者でもあるという事情があるので、モルモン教会は間接的かつ潜在的な方法で民主化運動の展開に極めて大きな影響を及ぼしているという見方が村落に住むトンガ住民の間に定着している。また、モルモン教会は、1970年代以降、直接的な現世利益《げんせいりやく》（米国への出稼ぎ、移住、留学などに関する種々の便宜供与）を呈示することで急速に信者数（他教派からの改宗者）を伸ばしてきたので、他教派、とりわけフリー・ウェズリアン・チャーチ・オブ・トンガとモルモン教会との軋轢が大きくなり、それが民主化運動の展開に複雑な影（連帯と対立の共起現象）を投げかけている。２００６年４月、民主化運動熱狂の時代の渦中において、ヴァヴァウ島ネイアフで、フリー・ウェズリアン・チャーチ・オブ・トンガ系の高等学校、マイレフィヒ・カレッジの生徒が、同地のモルモン教会の内部を破壊し、その仕返しとして、モルモン教会系サイネハ・ハイスクールの生徒が、フリー・ウェズリアン・チャーチ・オブ・トンガ教会を襲撃して損害を与えたが、直後に両教派が協力して「和解の催し」を行ったという出来事が生じた。[31] この一件は、両教派の複雑な関係を端的に物語っているであろう。

以上に述べたトンガの諸教会の動向に加えて、近年、インターネットを始めとするデジタル情報技術の導入を通して、民主化運動に対してキリスト教諸教派の超教派運動（プロテスタント系のグローバル・チャーチ運動やラチャーチ運動、かつてパテリシオ・フィナウが学んだアテネオ・デ・マニラ大学東アジア司牧研究所〈ＥＡＰＩ〉の研究に顕著に窺われるエキュメニカルな民主化支援活動、[32] あるいはプロテスタントとカトリックの対話・再一致を志向するＷＣＣ〈世界教会協議会〉など）が大きな影響を及ぼすようになっている。特に１９９０年代半ば以降については、アパデュライが言うところの、こういった「イデオスケープス現象」、すなわち宗教信仰や人権、自由、民主主義などの思想が国境を容易に乗り越えて広範囲に流布する現象の、トンガに対するインパクトに注目する必要がある。

３．民主化運動発展期

１９９０年総選挙後、当選した４名の民主派民衆国会議員（アキリシ・ポヒヴァ、ヴィリアミ・フコフカ、テイシナ・フコ、ヴィリアミ・アフェアキ）は、４２６名の外国人の「帰化」を合法化するためにトンガ憲法の関連条項の修正を進めていた政府の企図に対して、議会内で困難な闘いを続けていた。このような闘いの一環として、

1991年2月の臨時国会において、ヴィリアミ・アフェアキによって憲法の違法な修正案の廃棄を求める動議が提出された。しかしながら、この動議は議会内で圧倒的に優勢な「王権派」によって速やかに否決され、逆に426名の外国人の「帰化」を認める憲法修正案が可決承認された。このような強行措置に対して、アキリシ・ポヒヴァ、ヴィリアミ・フコフカ、テイシナ・フコの3名の民主派民衆国会議員は、トンガ・カトリック・チャーチのパテリシオ・フィナウ司教やセルウィン・アカウオラ神父の協力を取り付け、平和的な大衆動員で対抗する戦術を採った。その結果、1991年3月8日に約2000名の民衆がアキリシ・ポヒヴァ、ヴィリアミ・フコフカ、テイシナ・フコを先頭に王宮の一角にあるパレス・オフィスまで行進し、テイシナ・フコが、外国人426名の「帰化」の取り消し、及び外国人「帰化」政策と彼らへのパスポート発給を積極的に推進した警察大臣アカウオラの辞任を求める2通の嘆願書を国王トゥポウ4世に提出するという、トンガの歴史上前例のない大規模なデモによる異議申し立てが実現することとなった。

このトンガ史上最初の大きな示威行動とそれに続く抗議運動においてトンガ・カトリック・チャーチ、とりわけパテリシオ・フィナウの言動の象徴効果は極めて大きかった。というのは、パテリシオ・フィナウは、この時期に次のようなメッセージを公表して自らの主張を明確に示すことは、キリスト教徒としての当然の責務であるという考えを強調した結果、教派の枠を超えてそれに同調する人々が増えていったからである（Mullins [1994] pp.91-99）。

①首長と民衆の個人的関係、首長と民衆の相互関係、首長の父性と民衆の首長に対する信頼・尊敬がトンガの伝統的政治文化を特徴づける美点であったが、現在の政府と民衆の関係は、専ら金銭中心主義に基づくものとなり、両者の良き絆は失われた。

②今や、民衆は政治的に成熟しており、自己の尊厳が認められることを強く求めている。

③ゴスペルに照らして完全であるために、我々は変化を恐れてはならない。変化の必要のない世界は、ただ一つ、神の住み給う世界だけであるのだから。
④人間の世界のリーダーには、大きなリーダーと小さなリーダーの二つがある。小さなリーダーは、批判者を力で押さえつけ、すぐに報復を加える。一方、心が広く謙虚なリーダーもいる。彼らは批判を受け入れ、それを歓迎しさえする。トンガの場合、民衆の批判は聞き入れられないか無視されるかであるので、緊張感が高まっているのであろう。それは反乱に繋がるかもしれない。
⑤警察大臣がパスポート不正売買の責任を求められているという事実は、彼らにとってショックであろうが、政府と民衆の新しい関係においては、それは良き責務となる。
⑥我々は、この件に関与する15名の不正者の名前を知る権利があるが、実際には、警察大臣が自ら疑惑、流言、恐怖をつくり出す事態が生じている。
⑦教会の役割は、人々によい変化の路を示すことである。この中には、「新憲法」の制定も含まれる。不正事件と闘うことが今求められているが、ある国のようにクーデターに頼ることは許されない。

このような民主化運動の圧力の中で、トンガ政府も体制を立て直す必要に迫られ、１９６５年から約26年間に亘ってトンガ政府を率いてきたプリンス・ファタフェヒ・トゥイペレハケ首相（トゥポウ4世の弟）が１９９１年8月21日に辞職し、ヴァロン・ヴァエア氏が後継首相として困難な時代の舵取りを担うことになった。

以上のような民主化運動の展開と連動して、メディア報道、とりわけ急進的な政論新聞であった「ケレア」と「タイミ・オ・トンガ」の報道に対する抑圧も激しさを増していった。１９９０年総選挙終了後、「ケレア」と「タイミ・オ・トンガ」は、王族・貴族・政府高官の腐敗を暴露する報道を継続していた。特に、アキリシ・ポヒヴァが自らの新聞「ケレア（１９９０年3月～4月号）」において、１９９０年総選挙でニウア選挙区の貴族選出国会議員候補としてともに立候補していた二人の貴族、フシトゥアとタンギパのうち、フシトゥアが不正な手段を使ってタンギパを裏切った結果、タンギパが落選することになった経緯を報道した記事は、大きな反響を呼び、フシトゥアに対する民衆の怒りを増幅させていった。この報道に対して、フシトゥアは、アキリシ・ポヒヴァを名誉毀損罪で告訴する対抗手段を執ったが、１９９１年を通して本件に関する審理が続けられた後、１９９２年4月27日にヌクアロファ最高裁判所の法廷でアキリシ・ポヒヴァに対するフシトゥアの申し立ては最終的に棄却された。しかしながら、アキリシ・ポヒヴァが、国営トンガ開発銀行の不正を監視する目的で「ケレア」に連載してきた秘密貸出情報の掲載をめぐって、トンガ開発銀行が同情報掲載の中止を治安判事裁判所に求めていた申し立てに関しては、裁判所の差し止め命令が１９９２年3月27日に発効することになった。この差し止め命令に対して、アキリシ・ポヒヴァは「憲法違反である」という理由で不服申し立てを行ったが、同年10月の意見聴取までの期間、貸出情報掲載の中止を余儀なくされた。

一方、「タイミ・オ・トンガ」の発行者カラフィ・モアラ氏も、継続的に政府や体制派諸勢力の圧力に晒されてきた。１９９１年12月25日、ヌクアロファ東部のホテルに宿泊していたカラフィ・モアラ氏が何者かに襲撃されて負傷するという出来事が起こった。この出来事が何れのメディアによっても報道されない事態を不審に思った一人の読者がトンガ・ニュース協会に責任を追及する手紙を送ったところ、トンガ・ニュース協会は、読者にはメディアを選択する自由があることに加えて、敢えて報道しないという報道の自由もトンガにはあると回答したという。この一件は、短時日のうちに各地に伝わり、村々は、当時カラフィ・モアラ氏をめぐる話で持ちきりとなった。カラフィ・モアラ氏は、その後も政府批判の報道を続けたが、やがて「タイミ・オ・トンガ」のオフィスが警察の手入れを受けたり、オフィスのスタッフが脅迫電話を受けたりという事態が繰り返されるようになったのである。

アキリシ・ポヒヴァやテイシナ・フコなど、その他の民主化運動の主要な担い手の思想も、キリスト教的倫理抜きに理解することはできないのであるが、カラフィ・モアラ氏の場合、政治思想とキリスト教信仰がより強く結びついていることに注目する必要がある。カラフィ・モアラ氏は、名門の国立トンガ・ハイスクールで教育を受けたベビーブーマー世代に属する著名なトンガ人ジャーナリストである。トンガ・ハイスクール終了後、ハイティーンのときからニュージーランドやアメリカ合衆国でYWAMの活動に従事した。YWAM（Youth With A Mission）は、アセンブリー・オブ・ゴッド教会（Assembly of God）の宣教師でミズーリー州出身のローレン・カニンガム（Loren Cunningham）が、ベッドの上で背をもたれているときに、「イエスの朗報を告げる波が世界中に広がっていくメンタル・ムービーを見た」ことを契機として1960年にアメリカ合衆国で創設した宗教団体である。その後グローバル化時代に入って、スイスのローザンヌを本拠地として、アセンブリー・オブ・ゴッド教会をはじめとする様々な教派出身の宣教師が世界各地で伝道教育活動を展開するようになった、文字通りのグローバルなパラチャーチ系福音伝道組織である。現在では、YWAMは急速に成長し、およそ1万6000人のスタッフが、日本を含む約150カ国の1000以上の活動拠点で働き、大学（ユニバーシティー・オブ・ザ・ネイションズ）の運営も行っている。YWAMの活動の特徴は、現代社会の「不正」と戦いながら福音伝道と「社会正義」を実現する宣教を重視しているところに見られるが、この点は、YWAMのみならず、パラチャーチ運動を展開している他の多くの組織にも共通して認められる特徴である。

カラフィ・モアラ氏は、1970年代から80年代にかけて、YWAMのアクティブな宣教師として、日本（東京、横浜、大津、大阪など）、中国、フィリピン、ミャンマー、ネパール、インド、太平洋諸地域（ハワイなど）で「社会正義」の実現をめざして福音伝道活動を行った。1988年にトンガに帰ってきた後、YWAM宣教師としての活動は休止し、キリスト教的信念に基づいた「気骨のある先進的な民主派ジャーナリスト」として週刊トンガ語新聞（タイミ・オ・トンガ）の発行を行い、広く為政者の汚職・不正を追及してきた。現在では、トンガ・タイミ・メディア・ネットワーク（Tonga's Taimi Media Network）の代表として、キリスト教倫理に支えられた幅広いジャーナリズム活動を展開している。カラフィ・モアラ氏の思想は、主著『島嶼王国の逆襲（Island Kingdom Strikes Back）』の中で詳しく述べられているように、ＹＷＡＭ宣教師としての経験によって裏付けられたプロテスタントの倫理（質素・節約・勤勉・誠実・隣人愛・平等精神など）と少年時代の遠い記憶と結びついた互酬性に基づく古の平和な村落生活を、現代において回復することである（Moala [2002] p.295）。

上述した民主化運動の主要な担い手は、その後キリスト教諸教会との対話を進めていき、民主化運動を継続的に担っていく組織として新たに大文字の「トンガ民主化推進運動」を発足させること、及び１９９２年11月24日から27日にかけて、カトリック・バシリカ教会で大規模な憲法集会を開催することで合意に達した。この憲法集会は、先に述べた２０００人のデモ行進と同様に、トンガの歴史上前例のない規模の政治集会となった。この集会には、アキリシ・ポヒヴァ、ヴィリアミ・フコフカ、テイシナ・フコなどの民主派民衆国会議員、トンガ・カトリック・チャーチ聖職者、その他のキリスト教諸教派の代表に加えて、教育学者アナ・タウフェウルンガキ、歴史学者シオネ・ラトゥケフ、フィジー南太平洋大学社会学・人類学教授であり作家でもあるエペリ・ハウオファ、アテネシ大学学長フタ・ヘル等、代表的なトンガの知識人が公式に参加し活発な発言を繰り広げた。このような知識人の積極的な参加の背景には、知識人の冷静な学術的判断の論理必然的な帰結として伝統的政治制度改革の必要性を位置づけたいとする、ヴィリアミ・フコフカなど民主派民衆国会議員の強い意向があったと噂されている。出席者の主張は、細部においては異なり、白熱した議論が戦わされたが、最終的に政治制度の民主化を継続的に求めていくこと、「トンガ民主化推進運動」の議長をカトリック神父セルウィン・アカウオラ、会計を国会議員のアキリシ・ポヒヴァとすることで、共通のコンセンサスが得られた。こういった憲法集会でのコンセンサスを承けて、民主化グループの93年総選挙運動が展開され、同年2月に行われた投票では、民主派民衆国会議員が、総定員9のうち6を占める「大躍進」を遂げることになった。

この93年総選挙と前回の90年総選挙を通して一つのパターンが顕在化してきた。すなわち民主化グループが政論新聞において体制批判の論陣を張り、結果的にメディア戦術が功を奏して選挙における民主派民衆国会議員の躍進が実現するが、当選後の議会において民主派民衆国会議員の活動は、「トンガ国民は西洋型の民主主義を望んではいない」という主張を掲げる多数派（「王権派」）に阻まれ、議会の外では彼らを支持する「民主派」のメディアが言論統制を意図した政府の法廷戦術の圧力に晒され続けるというパターンである。このパターンが、1996年1月25日に行われた総選挙にも現れた。1996年総選挙の結果は、民衆国会議員定数9のうち7を「民主派」が占める躍進を示した。しかしその後、当時の警察長官クライヴ・エドワーズの不正を報道したカラフィ・モアラ氏が名誉毀損罪の嫌疑で起訴され、続いてアキリシ・ポヒヴァも1998年にクライヴ・エドワーズに対する名誉毀損罪で有罪を宣告されるという出来事が起こり、議会内においても、議会の外においてもともに民主化運動は大きな壁に直面することになったのである。やがて、民主化運動を支持してきた民衆の中から、改革を進展させることのできない「民主派」の民衆国会議員に失望を抱くものが出てくるようになった。このような状況に危機感を抱いた民主化運動関係者は、1998年に大文字の「民主化運動」の改組・後継運動組織として「トンガ人権民主化運動（THRDM）」を結成して巻き返しを図った。この「トンガ人権民主化運動」結成の背後には、また、国際的な開発機関の資金援助プログラムに対してより魅力的に訴求するために、「人権」を全面に掲げるべきであるというキリスト教諸教会の人権派聖職者の主張も作用していた。しかしながら、民主化運動への失望の流れを変えることはできず、1999年総選挙（1999年3月11日）では、事前の予測通り「民主派」の退潮となり、民衆国会議員定数9のうち5議席を獲得するだけの「惨敗」に終わった。

4. 熱狂の時代

前述した「トンガ人権民主化運動」は、2002年総選挙の前に、海外に居住するトンガ系住民から有形・無形両面に亘る支援をより広範に仰ぐために、オークランド、シドニー、ホノルル、サンフランシスコなど、海外に移住したトンガ系住民が集中する都市の「トンガ人・コミュニティ・リーダー」「トンガ系キリスト教会指導者」への働きかけを強めていった。その結果、海外のトンガ系住民からの支援はかつてないほどの規模に到達したが、海外のトンガ系住民の中には「王制と伝統文化」に愛着を抱いている人々も少なからずいること、また海外のトンガ人団体の援助条件が一様ではないことを考慮して、当初は、アキリシ・ポヒヴァなど急進的な民主派候補のみを支援することに反対する声も強かった。しかしながら、選挙戦が過熱するにつれて、「トンガ人権民主化運動」の活動は、民主派候補の支援に絞られていき、2002年総選挙(2002年3月)では、民主派候補が、1996年総選挙と同様に民衆国会議員総定数9のうち7議席を占め、人々の「民主派」に対する信頼を取り戻すことによって、1999年総選挙で失った2議席を回復することに成功した。こういった「民主派」の議席回復の背景には、1999年総選挙以後の王族・貴族をめぐる一連のスキャンダルの影響を見て取ることができるであろう。

1999年総選挙以後、80歳を超えた高齢のトゥポウ4世の健康問題が浮上し、長男で継承順位1位のトゥポトア皇太子と弟の継承順位2位のラヴァカ・ウルカララ・アタ王子との間の「権力闘争」が村の人々の間で囁かれるようになった。1990年代末から、村落のカヴァ・サークルは、トゥポトア皇太子に関する次のような話で持ちきりであった。トゥポトア皇太子は、継承順位1位ではあるが、貴族の娘との結婚を嫌って未だに独身である。ウェズリアンが国教であるトンガにおいて、ウェズリアンをはじめとするキリスト教への関心が低く、専ら企業経営にのみ強い関心を示す。王族以外の貴族を馬鹿にして冷遇しているので、彼が国王になると貴族が立ち上がるかもしれない。ビール醸造会社など、彼が経営している多くの会社をめぐってスキャンダルの絶え間がない。トンガのインターネット・ドメイン（.to）の権利を私物化して稼いでいるらしい。我々は温厚で節度をわきまえている弟のラヴァカ・ウルカララ・アタ王子が次の国王になるべきだと心底から思っている。等々である。おそらくこのような噂にも若干の根拠があったのであろう。健康の衰えを自覚したトゥポウ4世は、2001年1月、当時41歳であった弟のラヴァカ・ウルカララ・アタ王子を首相に任命し、将来に向けて経験を積ませておくことにしたようである。ラヴァカ・ウルカララ・アタ首相は、就任直後から国家公務員の削減、財政改革、電気通信省の新設、行政サービスの効率化など、精力的にトンガ政府の再構築に取り組んだが、政治制度の民主化に関しては、ほとんど進展は見られなかった。それどころか、民主化の進展を意図的に妨害しているという理由で、ラヴァカ・ウルカララ・アタ首相は、「トンガ人権民主化運動」から非難を受けることになった。というのは、「トンガ人権民主化運動」は、既に1999年総選挙の後に、伝統的政治制度の改革を促進するために、憲法改正問題を審議する機関として「憲法委員会」の創設を政府に求めていたのであるが、このような要求に対して、政府は公式には同委員会の創設は認められないが、非公式な協議であれば認めないわけではないという旨を表明しただけで、その後様々な口実を設けてこの問題の引き延ばしを図ってきたという経緯があるからである。こういった政府の消極的で曖昧な態度も2002年総選挙に影を落としたことは間違いのないところであろう。

2002年総選挙における「民主派」の躍進に関しては、また「カトア運動」が及ぼした負の影響も指摘しておく必要がある。この運動は、「トンガ人権民主化運動」に対抗するために、ラヴァカ・ウルカララ・アタ首相の姉、プリンセス・サローテ・ピロレヴ（トゥポウ4世の長女）が中心となって展開した、トンガの独自性（王制と伝統文化）の維持拡大を主張する全国的な規模の文化運動であり、プリンセス・サローテ・ピロレヴの祖母に当たるサローテ女王が１９５０年代に展開した伝統文化復興運動との親縁性を認めることができる。しかし、その上意下達的な運動のスタイルが民衆の反感を増幅させていった。それとともに、免税店やトンガサット衛星事業で「儲けすぎている」プリンセス・サローテ・ピロレヴに利益の国庫への還元を求める声も高まっていったのである。こういったプリンセス・サローテ・ピロレヴに対する反感も、結果的に「トンガ人権民主化運動」を利することになったと言えよう。

以上の諸点に加えて、さらにより重大な問題がトンガ政府に追い打ちをかけることになった。２００１年、トンガ王国の国庫の預託金（１９８０年代半ばに民主化運動の引き金となった外国人へのパスポート販売によって得た収益を積み立てたと言われているトンガ・トラスト・ファンド）の運用をトゥポウ４世から委託されていたジェシー・ボグドノフ（アメリカ人金融コンサルタント兼トゥポウ４世から公式に任命された「宮廷道化師」）の過失と詐欺行為のために、トンガ政府は２６００万ドルもの損失を出したという事実が発覚したのである。２６００万ドルは、トンガ王国全体の銀行預金総額に匹敵する額であったので、事態はきわめて深刻であった。このような状況の中で、「トンガ人権民主化運動」は、ラヴァカ・ウルカララ・アタ首相をはじめとするトンガ政府首脳部の責任を厳しく追及し、その結果、トラスト・ファンド回復に失敗した二人の閣僚が２００１年９月に辞職を余儀なくされたのである。しかしながら、ラヴァカ・ウルカララ・アタ首相自身は何とかこの逆境を乗り越え、この一件に対するトゥポウ４世自身の責任を追及する声もこの時点ではまだ大きくはならなかった。

２００２年総選挙以後、ラヴァカ・ウルカララ・アタ内閣と「トンガ人権民主化運動」の対立はさらに深まった。最初の大きな出来事はタイミ・オ・トンガ事件である。トンガ政府は、急進的な政論新聞が創刊された１９８０年代後半から、これらの新聞の発行者・編集者を沈黙させることに腐心してきた。その結果、カラフィ・モアラ氏やアキリシ・ポヒヴァなどは、国会侮辱や名誉毀損などの容疑で何度も抑留・拘禁される憂き目にあったが、新聞の発行だけは何とか続けてきた。このような状況の中で、2002年2月、人権と自由の問題を憂慮するニュージーランド政府も介入し、フィル・ゴフ外務大臣の名前でトンガ政府に対して警告を発した。ところが、2003年2月、トンガ政府は、我慢しきれなくなったかのように突然強攻策に打って出た。当時、ニュージーランドのオークランドで出版・編集されていたカラフィ・モアラ氏のタイミ・オ・トンガ紙の輸入・販売の禁止を意図して、トンガ議会に働きかけた。これを受けてトンガ議会は、「報道の自由」に関わる憲法条項の修正と急進的な「偏向報道」を行う政論新聞を締め出すための新聞条例の可決に向けて動き出した。このような議会の動きに抗議するために、「トンガ人権民主化運動」は示威運動を組織し、2003年10月6日のヌクアロファにおけるデモには、その時点で歴史上最多となる約6000名が参加し、憲法修正・新聞条例反対の声を上げた。しかし、憲法修正・新聞条例は議会において可決承認された。この事態を憂慮して、ニュージーランド政府は再び、2003年11月、開発援助の見直しを示唆してトンガ政府に圧力をかけたが、トンガ政府は逆に態度を硬化させ、2004年2月にタイミ・オ・トンガ紙はトンガ王国の全ての店頭から撤去されることになった。後に、最高裁判所は上記の憲法修正と新聞条例を違憲として政府に原状回復を命じたが、この一件が民衆の怒りを煽り立てたことは間違いないであろう。

その後、さらに民衆の怒りを増幅させる大きな事件（ロイアル・トンガ・エアラインの倒産事件）が起こった。ロイアル・トンガ・エアラインは、国際線（ニュージーランド・オーストラリア・クック諸島とトンガの間）と国内線（トンガタプ島とハーパイ諸島及びヴァヴァウ島の間）を運行してきた国営航空会社であったが、2004年5月、放漫経営、旅客減少、燃料費高騰の重なりによって点検整備費用を支払うことができなくなり、さらに残っていた唯一の航空機もブルネイ航空に回収された結果、20億円以上の負債を負って倒産してしまった。ロイアル・トンガ・エアライン倒産後、国内線の運行をトゥポトア皇太子が経営権を有するエアー・ペアウ社（製造後

70年経過した古い3機のDC-3を所有する会社）だけに認めるのか、それともロイアル・トンガ・エアラインの元スタッフが経営するニウ航空会社の運行も認めるのかという問題をめぐってラヴァカ・ウルカララ・アタ内閣の閣僚の意見が対立し、副首相代行クライヴ・エドワーズ、法務大臣アイセア・タウモエペアウ、労働大臣マサソ・パウンガの3名が、最後までエアー・ペアウ社の国内線独占に反対したために、2004年8月末にトゥポウ4世によって解雇された。その後、この3名の元閣僚は、「民主派」との連携を強めてトンガ政府を批判する側に回ることになり、政情は混迷していった。トンガ経済も、輸出農産物価格の下落、年率12％を超えるインフレなどグローバル化の負のインパクトに加えて、ロイアル・トンガ・エアライン倒産に起因する観光収入の急激な落ち込みが作用して深刻な不況に突入していった。こういった「国難」に際して、2004年9月、キリスト教諸教会のリーダーが一堂に集う大祈願集会がテウファイヴァ・スタジアムにおいて開催された。この集会は、「国難」に対して「神の介入と針路の啓示」を求めて、フリー・ウェズリアン・チャーチ・オブ・トンガのリーダーシップのもとに、トンガ全国教会協議会が主催した祈願儀礼であり、トンガ全国教会協議会に加入していないトーカイコロ・クリスチャン・チャーチやモルモン教会、さらに国王も参加して、和解と針路の啓示を祈念した(33)。

しかし、「神頼み」によって自動的に危機が回避されることはなかった。ラヴァカ・ウルカララ・アタ首相は、大混乱を沈静化させるために、妥協策の検討を行い、それを受けて2004年末にトゥポウ4世は、内閣を構成する12名の閣僚（10名の大臣、及びハーパイ総督とヴァヴァウ総督の計12名）の任命に際して、選挙に当選した民衆国会議員若干名の抜擢も考慮する旨の声明を出した。それまで総選挙に当選した民衆国会議員が閣僚に選ばれることは皆無であったので、上記のような措置は、トンガ政府としては大きな譲歩であった。しかし、「トンガ人権民主化運動」にとっては、「きわめて不十分」な民主化の前進に過ぎなかったので、タイミ・オ・トンガ事件で燃え立った怒りが沈められることはなかった。

民衆の怒りが持続する中で、民主派民衆国会議員とフリー・ウェズリアン・チャーチ・オブ・トンガ聖職者シモテ・ヴェア師などが協力して、民営化や電力事業政策に抗議するデモ行進を企画した。2005年2月25日、トゥポトア皇太子（故トゥポウ5世）が独占的に経営権を握っていた電力会社、ショアライン電力の電力価格引き上げに対して、1万人強の住民が電力料金の引き下げを求め、同時にトゥポウ4世の退位と民主政府への権力の委譲を求めるプラカードを掲げて行進するという大きな出来事が起こった。この出来事以前のデモ行進では、トンガ政府や閣僚に対する抗議の声は珍しくはなかったが、トゥポウ4世への名指しの批判や退位の要求は巧みに差し控えられていた。この点を考慮するならば、2月25日のデモは、トンガの民主化運動が直接的な国王批判の段階までエスカレートしたことを告げる歴史的に重要な意味を有する出来事であったと言えるであろう。

2月25日デモの余波が続く中で、2005年3月17日に民衆国会議員を選出する2005年総選挙が行われた。この総選挙では、法令上の政党となることを目指して、「トンガ人権民主化運動」から「フレンドリー・アイランズ人権民主化運動（FIHRDM〈Friendly Islands Human Rights and Democracy Movement〉）」という名に改称した新組織が、民主派候補の支援を行うことになった。しかしながら、総選挙立候補者支援方針をめぐる意見の相違で分裂し、アテネシ大学学長フタ・ヘルなどが同組織から追放された。追放された人々は直ちに、民主民衆党（People's Democratic Party）をアテネシ大学で立ち上げ、法人登録を行ってトンガ最初の政党となった。多年に亘って民主化運動の中心的な担い手として活躍してきたセルウィニ・アカウオラ神父、テイシナ・フコ、セミシ・タプエルエルなどが、この新政党に移った。この他に、かつて「トンガ人権民主化運動は、僅か数十人の声の大きな人間の集まりに過ぎない」と豪語しつつ、民主化運動を弾圧してきた元警察大臣クライヴ・エドワーズが、突然、民主化運動の担い手に転じて、周囲の驚きの中で新たに民主民衆党に加わった。キリスト教会との関係に関しては、セルウィニ・アカウオラ神父が民主民衆党に移ったために、トンガ・カトリック・チャーチの信徒の中に民主民衆党を支持する人が増えていったが、トンガ・カトリック・チャーチ自体が、政党支持について公的な声明を出したわけではない。一方、「フレンドリー・アイランズ人権民主化運動」は、フリー・ウェズリアン・チャーチ・オブ・トンガの聖職者シモテ・ヴェア師を議長に選出し、中道寄りに軌道修正した民主民衆党を批判しつつ、民主化運動の本流を謳って精力的に選挙運動を展開した。

トンガタプ島の諸村落やニュージーランド・南オークランドの「トンガ人コミュニティ」における前評判では、前回同様にトンガタプ、ハーパイ、ニウアの3選挙区の7議席を「民主派」が占めることは確実であるが、懸案のヴァヴァウ選挙区2議席に関しても、これまでとは異なり、少なくとも1議席は「民主派」が獲得しそうな勢いであるという予想が優勢であった。しかし、蓋を開けてみるとヴァヴァウの保守系2候補が予想外に票を伸ばし、結局2002年総選挙と同じ民主派議員7名、保守派議員2名という結果となった。この2005年総選挙後に、それ以前の制度（9名の民衆国会議員が普通選挙で選出され、9名の貴族国会議員が33貴族の代表として選出され、選挙とは無関係に12名の閣僚を国王が任命する制度）が一部手直しされ、9名の民衆国会議員が普通選挙で選出され、9名の貴族国会議員が33貴族の代表として選出され、選挙結果を考慮して15名の閣僚を国王が任命する制度が新たにスタートした。議論の焦点となってきた民衆国会議員定数9に変わりはなかったが、トゥポウ4世は、選挙前の約束通り、選挙結果を考慮して9名の民衆国会議員の中から2名を選出して閣僚に任命する小さな改革を実行した。同年4月、この2名の閣僚への抜擢に伴って生じた2名の欠員を補充するために補選が行われ、民主民衆党のクライヴ・エドワーズと初めての女性民衆国会議員1名が選出された。しかし、民主派議員7名、保守派議員2名という大枠の勢力分布に変化が生じたわけではなかった。当選した民衆国会議員から初めて2名の閣僚が選出されたとはいえ、結局、勢力分布は前回と同じであったことについて、南オークランドの「トンガ人コミュニティ」における保守派支持のあるインフォーマントは、「よく持ちこたえた、ラヴァカ・ウルカララ・アタ首相もこれで窮地を脱したであろう」と語った。トンガ王国においても、保守派の中に2005年補選直後に同種の感想を持つ人が少なくなかったという。

ところが以上のような見方に反して、公務員組合ストライキの勃発という予想外の大きな出来事が起こり、王制の基盤を揺るがすことになる。トンガにおける組合の歴史は、教員組合と看護師組合が創設された1970年代半ばにまで遡る。1980年には看護師組合賃上げ運動が起きているので、今回の公務員ストが初めての労働争議というわけではない。しかしながら、今回の公務員ストは、規模、継続時間、及び強度において前例を見ないものであり、その背景にはっきりとグローバル化の負のインパクトを読み取ることができるであろう。21世紀に入って、IMF、世界銀行、アジア開発銀行などの国際機関がトンガ王国に対して公共部門の構造改革を求める圧力がとみに高まっていき、トンガ政府も、2002年から公共部門の構造調整（Structural Adjustment）と国営企業の民営化に取り組まざるを得ない状況に追い込まれた。国営企業の民営化の方は、国営トンガ電力公社（TEPB）の資産を皇太子トゥポトア（故国王トゥポウ5世）が経営していた会社、ショアライン電力（Shoreline Power）に譲渡するという形で開始された。その結果、電力供給は安定したが、電気料金が引き上げられ、それが先に述べた電力料金引き下げを求める2005年の大規模なデモに繋がったのである。公共部門の構造調整は、上層部公務員給与の引き上げは認めるが、一般公務員の給与はほぼ据え置き、余剰人員を大胆に整理していくという方式で進められていった。さらに、グローバル化のもう一つの負のインパクト、すなわち上述した石油価格高騰に端を発した急激なインフレがトンガ王国を直撃していった。

このような厳しい状況の中で、トンガ王国の中では比較的安定した生活を享受してきた公務員（とりわけ若い政府職員）も生活苦に直面するようになった。追い詰められた約4000人の公務員は、公務員組合暫定委員会

（the Public Servants Association Interim Committee）のリーダーシップの下に、２００５年7月大幅な賃上げ及びベテラン職員と若年職員の間に見られる極端な賃金格差の是正を求めてストライキに入った。このストライキに公務員以外の多数の民主化運動支持者も合流し、同年8月には、一部の同調者が興奮の余りヌクアロファ中心部の駐車車両や建物に危害を加えるという事件が起こり、9月には約1万人が旗を振り、口々に「我々は２００６年政治改革を求める」「民衆の、民衆による、民衆のための新政府を」「トンガに自由な民主主義を」と叫びながら行進した。

その後、古い歴史を有する国立中等学校、トンガ・カレッジの校長がストライキに加わったことを理由に左遷されるという出来事が起こり、これに怒った同校の高校生もストライキに参加するところまで事態は進展していった。やがてこの公務員ストは、ニュージーランド・オーストラリア・フィジーの労働組合、ニュージーランドのキリスト教諸団体、「伝統文化」に拘束されない新トンガ文化の創出を唱える南オークランドの「トンガ人コミュニティ」の有志などの支援（経済的支援のみならず応援要員の派遣を含む）を受けることになり、それによってさらに長期化していったのであるが、このような海外諸団体とのスピーディーな連携も、グローバル化時代ならではの現象と言えるであろう。

以上に述べたようなグローバル化時代の新現象に対する対処に、トンガ政府は苦慮していた。ラヴァカ・ウルカララ・アタ内閣は、試行錯誤の末に60～80％の大幅な賃上げ要求を呑む声明を出したが、民主化運動の熱狂は静まることはなかった。トンガ議会は、同年10月、プリンス・トゥイペレハケ（トゥポトア皇太子のイトコ）を委員長とする「政治改革国民委員会」（National Committee for Political Reform）を創設し、政治改革プランを急いで策定する仕事をプリンス・トゥイペレハケに委ねる決定を行った。このような状況の中で、公務員ストライキに付帯する政治的混乱とロイアル・トンガ・エアライン倒産以後の経済的混乱の責任を問われて、ラヴァカ・ウルカララ・アタ首相は、２００６年２月11日に他の閣僚と共に退陣することを余儀なくされた。このラヴァカ・ウルカララ・アタ首相の退陣の背景には、辞任を迫る兄のトゥポトア皇太子の強い働きかけがあったと言われている。先に述べたように、トゥポトワ皇太子の村落での評判はあまり良くないのであるが、国王トゥポウ４世の急速な衰えもあって、ラヴァカ・ウルカララ・アタ王子も、クラウン・プリンスでもあり富裕な実業家でもあるトゥポトア皇太子の権力に抵抗することはできなかったと言わねばならないであろう。なお、ラヴァカ・ウルカララ・アタ王子の後継首相には、トンガの歴史で初めて改革派民衆国会議員出身のドクター・フェレティ・セヴェレが任命されることになった。

フェレティ・セヴェレ内閣成立以後、「政治改革国民委員会」の活動（２００６年１月30日開始）が活発になった。委員長のプリンス・トゥイペレハケは、王家の出身ではあるが、民主化促進に向けてトンガ政府に圧力をかけるようにオーストラリア政府に陳情を行ったり、上述の公務員ストライキでは隊列の先頭に立ったりした、稀に見る改革派の政治家であり、王族・貴族・民衆の対立を仲介することのできる唯一の希望の星と考えられていた人物であった。トゥイペレハケは、「伝統文化」の一つであるタラノア（命令伝達を主眼とした上意下達式の集会であるフォノとは異なり、参加者の自由な対話を基調とする集会）を再活性化して、トンガ王国の民衆の声を広く集め、改革の基本線を策定する仕事を精力的に推進していった。また、プリンス・トゥイペレハケの功績は、海外の「トンガ人・コミュニティ」の住民（トンガ王国の総人口よりも少し多い11万人強と推計されている）の声を重視せよと、ことあるごとに主張していたことである。その主張通り、２００６年７月６日、米国サンフランシスコの「トンガ人コミュニティ」におけるタラノアに向かっていたとき、メンロパーク近くのカリフォルニア・ハイウェイで起こった交通事故で、同乗していた妻のプリンセス・カイマナ、ドライバーのヴァニシア・ヘファーとともに突然亡くなった。プリンス・トゥイペレハケ亡き後の「呆然自失」の状況の中で、「政治改革国民委員会委員長」の重責は、ハワイで活躍してきたトンガ人エコノミストであり、同委員会の副委員長であったドクター・スティブニ・ハラプアによって引き継がれることが決まった。プリンス・トゥイペレハケは、就任時に２００６年８月31日までに「政治改革国民委員会」が策定した公式のレポートを国王に提出することを公約していた。この公約を守るために、スティブニ・ハラプアは、アイセア・タウモエペアウ、ドクター・ランギ・カバリク、ドクター・アナ・タウフェウルンガキ等の同委員会構成員に作業の迅速化を要請し、８月31日の午後約束通りに、国民の一体化を重視しつつ政治・経済改革を促進していく基本計画を纏めたレポートを国王代行の任にあったトゥポトア摂政皇太子に提出し、翌日、ニュージーランド・オークランド市のマーシー病院で重い病の床に就いていたトゥポウ４世に直接手渡し、プリンス・トゥイペレハケから引き継いだ責めを何とかふさぐことに成功した。

上記のレポートがマーシー病院のトゥポウ４世に提出されてからほどなくして、２００６年９月11日、トゥポウ４世逝去という重大な事態が生じた。２００１年頃からトゥポウ４世の衰えが目立つようになり、２００５年以降は、療養のためにオークランドのマーシー病院か同市の閑静な高級住宅街エプソムにある豪壮な離宮（エプソム・レジデンス）の何れかで過ごす時間が長くなっていった。このような状況の中で、先に述べた本国の公務員ストライキの影響がオークランドにも波及するようになっていた。２００５年８月20日昼、本国の公務員ストライキを支持するニュージーランド在住のトンガ系住民約１００名が、トゥポウ４世が在宅している離宮に押しかけ、「国王はもういらない」と叫びながら、警備に当たっていたオークランド警察と激しく揉み合うという出来事が起こった。また、２００５年８月22日午後５時頃にも、上空をヘリコプターが旋回する中、民主派支持のトンガ系住民約50名のデモ隊が、トゥポウ４世の離宮に押しかけ、一部の参加者が、「直接対話に応じなければ離宮に火を放つ」と叫びながらオークランド警察のバリケードを突破した結果、５名のトンガ人が逮捕されるという事件が起こった。同日、ニュージーランドのヘレン・クラーク首相もこの事態を重視し、ベテランのニュージーランド人調停者を介入させる用意があることを表明したが、この調停は不調に終わり、その後もオークランドにおけるトンガ系住民の抗議運動は続いていった。これらのオークランド・エプソムにおける一連の国王批判運動が大きな重圧となって、トゥポウ4世の健康を急速に悪化させ、2006年9月11日の逝去に結びついたと言われている。トゥポウ1世以後のトゥポウ王朝では、国王空位期間の象徴的及び現実的な危険性を回避するために、先王の死と同時に新王の即位が公表されることになっている。1965年にサローテ女王（トゥポウ3世）がオークランドで亡くなったときも、逝去の報の到着と同時にトゥポウ4世の即位がアナウンスされた。今回も同様に、トゥポウ4世逝去の報がオークランドから届いた瞬間に、トゥポトア皇太子がトゥポウ5世として即位する旨が発表されたのである。

トゥポウ4世の棺がトンガ王国に帰ってきた9月13日に、トンガ政府は、王国全体が1ヵ月強の国定服喪（9月11日から10月17日）に入ることを宣言した。この間に、トゥポウ5世が主導する古式に則った一連の盛大な葬儀（9月19日の埋葬儀礼、9月20日～29日の供物献上儀礼ハアモ等々）が行われた。2006年10月3日に、「政治改革国民委員会」のレポートがトンガ議会に提出されたが、国定服喪期間中であるので、審議は行われなかった。国定服喪期間が終了した後、同委員会が提唱する議案（一般民衆が民衆国会議員17名を選出し、首相及び閣僚は国会議員当選者の中から国王が選出する案）の本格的な審議が議会において開始された。この議会での審議とは別に、民主化運動関係者、公務員組合、小商店主等が集まって組織した、「政治改革民衆委員会（People's Committee for Political Reform）」も、一般民衆が民衆国会議員21名を選出し、首相及び閣僚はこの21名の中から国王が選出し、9名の貴族国会議員はこれまで通り33貴族の中から選出されることを骨子とする即時改革案をフェレティ・セヴェレ内閣に提出し、この提案への迅速な回答を求めて集会を組織した。このような民衆の性急な行動の背景に、「トゥポウ5世は本当の王ではない、新王（トゥポウ5世）は即位したとは言え、まだ即位式が終わっていないからね」というトンガタプ島ハハケ地区のあるインフォーマントの言葉が示しているような微妙な空位意識、及びプリンス・トゥイペレハケの推進したタラノアにもかかわらず、今度もまたトンガ政府は民主化の引き延ばしを図っているという焦燥感が作用していたことは間違いのないところであろう。

２００６年11月16日、ＯＢＮテレビ（OBN-TV）の所在地あたりからヌクアロファ中心部の広場パンガイ・シイに向けて抗議のデモ隊が出発した。このデモ隊は、ＯＢＮテレビの総支配人、サングスタ・サウラロによって組織されたものであり、このデモ隊の参加者の中から結果的に多数の「暴徒」が出てくることになったので[34]、後にサングスタ・サウラロのＯＢＮテレビと11・16事件との関連性が問われることになった。サングスタ・サウラロは、トーカイコロ・クリスチャン・チャーチのプレジデント、リファウ・サウラロ師の息子で、民主民衆党のメンバーの一人であると言われている（Senituli [2007]）。ＯＢＮテレビ自体は、１９９０年代の初めに、アメリカ人起業家、クリストファー・ラシーンによって設立されたキリスト教宣教放送局であり、最近までは民主化運動に対抗するプリンセス・サローテ・ピロレヴの「伝統文化リバイバル運動」（いわゆるカトア運動）を中心に放映してきた。しかしながら、２００５年の公務員ストの間に、ＯＢＮテレビの番組内容が一変して、民主化運動関連のニュースばかりを報道するようになった（Senituli [2007]）。なぜ、ＯＢＮテレビの番組内容が突然変わったのかについては、現在様々な噂が飛び交っているが、最も信憑性のありそうな話は、ＯＢＮテレビは、実はトーカイコロ・クリスチャン・チャーチによって所有されており、同教会が王権寄りから民主化運動の側にスタンスを変更したためであるという噂である。もしそうであるならば、先に述べたトーカイコロ・クリスチャン・チャーチの両義性がここに最も明確な形で現れていることになる。

キリスト教会と11・16事件の関連をめぐるもう一つの不可解な出来事は、フリー・ウェズリアン・チャーチ・

オブ・トンガの当日の行動に関するものである。ＯＢＮテレビの所在地あたりから出発したデモ隊が、パンガイ・シイに到着したときには、既に何日も前からテントを設営してそこに泊まり込んでいた多数の民主化運動支持者が、緊迫した雰囲気の中で事態の推移を見守っていた。しかし、目撃者の話によれば、午後になって突然、フリー・ウェズリアン・チャーチ・オブ・トンガから派遣された作業員が、理由も説明せずにテントを撤去し始めたという。このあと間もなくしてヌクアロファ中心部が灰燼に帰す悲劇が起こるのであるが、フリー・ウェズリアン・チャーチ・オブ・トンガの不可解な「仕打ち」が民主化運動支持者の怒りをかったことは間違いのない事実である。

以上に述べたような緊迫した状況の中で、フェレティ・セヴェレ首相は、官邸内で打開策を模索していた。同首相は当初、民衆国会議員14名を一般民衆が選出するという案を提唱していたようであるが、２００６年11月16日午前、窓外の民主化運動支持者の怒声が聞こえてくる中で開かれた緊急閣議において、政治改革民衆委員会の21民衆国会議員案を受け入れる決定を行い、この21民衆国会議員案を２００８年総選挙で実現する旨の回答を窓外のアキリシ・ポヒヴァなど有力な民主化運動指導者に伝えた。それにもかかわらず、まだ先王の王室服喪（１カ月強の国定服喪は終了したが、12月下旬まで続く王室１００日服喪は続いていた）が続き、王宮の一部が黒い垂れ幕で覆われていた２００６年11月16日午後、悲劇的な11・16事件[35]が起こった。事件発生の契機に関しては、様々な説がある。一つの説は、現場にいた民主化運動指導者の扇動によって事件が起こったというものである。もう一つの説は、アメリカから強制送還されてトンガに帰ってきた一部の非常に素行の悪い若者（その多くはモルモン教徒）が、リーダーの目が届かないところで、興奮のあまり突然暴走した結果、悲劇が生じたというものである。さらに別の説は、一部の若者（その多くはモルモン教徒）の暴走にリーダーも気づいて制止しようとしたが、制止しきれなかったというものである。モルモン教会やフリー・ウェズリアン・チャーチ・オブ・トンガの関与の度合い、民主化運動指導者の当日の言行など、真相は、今なお明らかにされていないが、民主化運動の高名な指導者が現場にいた事実と「暴動」の発生の法的因果関係が裁判の焦点となったことだけは間違いない。

以上に述べたように事件発生の端緒は明らかにされていないが、一部の若者が、土塊、木片、小石などを首相官邸の窓の中に投げこみ始めたことは、目撃者のインフォーマントの話から事実である。続いて興奮した一群の群衆がヌクアロファ目抜き通りの政府庁舎、ホテル、銀行、レストラン、映画館、小売店、企業事務所などに次々と火を放ち始めた。その後、燃えさかる店舗からの商品略奪が始まり、若者の中には商店から盗んだアルコールを飲みながら酩酊状態で破壊を続ける者もいた。一連の騒動でヌクアロファ中心部は、焼け落ちた建物、横転した黒こげの車両、略奪された缶詰・衣料品・飲み物・トイレットペーパー等々の商品の残骸だけが残る廃墟と化し、首相の親族が経営するモリシ・スーパーマーケットの焼け跡では、逃げ遅れたと見られる6名の遺体も発見された。トンガ政府は非常事態宣言を発し、ヌクアロファ中心部の厳重な監視をトンガ防衛隊に委ねる戒厳令を出した。

このヌクアロファ暴動における第一の攻撃対象は、故トゥポウ5世やプリンセス・サローテ・ピロレヴなど王族が関係していた事業所や店舗であった。第二の対象は、フェレティ・セヴェレ首相が関係していた諸施設である。第三の対象は、外国人、とりわけインド系や中国系の人々の店舗や事業所である。特に、中国系住民が経営する店の被害は大きく、30店舗にも上ったが、トンガの村落では1980年代のパスポート販売事件以来の積年の「怨み」が爆発した結果であると説明する人々が多い。さらにまた、トンガ王国が、1999年に長く続いてきた台湾との外交関係を断ち切り、日本の国連安全保障理事会加入に反対するなど、それまでの日本重視の外交方針も転換して、中国との外交関係を最重要視するようになって以後生じてきた種々の問題（中国文化のキリスト教信仰への悪影響を心配する教会関係者の声、故トゥポウ5世、プリンセス・サローテ・ピロレヴ、ラヴァカ・ウルカララ・アタ王子など王族の中枢と中国政府との癒着の徴候を懸念する声など）が影響していたと語る村人も少なくない。第四の対象は、ヌクアロファ中心部のフリー・ウェズリアン・チャーチ・オブ・トンガの関連諸施設である。この事実と先に述べたテント撤去問題、あるいはそれ以前のフリー・ウェズリアン・チャーチ・オブ・トンガ自体の民主化運動に対する言行が関係しているのか否か、今後さらに調査を進めていく必要がある。

5. 再折衝期

ヌクアロファ暴動の余波が続く中で、２００６年11月18日、国際会議でハノイに滞在していたニュージーランドのヘレン・クラーク首相とオーストラリアのハワード首相はともに記者会見に臨み、戒厳令下にあるトンガの治安維持に協力するために分遣隊と警察を派遣する用意がある旨を表明した。同日、ニュージーランド空軍（RNZAF）の約60名からなる分遣隊がフェヌアパイ空軍基地を飛び立ち、ヌクアロファのニュージーランド高等弁務官事務所を護る約８名の警察官もトンガに向かった。少し遅れてオーストラリアからも、約50名の分遣隊と約30名の連邦警察官がトンガに派遣された。トンガのフェレティ・セヴェレ首相も、ニュージーランドとオーストラリアからの分遣隊及び警察官の派遣を歓迎する旨の公式声明を出し、11・16事件のショックから立ち直り、再建に向けて動き出す決意を表明した。その後、フェレティ・セヴェレ内閣は、種々のフォーマル及びインフォーマルな国際協力を得て、少しずつ復興を進めていった。２００７年2月には、フェレティ・セヴェレ首相が、ニュージーランドのモルモン教会を公式訪問し、11・16事件後に同教会からトンガ政府に対して行われた復興援助金の寄付に謝意を表明するという出来事があったが、そこでモルモン教会と11・16事件の関連問題が取り上げられたのか否かは不明である。政府とは別に、フリー・ウェズリアン・チャーチ・オブ・トンガも、代表者テヴィタ・モヘノア・プロカ師をニュージーランドのウェズリアン・チャーチに派遣し、11・16事件について、

「我々の立場は間違っていなかった、我々は国王を支持する、なぜならアメリカ型の民主主義はトンガに相応しくないからだという」旨の説明を行い、復興に向けての理解と積極的な協力を求めたという[36]。

しかし、上述した事態修復の様々な試みにもかかわらず、11・16事件の余波はあまりにも深刻であったので、2008年に入ってもなおその後遺症から抜け出せなかった。11・16事件の後遺症の最たるものは、王族・貴族・民衆の全てを含むトンガ国民が、非常に大きな重荷に耐えて、長期に亘って「生き残り」のために闘わなければならなくなったことである。王族は、この暴動を経験することによって、過去数年間のネパール王家の経験、すなわち王制それ自体の崩壊の危険性が現実的であることを本気で心配しなければならなくなった。貴族もまた、自らがそれによって立っている王制という根本的な基盤（貴族称号の源泉としての王権）の崩壊を恐れ、土地リース料などの莫大な利益をそこから得ている世襲領地制（トフィア）の廃止を危惧し、彼らの多くが関与しているヌクアロファ中心部におけるビジネスが11・16事件によって受けた損害に起因する膨大な負債の支払いを目前に控えて、途方に暮れ、考え込まなければならなくなった。トンガ政府もまた、中心部のビジネス・ディスクリクトが破壊されたことによって税収が激減し、2005年の公務員ストライキの際に約束した60〜80％の賃上げを実施することができないだけではなく、行政サービスを維持する予算を組むこともできないこと等々、多くの問題を抱えていた。民衆出身のビジネスエリートもまた、彼らのオフィスや店舗が被った損害（全体で153事業所・店舗が総額約123億円の損失を受けたと推計されている）のほとんどは保険によってカバーされないこと、著しい歳入不足に苦しむ政府に支援を期待することはできないこと、事業を続けることができないので従業員を全て解雇せざるを得ないこと等々の苦しみを負っていた。村落に住む一般民衆の苦しみは、「困ったことになった」という一人のインフォーマントの言葉に凝縮されている。この「困ったことになった」という言葉は、11・16事件の前に、既に実質的に民主政府に近い政府（民主派出身のフェレティ・セヴェレ首相や彼の政治アドバイザーであったロペティ・セニトゥリなどの意向が反映されていると考えられる政府）が実現されており、「21民衆国会議員案」の２００８年総選挙での実現も決定されていたにもかかわらず、なぜ11・16事件が発生したのか、11・16事件に関する扇動罪の嫌疑で起訴され、その後、最高裁判所での公判に臨んでいる民主化運動のベテラン・リーダーに本当に責任があったのか、彼らに責任があったとすれば今後彼らを支持することはできないのか、彼らを支持することができないとすれば、２００８年総選挙において一体誰に投票すればよいのか、それから異常なインフレ、失業の増大など、コプラやカボチャ等の換金作物の買い取り中止等々、11・16事件以後の前例のない厳しい経済状況をどのように切り抜けていけばよいのか、これらの疑問に対する答えを容易に見つけることができないことを意味していた。ニュージーランドに移住したトンガ系住民の多くも、11・16事件以後、現状では本国の将来に関する見通しを得ることができないので、２００５年のエプソム・レジデンス包囲デモと同じような仕方で民主化運動を支援することはできないのではないかという疑問を抱くようになった。

２００８年総選挙は以上のような11・16事件以後の混迷を反映して、極めて不透明な空気の中で進行していった。２００８年総選挙に関する最初の疑問点は、誰に投票すべきであるのか、扇動罪の嫌疑で起訴されているアキリシ・ポヒヴァなどに万一実刑が科せられたとき、民主化運動は一体どのようになるのかという問題であった。このような人々の戸惑いに対して、扇動罪の容疑で起訴されていた６名の民主派候補は、逆風の中で選挙区の村々を回って住民との再折衝を行い、信頼を回復する努力を続けていった。第二の疑問点は、６名の民主派候補が実刑を免れたとしても、議会の会期末（２００７年10月末）に「11・16暴動で全てが変わった」という理由で「21民衆国会議員案」の議会内再折衝が不調に終わった結果、完全に暗礁に乗り上げてしまった混迷状況を、彼らが果たして打破できるのか否かという問題であった。この再折衝不調という結果は、２００８年総選挙が、２００５年総選挙と同じ制度（９名の民衆国会議員が普通選挙で選出され、９名の貴族国会議員が33貴族の代表として選出され、15名の閣僚を国王が選挙結果も考慮しつつ任命する制度）に基づいて実施されることを意味しているので、一般民衆の失望は大きかった。第三の疑問点は、フェレティ・セヴェレ首相は、かつて民主化運動の花形であったことは間違いないが、２００８年総選挙活動に関するテレビ・ラジオ・新聞報道に予想外の厳しい規制を加え始めた事態をどう考えるのか、彼は今でも「民主派」の味方と言えるのか、それとも既に王族・貴族に取り込まれてしまったので、闘わなければならない相手となったのかという問題であった。

以上のような混迷状況の中で、２００８年4月24日、２００８年総選挙が行われた。結果は、種々の不確定要素の絡み合いにもかかわらず、アキリシ・ポヒヴァが２００５年を上回る票数を獲得してトップ当選を果たした。それればかりか、「民主派」は9名の民衆国会議員議席全てを独占するという先例のない圧勝を遂げたのである。

6. ファーイン・チューニング探求期

２００８年総選挙が終わった直後の住民の関心は、二つの点に絞られていた。一つは、扇動罪容疑で起訴された民主派議員に対する最高裁判所の判決の結果であり、もう一つは、２００８年総選挙前からその設立が示唆されていた憲法選挙制度委員会が、新議会の審議を経て順調に立ち上がるか否かという点であった。この2点は、トンガにおけるその後の民主化の進展を占う上で決定的に重要な鍵となるものであった。というのは、これらの問題の帰趨如何で、混迷から脱出し、民主化運動を再構築し、近い将来、「新憲法」の下で「抜本的に変革された真に民主的な総選挙」を実施できるかどうかが左右されるからである。

扇動罪容疑で起訴された民主派議員の裁判に関しては、２００８年末の時点で、「量刑の程度はともかくとして、何らかの有罪判決が下される」という見方がヌクアロファの町においては一般的であったという。[37]しかしながら、大方の予想に反して、２００９年5月25日、ヌクアロファの最高裁判所において、２００６年11月16日の騒乱事件に関して扇動罪の容疑で起訴されていた5名の民主派運動員（シオネ・テシナ・フコ、セミシ・タプエルエル、パウラ・ヴィ、シオシウア・ウイピ、テヴィタ・フィフィタ）に対して「無罪」の判決が出された。判断の理由は、「証拠不十分」であった[38]。続いて少し遅れて２００９年9月7日、同じく２００６年11月16日の騒乱事件に関して扇動共同謀議で告訴されていた5名の民主派国会議員のうち、先述した元警察大臣クライブ・エドワーズを除く4名（アキリシ・ポヒヴァ、イジレリ・プル、ウリティ・ウアタ、レポロ・タウニシラ）に対して、「証拠不十分」の理由で無罪が言い渡された[39]。

共同謀議の中心人物という疑いがかけられていたアキリシ・ポヒヴァに対して無罪判決が出されたことによって、民主化運動が勢いを取り戻すことが期待されたのであるが、結果的にはこの期待は裏切られた。その理由は、アキリシ・ポヒヴァをはじめとする主要な民主派国会議員が、無罪判決を勝ち取ったこと、及びその後そこそこの憲法選挙制度委員会審議の進展に充足して、「民主化運動を進める気力」を失ってしまったからである[40]。次に、「当初の民主化運動のエートス」が失われたままの状態で進捗していき、結果的にファーイン・チューニング（妥協的微調整）に帰結した憲法選挙制度委員会の仕事の経緯について述べることにしたい。

憲法選挙制度委員会の創設は、２００８年総選挙後、政治日程における最大の焦点であった。トゥポウ5世も、この点は十分に認識していた。２００８年6月、トゥポウ5世の代理として、総選挙後の最初の議会開会式に臨んだプリンセス・ピロレブは、「本国会は、１３３年間続いてきた現行憲法下の最後の国会となるであろう」というメッセージを読み上げ、２００８年〜２０１０年国会が歴史的に極めて重要な意味を有する旨を強調した[41]。その後２００８年7月22日に、議会で憲法選挙制度委員会法成立のための法案が可決され、新しい政治制度の構築に向けての本格的な取り組みが始まった。内閣閣僚12名と民衆国会議員5名、合計17名の賛成で憲法選挙制度委員会の創設が議決承認された[42]。不思議なことにアキリシ・ポヒヴァは投票を棄権したが、なぜ棄権したのかについての明確な理由は明かされていない。

この憲法選挙制度委員会の発足を承けて、2008年7月下旬には、繰り上げ総選挙を2010年末に「新憲法」の下で実施するという趣旨のトゥポウ5世の声明が公表され[43]、さらに2008年の即位式の前には、「トンガ議会を選出議員で構成するために、国王は枢密院での自らの執行権の幾つかを内閣に譲り渡す用意があり、この新システムを構築する上で2年間は十分な時間である」という旨を述べたトゥポウ5世の声明も王室府《キングズ・オフィス》から発表された[44]。

トゥポウ5世の「歴史的な声明」の後に、外国からの賓客が列席する中で、大規模な即位式が挙行された。即位式では、まず2008年7月30日に王室カヴァ儀礼と盛大な祝宴を中心とする「伝統的即位式」が行われ、この儀礼を通過することによって、暫定的な王、トゥポウ5世は正式に第23代トゥイ・カノクポルとなった。2日後の2008年8月1日には、日本の皇太子、英国のグローセスター伯夫妻、オーストラリア総督などの賓客が見守る中で、フリー・ウェズリアン・チャーチ・オブ・トンガによって入念に準備された盛大なキリスト教式即位式が行われ、この儀礼を通過することによって、第23代トゥイ・カノクポルは、正式にジョージ・トゥポウ5世に移行したと考えられている。この二つの儀礼に、政治的及び宗教的立場の異なる全てのトンガの国民が動員され、結果的に全国民を一体化させる「大和睦」がもたらされたという解釈が保守派のキリスト教聖職者によって呈示された。しかしながら、トゥポウ5世は、伝統的即位式において極めて重要な意味づけを与えられている伝統舞踊の祭宴（ラカラカ）から、トンガで最も格式の高いラカラカを継承してきたムアとラパハの舞踊集団を排除してしまった。ムアとラパハの人々は、我々の大多数はカトリック教徒であり、しかも民主化運動支持者であるので、伝統舞踊の祭宴に招かれなかったのであろうと考えている。このように「大和睦」自体が宿命的な矛盾、とりわけ先述した東（ハハケ）と西（ヒヒフォ）の対立を内包した危うい均衡状態であった。そのような意味で、この「大和睦」も、1875年憲法制定以来の二つの拮抗する力、すなわち特権化と水平化のせめぎ合いの中で達成された「コンプロマイズ・カルチャー」（Marcus G.E. [1980] pp.9-10）の枠を超えるものではなかったと言えるであろう。

即位式が順調に終了した後に、トゥポウ5世の「歴史的な声明」の真意をめぐって、村落では様々な解釈が語られるようになった。そのような解釈の中で、有力な解釈の一つは、「トゥポウ5世はトゥポトア皇太子であったときには改革に対してあれほどの高圧的な態度を取っていたことは間違いないが、11・16事件の衝撃の後、本来的に企業経営者である国王はスマートに損得を考え直したのであろう」というものである。同事件の後、実際にトゥポウ5世の発言に明らかに大きな変化が認められるので、この解釈はかなり説得力があるとみて良いであろう。(45)

上記のようなトゥポウ5世の政治姿勢の変化を肯定的に捉える見方は、徐々に民衆層の間においても広がりを見せてゆき、トンガの政治制度改革は、次回総選挙に向けて順調に進捗していくかに思えた。しかしながらその後、憲法選挙制度委員会委員の具体的な人選作業が暗礁に乗り上げ、あたかも「針路の定まらない漂流船」のような迷走状態に入っていくことになった。(46) 2008年11月中旬、やがて国会会期が終了しようとする時期になっても、未だに同委員会の適切なガイドライン（組織、メンバー、責務等々）も、人事の具体案も確定していなかった。内閣、貴族国会議員、民衆国会議員、司法の4グループからそれぞれ内閣代表1名、貴族国会議員代表1名、民衆国会議員代表1名、司法代表2名を出す「5名委員会案」に沿って、ゴードン・ウォード裁判長（内閣推薦）、ロード・ヴァエア（貴族国会議員推薦）、ドクター・スティブニ・ハラプア（民衆国会議員推薦）、ドクター・アナ・マウイ・タウフェウルンガキ及びシオネ・トゥイタヴァキエ・フォヌア（司法制度委員会推薦）の名前が、候補者として既に浮上はしていた。しかし、いつ正式に名前が公表され、辞令が交付されるのかについては、本人も各グループの責任者もよく分からないという状態が続いていたのである。こういった状況の中で２００９年1月5日、ようやく最初の憲法選挙制度委員会が開催され、同年6月5日までに枢密院と議会に中間報告を提出することが承認された。ところが今度は、「新憲法」に盛り込む議会議席配分をめぐる議論が行き詰まってしまった。手詰まり感が続く中で、政府案（民衆議席17・貴族議席9・国王任命議席4案）と民衆改革委員会案（アキリシ・ポヒヴァが中心となって推進していた民衆議席21・貴族議席9の案）が対立し、貴族国会議員の多くは、何れの案でも貴族国会議員が少数派になってしまうという理由で、両案に反対するという膠着状態に陥っていったのである。こういった膠着状態に関して、トンガのメディアも批判的な論調の報道を行うようになった。例えば、トンガの代表的なジャーナリストの一人であるペシ・フォヌア氏は、「現在の議会メンバーの間では、議員定員30人案が有力だが、このような重要な法案を拙速に作るべきではない。……中略……ここで立ち止まってしっかりと事態を検証すべきである。焦って残り1年未満となった２０１０年デッドラインにかかわるべきではない」という趣旨の論陣を張り、今後長期に亘ってトンガの政治制度を規定することになる憲法・選挙改革案は多少時間がかかっても、より民主的な改革案の策定を追求すべきであるという見解を打ち出した[47]。

このような膠着状態の中で、２００９年6月5日、憲法選挙制度委員会は約束通り何とか中間報告を提出したが、この報告書には政治制度改革に向けた具体的な勧告案が全く含まれておらず、逆に、２０１０年11月に予定されていた総選挙までの日程が非常に切迫してきているので、多方面からできるだけ多くの具体的な提案を寄せて頂きたいというお願いが同報告書の眼目となっていた。こういった停滞状態にさらに追い打ちをかけるような出来事が、２００９年9月5日深夜に起こった。40名弱の犠牲者が出たアシカ・フェリー沈没事件である[48]。この事件の煽りで、トンガ政府及びトンガ議会は大混乱に陥り、憲法・選挙改革を巡る審議は完全に中断してしまった。

ところがメディアの予想を裏切り２００９年11月５日に、憲法選挙制度委員会は、「トンガ政府とトンガ議会が新しくより民主的な政治制度を構築する方法に関する勧告」を伴った最終報告書を提出した[49]。この勧告は、民主化運動のリーダーが、２００４年から２００６年に掲げていた改革案と比較すると革新色の薄い提案を中心として、全部で82の提案を含むものであった。しかし、民主派議員の大多数（最も声高に民主化運動の理念を語ってきたアキリシ・ポヒヴァも含めて）が、ほとんど抵抗を行う気力を示すこともなく、そして民主化に向けての改革から手を引いてしまったかの如く、「これからは、システムを構築するのは委員会と政府の役割となった」と述べて、上述した憲法選挙制度委員会案（新政治制度案とそれを保障する「新憲法案」）をほぼ丸ごと受け入れたのである[50]。結局、12月18日の朝、クリスマスに向けての議会閉会前に、トンガ議会は憲法選挙制度委員会の82勧告のうち、19勧告を棄て、18勧告を通過させ、さらに政府が修正した45案を議決承認した。結果的に、多年に亘る民主化運動の激しい展開は、民主派議員が新政治制度構築の仕事に大きな貢献を行うことなしに、以下のようなファーイン・チューニングに収束することになり、２０１０年11月総選挙は次のような新制度の下で行われることが確定したのである[51]。

①新議会の総定数を26議席とし、このうち17議席（民衆議席）を民衆が選出するが、残りの９議席（貴族議席）はこれまでと同様に33名の世襲貴族の代表として選出される（一代貴族に関しては、選挙権は認められているが、被選挙権は与えられない）。
②17議席（民衆議席）の島嶼グループへの配分は、トンガタプ10議席、ヴァヴァウ３議席、ハーパイ２議席、ニウア１議席、エウア１議席とする。
③かつての複数議員の選出を行った中選挙区を廃して、単数議員を選出する小選挙区の新たな区割りを行う。
④首相は、これまで国王によって任命されていたが、新制度では、選出された民衆国会議員および貴族国会

議員によって民主的に選出される。
⑤閣僚は、これまで国王によって任命されていたが、新制度では、選出された首相が選択する。
⑥国王の権限は、かつてと比較すると首相の承認等に関して若干の制約を被るが、「実際には共和国として統治されている名ばかりの他の王国とは異なり、統治権は基本的に不変である」。
⑦国王、首相、閣僚からなる枢密院は、かつてはトンガ王国の最高執行機関であったが、今回の改正によって、国王に助言を行うために国王によって任命される、政治的実権を伴わない、「ロー・ローズ〈law lords〉」という助言機関に改組される。

２００５年以前の選挙制度は、前述したように、９名の民衆国会議員が普通選挙で選出され、９名の貴族国会議員が33貴族の代表として選出され、選挙とは無関係に首相をはじめとする12名の閣僚を国王が任命するものであったが、２００５年に選挙制度一部手直しが行われ、９名の民衆国会議員が普通選挙で選出され、９名の貴族国会議員が33貴族の代表として選出され、選挙結果を考慮して15名の閣僚を国王が任命する制度がスタートした。この一部手直しされた制度と比較すれば、①に見られるように、民衆議席定数が９議席から17議席に増えており、この点は一定の前進であると言えよう。また②に窺われるように、以前から人口の多いトンガタプ島において１票の格差問題が提起されてきたことを考慮するならば、17議席中、トンガタプ島に10議席配分されている点も肯定的に評価することができよう。しかしながら、候補者の票数が接近することが多いトンガの総選挙において、小選挙区制が採用されると僅か数票の差で有力議員が落選する危険性が高まるという理由で、小選挙区制の実施には根強い反対が見られた。このような事実から判断するならば、③は必ずしも前進であるとは言えないであろう。⑤は、トゥポウ５世が強調する「最大限の譲歩」の要であり、民主化運動が勝ち取った戦果の中で最も大きな成果であると言えよう。

トンガのジャーナリストやフリー・ウェズリアン・チャーチ・オブ・トンガの牧師の中には、今回の選挙制度改革をかなり大きな改革としてきわめて肯定的に捉えている人もいる。確かに現実の政治組織レベルでは、民衆派はこれまで実現することができなかった17民衆議席や首相の閣僚任命権等を勝ち取っている。民主化運動のリーダーの中にも、「大きな勝利」を強調する人は珍しくはない。しかしながら、政治制度の次元で捉えるならば、今回の選挙制度改革を「大きな改革」と呼ぶことはできない。政治制度は、施設・装置・人員等を伴う抽象度の高い協働的なプラクティス・プラクシスの物象化形態として捉えることができる。トンガ王国の場合、それは、1870年代、ジョージ1世の時代に確立した制度、すなわち政治権力と宗教的聖性を兼ね備え、「不変の統治権」を有する国王が王国政治の中心に存在し、この国王を貴族が取り巻き、その下に貴族国会議員の選出に全く参加することができない民衆が位置づけられるという基本的原則に相当する。この基本的原則は、今回の選挙制度改革によっても全く変化していないので、政治制度それ自体の改革を目指してきた民主化運動は、当初の大目的を達成することはできず、一連の出来事のラミフィケーションは全体として政治組織レベルのファーイン・チューニングの枠内に収まってしまったと判断せざるを得ない。特に、1990年代以来、トンガの民主化運動が最も重要な目標としてその撤廃を求めてきた、33名の世襲貴族の代表として世襲貴族と一代貴族のみによって選出される貴族議席（9議席）がそのまま残ってしまったことは、政治制度改革の大きな挫折点であった。ところでなぜ、あれほどの高揚を見せた民主化運動が、最も重要な政治制度改革の目標を実現できずに、穏やかな政治組織レベルのファーイン・チューニングに収束することになったのであろうか。ペシ・フォヌアは、その理由を、アキリシ・ポヒヴァをはじめとする民主派議員が、「戦術で負け、裏をかかれ、数で負けた」結果であると述べ、議会における民衆議員の議会運営における見通しの甘さ、戦術の拙さ、地道な努力を厭う消極性を批判している。(52) この指摘は、2009年の一連の改革を巡る論戦の過程の中で、アキリシ・ポヒヴァが、閣僚はコーヒーを飲むこと以上のことはほとんど行っていないので、その数は増やすことなく現状のままでよいと議会で発言したこと、あるいは民衆国会議員が閣僚に抜擢されたとき、その穴を埋めるためにわざわざ大変な補欠選挙を行う必要はないと述べて、民衆国会議員の代表性を確保するための補欠選挙に反対した結果、シオネ・テシナ・フコとサミウ・ヴァイプルの2名の有力な「民衆国会議員の同志」を失ってしまったことなど、数々の「失策」がメディアで報じられたときに、村落に住む民主派の民衆の間に「やる気のない民衆国会議員への失望」が広がり、実際に彼らに対して批判的な意見を口にする人々の数が増えていったという明らかな事実から見ても[53]、かなりの説得力を有する判断であると言えよう。

上述したような民衆国会議員側の「失策」もあって、２０１０年11月の総選挙に際して、民主派議員が圧倒的な勝利を収めたとしても、一致団結して民衆国会議員の中から首相を選出するという「かつての夢」を実現することは不可能であるという見通しが村落においても広く浸透していた[54]。そして、２０１０年11月総選挙の結果はこの見通しの通りとなった。

有権者の登録は、２０１０年８月31日に締め切られ、約４万２０００人が登録を行った。立候補者の登録は、同年10月21～22日に行われ、全部で17小選挙区に１４７人（女性候補10名）が４００パアンガ（約2万円）の登録料を払って立候補した。最も競争の激しかった選挙区は、６区（トンガタプ）と９区（トンガタプ）で、それぞれ15名が出馬した。逆に立候補者の最も少なかった選挙区は、13区（ハーパイ）、11区（エウア）、17区（ニウア）で、それぞれ３名が立候補した。総選挙自体は、２０１０年11月25日に行われ、フレンドリー・アイランズ民主党（the Democratic Party of the Friendly Islands、総選挙目前の２０１０年９月に発足した新政党で、党首はアキリシ・ポヒヴァ）が圧倒的な勝利を収め、民衆国会議員定数17のうち12を占めた。民衆国会議員定数17の残りの５議席は、無所属（independent）で立候補した議員によって占められた。注目されていた元警察大臣のクライブ・エドワーズの民衆民主党（People's Democratic Party）は、3区（トンガタプ）から出馬したクライブ・エドワーズ自身が次点に終わったために、1議席も取れなかった。17名の民衆国会議員の中で、トップ当選を果たしたのは、予想通り、アキリシ・ポヒヴァであった。しかしながら、総選挙が終わった後、2010年12月21日、暫定議長のロード・トゥポウが開催した会議で、当選した17名の民衆国会議員と9名の貴族国会議員が新首相選出のために行った無記名投票の結果が承認され、民衆国会議員の結束力の低下によって、12票しか取れなかったアキリシ・ポヒヴァは落選し、民衆国会議員の一部を取り込んで14票を取ったトンガタプ島の貴族、ロード・トゥイヴァカノが新首相に選出され、さらに2011年1月4日に「民衆国会議員と貴族国会議員双方のバランスの取れた新内閣の組閣」を無事に終え、同年1月13日に開会予定の新議会に「首尾良く臨む体制」が整ったのである。(55)

おわりに——「新憲法」制定以後の迷走について

1．ロード・トゥイヴァカノ内閣

上述した新政治制度の下で初めて行われた総選挙によって貴族のトゥイヴァカノを首相とする内閣が合法的に成立し、その後2014年12月まで4年間続いたという事実はいったい何を意味しているのであろうか。その意味を読み解く鍵の一つは、この出来事に関する民衆の解釈、とりわけ故国から離れているが故に率直な意見を述べることができる海外の「トンガ人コミュニティ」の遠隔地ナショナリストの主張の中に見いだすことができる。

2014年1月18日にニュージーランド・ウェリントンのワイタンギパークで行われたパシフィカ・フェス

ティバル[56]で弁当を売っていたトンガ人男性M氏は、現在のトンガ王国が抱える問題について忌憚のない意見を述べてくれた遠隔地ナショナリストであった。M氏の主張は次の通りである。

憲法が改正され、選挙の仕組みが少し新しくなったと言っても、それは全然意味がないんだよ。前の選挙の結果が示しているだろ。結局貴族がまた議会を牛耳っているんだからね。尤もそうなることは事前に予測されていたけれどもね。汚職もあるし、縁故もあるし、以前とほとんど変わっていない。いつも教会の日曜礼拝が終わった後、仲間と話しているんだ。いったい、いつになったらウェリントンのビーハイブを支配しているような完全な民主主義がトンガで実現されるんだろうか、とね。結局、今年の11月に行われる総選挙で民主派議員が多数を占め、アキリシ・ポヒヴァが首相に選出されることに期待する以外に道はないんだよ。

M氏が衝いているように、「憲法が改正され、選挙の仕組みが少し新しくなった」としても、大きな変化が生まれない可能性が大きい。というのは、議会が首相を選出するという新制度の下においても、当選した民衆国会議員17名のうち、5名が一致団結している貴族国会議員9名の誘いに応じてしまった場合、貴族の首相が誕生する公算がきわめて大きくなるからである。先述したように、実際に2010年の総選挙後に、このような事態が現実のものとなった。すなわち、2010年12月21日、トンガタプ島の貴族、ロード・トゥイヴァカノが、貴族国会議員9名のスクラムの中に5名の無所属民衆国会議員が取り込まれた結果、首相に選出されたのである。トンガタプ1区で62・5%の圧倒的な票を得て9回目の当選を果たし、フレンドリー・アイランズ民主党の党首でもあった、アキリシ・ポヒヴァは、12票しか取れず、首相になることはできなかった。4年間続いたトゥイヴァカノ内閣は、結局、「今なお少数派が、多数派を、そしてパワー・シェアリング、権力の分立、そしてバランスを支配する」[57]体制であったと言えよう。

少数派の貴族が多数派の民衆国会議員を支配する体制であったトゥイヴァカノ内閣は、コモンウェルス外務大臣会議での活躍やアメリカ合衆国との関係強化など外交面である程度の得点をあげた。こういった同内閣に対する肯定的な評価は、特にフリー・ウェズリアン・チャーチ・オブ・トンガの指導者の間では、広がりを見せている。しかし、基本的にはそれ以前の内閣と同様に、多くの失策・無策・汚職・不正に揺れた政権であったと言えよう。後者の点に関して言えば、まず、アキリシ・ポヒヴァの辞任を取り上げることができる。アキリシ・ポヒヴァは、２０１０年12月29日に新首相トゥイヴァカノによって厚生大臣に任命され、一応それを受諾したが、任命から２週間も経過していない２０１１年１月13日に辞表を提出した。なお、この辞任の理由としては、２０１０年11月の総選挙で当選した議員の中に有能な人材がいるにもかかわらず、選挙の洗礼を受けていない人物２名を閣僚に抜擢したことは容認できないこと、およびトゥイヴァカノ内閣に対する不信任案の提出を防止することを意図した就任時の署名の強要は認められないことの２点が示されたという[58]。このように、トゥイヴァカノ内閣は、発端から閣内のまとまりの欠如を露呈したのであるが、その後、２０１２年６月18日にトゥイヴァカノ首相の違憲行為と職務遂行能力の欠如を批判する不信任案が、アキリシ・ポヒヴァの署名のある公式書状とともに、トンガ議会議長ロード・ラシケに提出された。さらに不信任案提出から６日後の６月25日に、不信任案に同調する３名の民衆国会議員出身の大臣（厚生大臣のウリティ・ウアタ、労働商業産業大臣のイジレリ・プル、警察刑務所消防大臣のスニア・フリ）が、トゥイヴァカノ首相と会い、閣僚辞任の意思を表明したため、混迷はさらに深まった[59]。提出された不信任案は、予算案（２０１２〜２０１３）の審議が始まったばかりであったので、それをめぐる審議は当面ペンディングとなったが、予算案が議決承認された後、同年７月末から不信任案をめぐる本格的な論戦が始まった。攻防は熾烈を極めたため、８月下旬には冷却期間を置くための１カ月間の審議中断も議決されたが、当初通過すると見られていたこの不信任案は、最終的には10月8日に、内閣の中に取り込まれたサングスタ・サウララと病気療養のために出国したウリティ・ウアタの離脱によって、13対11の僅差で否決されてしまった[60]。この不信任案の否決によって、トゥイヴァカノ内閣はひとまず崩壊の危機を免れたが、今度は押し寄せる汚職・不正問題への対応に追われることになった。

トゥイヴァカノ内閣の汚職・不正問題に関しては多くの問題が浮上したが、そのハイライトは、二つの大きな問題、すなわちトンガ・パスポート販売事件の再燃とトンガサット疑惑であろう。この二つの問題が大きく取り上げられたのは2014年4月2日、これらの問題に関する詳細な調査結果を明らかにした年次レポート（2012～2013）が会計検査院長官によって議会に提出され、このレポートの集中審議が行われたときであった。

トンガ・パスポート販売事件は、1980年代にトンガの民主化を引き起こした大事件であったが、トゥイヴァカノ内閣時代に再燃することになった。上述した会計検査院長官の年次レポート（2012～2013）は、トンガ・パスポート販売というセンシティブな問題を再び取り上げたので、2014年4月2日に議会で否決され、訂正を求めて会計検査院長官に差し戻すことが議決された。この問題をめぐる議論で特に焦点となった出来事は、中国出身のリー夫妻のトンガ・パスポート申請が、不完全である上に帰化証明書も添付されていないという理由で却下された件であった。この却下という決定に対して、法務大臣、クライブ・エドワーズは、現政権はパスポート販売を認めていないが、政策を変更してパスポート販売が可能となるようにすべきではないかという趣旨の発言をしたので、当該の発言は汚職・不正を容認しろと言っているに等しいと批判する民主派との間で激論を引き起こした[61]。古くから燻ってきたこのセンシティブな問題をめぐる論争はいまもなお続いている。

もう一つの激しい論争は、トンガ王国政府の認可を受けた衛星通信サービス会社であるトンガサット社への

3200万パアンガ（US$25・45ミリオン）の支払いをめぐって戦わされた。この件に関して、アキリシ・ポヒヴァは、会計検査報告によれば、2013年6月30日現在、会計検査院長官は3200万パアンガをトンガサット社に渡すことを承認する協定書または証明書を入手できていないと主張して、疑義を表明した。こういったアキリシ・ポヒヴァの疑義に対して、財務大臣アイサケ・エケがトンガサット社への3200万パアンガの支払いを証明する準備銀行の公式文書が存在する旨を述べて、その場の議論は一応決着した。しかし、そのような公式文書の存在を疑う人も多く、トンガ・パスポート販売問題と同様に、今なおトンガサット問題も燻り続けている。[62]

上述したように、トゥイヴァカノ内閣の4年間は、新政治制度の下での権力闘争と汚職・不正をめぐる論争の連続であった。2014年11月の総選挙の結果を受けて行われた首相選出選挙でアキリシ・ポヒヴァが勝利を収め、遂に民主派が長い間待望してきたアキリシ・ポヒヴァ内閣が実現することとなった。民衆の大きな期待を背負ってスタートしたこの新内閣は、果たして期待通りに「本当の民主主義」に向かって舵を切ることができたのであろうか。

2. アキリシ・ポヒヴァ内閣

2014年総選挙は、前回と同じく貴族を除く21歳以上のトンガ国民を対象とする有権者登録で始まった。この有権者登録は、2014年9月16日に締め切られた後、若干の追加登録が認められたため、登録者数は前回よりも21%多い約5万1448人となった。[63]しかし、「とにかく出かけて投票しよう」キャンペーンが行われたにもかかわらず、実際に投票した有権者の数は4万736人で、投票率も前回の89%に対して79%に止まった。村落では、今回の選挙で投票率が伸びなかったのは、「前回期待しすぎて裏切られた」人が多いからだと受け止められている。立候補者数も、前回の147人よりも減少し、今回は全部で17小選挙区に105人（女性候補16名）が立候補した。最も立候補者数の多かった選挙区はヴァヴァウ15区（12名）、逆に立候補者の最も少なかった選挙区はニウア17区（3名）であった。[64]

総選挙自体は2014年11月27日に行われ、フレンドリー・アイランズ民主党が民衆国会議員定数17のうち9議席を占めたが、当初期待されたほどには票が伸びず、前回の12議席から3議席減少した。逆に無所属議員が前回と比べて3議席増え、8名となった。無所属議員が増え、フレンドリー・アイランズ民主党が伸びなかった理由について、フレンドリー・アイランズ民主党の著名なサポーターであり、かつ超教派のパラチャーチ系キリスト教団体YWAMの元宣教師カラフィ・モアラ氏は、「フレンドリー・アイランズ民主党は分裂しており、党員の中に基本的に敵対的に動いていた者が数多くいた」ことを挙げている。[65] 民衆国会議員17名中12名が新人議員であり、現職は5名に止まった。[66] 貴族国会議員に関しては、当選した9名のうち8名が現職議員であり、1名は元職であった。17名の民衆国会議員の中で、トップ当選を果たしたのは、得票率58％（1682票）を獲得したトンガタプ5区のアイサケ・エケであった。アキリシ・ポヒヴァは、第3位の得票率54％（1482票）であった。

総選挙が終わった後、2014年12月9日、暫定議長のロード・トゥポウが開催した会議で、当選した26名の議員のうち25名と会い、新首相選出に向けての手続きの詳細を説明した。[67] 続いて2014年12月16日朝、9名の貴族国会議員と7名の無所属民衆国会議員は連携し、無所属民衆国会議員候補としてヴァヴァウ15区から出馬して当選した現職副首相のサミウ・ヴァイプルを首相候補として立てる旨を表明した。この段階でサミウ・ヴァイプルがトンガで最初の選挙で選出された民衆出身首相となり、副首相には既に噂に上っていた貴族国会議員のロード・ヴァエアかロード・ヌクの何れかが就くことは間違いないと見られていた。一方、フレンドリー・アイランズ民主党議員9名は、総選挙後の働きかけによって無所属民衆国会議員1名を自らの陣営に引き入れることに成功したが、アキリシ・ポヒヴァ首相を誕生させるためには、あと4票を必要としていた[68]。以上に述べたように、首相選出選挙前の情勢は、圧倒的に貴族陣営の方が優勢で、２０１０年と同じ結果が繰り返されることは必定であると考えられていた。ところが２０１４年12月29日に行われた首相選出選挙では、26票中15票を獲得し、アキリシ・ポヒヴァが土壇場から大逆転の勝利を収めたのである。この逆転勝利は7名の無所属議員の連携の一角が最後になって崩れ、５名がアキリシ・ポヒヴァに投票したことによると見られている。

トンガで最初の民衆出身選出首相となったアキリシ・ポヒヴァは、直ちに組閣に着手し、同年12月31日に、フレンドリー・アイランズ民主党５名、無所属６名、貴族１名、合計12名からなる以下のような閣僚名簿を公表した[69]。

1　アキリシ・ポヒヴァ　首相、教育大臣、外務貿易大臣
2　シアオシ・ソヴァレニ、副首相、通信大臣、環境気候変動大臣
3　テヴィタ・ラヴェマアウ、歳入課税大臣
4　エトゥアテ・ラブラブ、社会資本大臣
5　サイア・ピウカラ、厚生大臣
6　ポアシ・テイ、公共事業大臣
7　ポヒヴァ・トゥイオネトア、警察刑務所消防大臣、観光労働商業大臣
8　セミシ・ファカハウ、農業食料森林漁業大臣
9　シオネ・ヴナ・ファオトゥシア、法務大臣
10　アイサケ・エケ、財務国土計画大臣

11　フェアオ・ヴァカタ、内務大臣
12　ロード・マアフ、土地自然資源国防大臣

続いてアキリシ・ポヒヴァは同日開いた最初の公式記者会見で、「良き指導力、万人のための正義、および国富の公正な分配という高い道徳原理」と「意思力」に導かれた「積極的取り組み」を行う決意を表明し、人々の期待に添う順調な船出を行った。[70] この船出において、特に人々の関心が集中した点は、アキリシ・ポヒヴァがハーパイ諸島のハアノ島の生まれであるという事実である。というのは、この小島はトンガの中でもとりわけ公正・質素・勤勉・隣人愛などのキリスト教倫理規範が厳しい場所として知られており、過去30年間以上に亘る民主化運動のリーダーとしての批判精神と厳格なハアノのキリスト教倫理との間の繋がりがラウペ（噂）で強調されたからである。

ところが、最初の公式記者会見から1カ月も経過しないうちに、アキリシ・ポヒヴァの政権運営に変調が見られるようになった。その最初の切っ掛けは、縁故採用事件である。２０１５年1月21日、議会においてアキリシ・ポヒヴァが首相の個人秘書として自分の息子であるポオイ・ポヒヴァを採用したという事実が明らかとなり、議場が騒然となった。トンガタプの貴族国会議員ロード・ヴァエアは、「過去27年間も最前線に立ってトンガ政府内の縁故主義と対決してきた新首相の行動としては異常ではないのか」と詰問したが、「個人秘書への給与は首相の給与の中から支払われる」「アキリシ・ポヒヴァ首相の健康状態が良くないので、息子が側にいる必要がある」等々、説得力のない答弁が繰り返されたために不信はより高まった。[71] また、２０１４年総選挙で落選したエリエサ・フィフィタは、個人的にアキリシ・ポヒヴァ首相に手紙を送り、「あなたは政府で働いている人間は縁故主義や依怙贔屓を行ってはならないといつも言って来たではないか、あなたが戦ってきたことと現在のあな

たの行動が食い違っているのは何故なのか」と問責したという。(72)

ヌクアロファや村落の住民の多くも、この出来事に大きなショックを受け、「キリスト教倫理に裏打ちされた政権運営」への期待も消え去ってしまった。ハハケ地区の古いインフォーマントの一人は、「何よりもショックであったのは、キリスト教倫理の島と言われているハアノに生まれ育ち、しかも長期に亘って公正・公平という神意の実現を唱えてきたアキリシ・ポヒヴァが自分の息子を秘書にしてしまったという事実です、どんな人物でも権力を握ると変わってしまうのでしょうか」と答えてくれた。

その後もアキリシ・ポヒヴァ内閣の迷走は続き、２０１５年3月には、ヴァヴァウ16区から出馬して当選した社会資本大臣エトゥアテ・ラブラブの選挙違反疑惑が耳目を集めることになった。もともとこの問題は、２０１４年総選挙におけるエトゥアテ・ラブラブの買収およびその他の違法行為を告発する訴状が、同じ選挙区から立候補した2名のライバル候補、ヴィリアミ・ラトゥとアイセア・シリヴェイヌシによって２０１４年12月に裁判所へ提出されたことに端を発していた。本事案をめぐる審理は、２０１５年を通して、公訴事実に対する意見聴取・罪状認否・証拠調べの手続きをめぐって、原告と被告の激しい攻防が繰り広げられた結果、判決は来年に持ち越されることとなったが、本件がアキリシ・ポヒヴァ内閣に与えた打撃は、縁故採用事件以上であった。というのは、現職閣僚がこれだけの耳目を集める疑惑の主人公であるにもかかわらず、アキリシ・ポヒヴァ首相があくまでもエトゥアテ・ラブラブを閣内に留め置く姿勢を崩さなかったからである。(73)

エトゥアテ・ラブラブの選挙違反疑惑は、アキリシ・ポヒヴァ首相に対する様々な方面からの批判を招いたが、その批判の厳しさという点で注目に値するのは、キリスト教会の指導者、とりわけマアフオトゥイトンガ・パル師の「民主主義にあらず」という峻烈な批判である。同師は、過ちを犯さないものは神だけであるので、首相も当然過ちを犯しうるが、「彼自身が過去に享受してきたのと同程度の言論の自由を認めないのであれば、彼が過去に批判してきた政府の方が彼の政府よりもまだはるかに公正であり」「我々は、我々の憲法の下で我々の自由が回復されるまで、決して横たわってはならない」と危機感を表明している。(74)

キリスト諸教会からアキリシ・ポヒヴァ首相に寄せられた批判は、上述したマアフオトゥイトンガ・パル師の批判のように、その多くは正当なものであり、「パーシャルな民主主義」ではなく、「本当の民主主義」をこれから実現していく上できわめて重要であるという意見がヌクアロファや村落の人々の間で支配的であるが、ウェリントンのリベラルなトンガ人知識人の中には、「かつてとは異なる警戒すべき言動が最近のトンガのキリスト教会の動向の中に窺われる」と述べる人もいる。これらの知識人の見解によると、そのような「警戒すべきキリスト者の言動」の最たるものは、堕胎や同性愛など懸念すべき条項が含まれているという理由で、1979年国連第34回総会で採択された条約である女性差別撤廃条約（CEDAW）の批准に強く反対するキリスト諸教会のリーダーの動きであるという。実際に2015年5月19日には、カトリック女性連盟が、アキリシ・ポヒヴァ内閣が決定したCEDAW批准の政策への反対を掲げて国会までデモを行い、同年5月22日には、トンガ・カトリック・チャーチ、トーカイコロ・チャーチ、トンガ・チャーチ、フリー・ウェズリアン・メソディスト・チャーチのリーダー（彼らの多くは民主化運動のかつてのリーダーでもあった）を先頭に、約500名の人々が王宮までデモ行進を行い、CEDAW批准反対の嘆願書を手渡すという出来事が起こったのである。(75)

以上に述べたように、最近のトンガ王国では、「本当の民主主義」の確立という最重要の目標から見て、「正当な言動」と「警戒すべき言動」が複雑に矛盾交錯する状況が続いているのであるが、最大の問題は、多くの矛盾を抱えるアキリシ・ポヒヴァ内閣が、今からの3年間、「民主化運動のリーダー」の名声を回復し、先に述べたジョージ・マーカスが言うところの「コンプロマイズド・カルチャー」の新段階に到達できるような軌道修正を行うことができるか否かであろう。

注

（1）トンガ王国の法的地位に関しては、しばしば「太平洋島嶼国の中で植民地とならなかった唯一の国である」といった皮相な見解が支配的である。しかし、１９００年に英国とトンガ王国の間で保護国条約は結ばれており、コロニアリズム人類学の観点から見れば、トンガ王国は疑問の余地なく半主権国家、すなわち「保護国という名の植民地」となったのである。したがって、18世紀末から同国において展開された布教活動は、植民地宣教の代表的な事例として捉えられなければならない。

（2）本稿では、フレデリック・ジェイムソンの視点を継承して、グローバル化を、「近代世界を特徴づけてきた資本主義が〈後期資本主義〉という新たな段階に入ることによって生じた、国民国家の領域性を越えるグローバル資本の越境的な浸透とそれに伴って生じる政治的・文化的・言語的等々の共起現象である」（大谷［２００８］16頁）と規定する。この共起現象の中に、諸矛盾が含まれる。

（3）本稿の叙述は、１９８２年、１９８８年、１９９１年、１９９５年、１９９６年、１９９７年、１９９８年にトンガ王国で行ったフィールドワーク、及び２００４年9月~２００５年9月、２０１３年9月~２０１４年3月にニュージーランドで行った調査を通して得たデータに基づいている。また、１９９８年以降現在に至るまで、トンガ王国に住んでいる7名のインフォーマントと不定期に電子メールによる交信を続けてきた。この電子メール情報も本稿叙述の重要な柱となっている。

（4）フリー・ウェズリアン・チャーチ・オブ・トンガのミニスターとのインタビュー（１９９５年）による。

（5）フリー・ウェズリアン・チャーチ・オブ・トンガのミニスターとのインタビュー（１９９５年）による。

（6）フリー・ウェズリアン・チャーチ・オブ・トンガのミニスターとのインタビュー（１９９５年）による。

（7）コロンガ・カトリック・チャーチ司教とのインタビュー（１９９６年）による。

（8）コロンガ・カトリック・チャーチ司教とのインタビュー（１９９６年）による。

(9)首長カラニヴァル氏とのインタビュー(1982年)による。

(10)カトリック教徒が立て籠ったペアの要塞は、首長カラニヴァル氏によれば、敵の侵入を食い止めるための環濠、火器の攻撃に耐えうる土塁や地下道、敵の動きを監視するための望楼など、強固な構造を有したものであったという。

(11)トゥポウ・カレッジでのインタビュー(1991年)による。

(12)「2010年新憲法」の実体は、「1875年憲法」の大幅な修正(ビッグマイナーチェンジ)であるが、現在のトンガ王国では、一般に「2010年新憲法」と呼ばれている。

(13)トゥポウ・カレッジでのインタビュー(1991年)による。

(14)ムア・カトリック・チャーチ司教とのインタビュー(1982年)による。

(15)コプラの収集・輸出を目的として白人商人カメロンが組織したカウタハ(組合)の経理に関して、英国領事が不正の嫌疑をかけてカメロンを告発したことに対して、ジョージ1世がカウタハを擁護した一件。

(16)パレス・オフィスでのインタビュー(1982年)による。このような誇りを持っている人は、今日でもかなり多く見られるが、現代の民主化運動支持者の多くは、1970年以前のトンガ王国は、如何なる観点から見ても植民地に他ならなかったという認識を共有している。

(17)パレス・オフィスでのインタビュー(1982年)による。トゥクアホは、キャップテン・クックが来島した時代に、トゥイ・カノクポルとトゥイ・ハータカラウア双方の王位を兼務していたマエアリウアキ(Maealiuaki)の直系の子孫であったので、系譜的にはジョージ1世よりも一段階上の年長ラインに属していた。それゆえに、トゥクアホは、1870年代から1890年代にかけて、合法的手段(議事の意図的な遅延等々)及び非合法的手段(トンガ在住のヨーロッパ人商人と結託した権力奪取の陰謀)を駆使して執拗にジョージ1世及びジョージ2世に抵抗し続けた。トゥクアホの息子トゥンギ・マイレフィヒとサローテ女王の結婚は、以上のような宿年の葛藤に終止符を打ち、トンガに政治的安定をもたらすために仕組まれたものであった。

(18) ムア・カトリック・チャーチ司教とのインタビュー（1982年）による。

(19) コロンガ・自由ウェズリアン・チャーチ牧師とのインタビュー（1995年）による。

(20) コロンガ・カトリック・チャーチの司祭とのインタビュー（1982年）による。

(21) 詳しくは、大谷［1994］を参照。

(22) 1976年のセンサスによると、トンガタプ島の総人口は5万7411名であり、この中でヴァヴァウ出身者数4615人、ハーパイ出身者数5229人、ニウア出身者数1087人、エウア出身者数697人となっており、周縁の島嶼出身者の総数は1万1628人（トンガタプ総人口の約20%強）に上っており、統計局の担当官によると、周縁の島嶼出身者総数の約70%が60年代半ば以降の移住者と推定されるという。

(23) カリフォルニアに移住したかつての筆者のインフォーマントの話（1982年）によると、「色々な差別を受けるが、なんと言っても白人の子供からココナッツと呼ばれるのが一番つらい」と述べていた。

(24) 筆者は、合衆国テキサス州滞在時（1987年~1988年）に、こういったトンガ人カトリック教徒に関する評価を、テキサス州フォートワースに住んでいたトンガ人からよく聞いた。

(25) カリフォルニア州ロサンゼルスとオーストラリア・メルボルンで、それぞれ6カ月間、出稼ぎ労働に従事した経験を有するインフォーマント（1995年）による。

(26) コロンガ・カトリック・チャーチの司祭とのインタビュー（1996年）による。

(27) コロンガ・カトリック・チャーチの司祭とのインタビュー（1996年）による。

(28) コロンガ・カトリック・チャーチの司祭とのインタビュー（1996年）による。

(29) ニュージーランド・南オークランドのフリー・ウェズリアン・チャーチ・オブ・トンガ系教会の牧師とのインタビュー

（2005年）による。
(30) レーマナイト論（Lamanite theory）は、モルモン教の最も重要な聖典であるモルモン経の中に述べられている「奇異」な民族・人種論であり、モルモン教が、「ユダヤ教とキリスト教との混淆」であるという主張の根拠の一つとされてきたものである。現在のトンガで語られているレーマナイト論の概要は、およそ次の通りである。アメリカにいた古代レーマン人の聖なる事跡が、金板に記されていた。4世紀の聖人モルモンは、これを抄録したが、1830年にJ・スミス（Joseph Smith）が、これを発見した。J・スミスは、それをモルモン経として翻訳出版した。レーマン人は、エルサレム出身の預言者レーの息子レーマンの子孫である。かつて、彼の地には、ユダヤの王国とヨセフに率いられるイスラエル王国があった。現在のユダヤ人は、前者の直系の子孫である。しかし、後者の子孫は離散した後に、アメリカに渡っていった。ポリネシアの民の歴史は、このイスラエルの失われた民のその後の歴史に他ならない。最終的には、二つの王国の子孫（ユダヤ人とレーマナイト）の統合が達成されるが、ポリネシア人はこの統合に大きな役割を果たす。また、アジアの民のようにレーマンと血で結ばれていない民族であっても、改宗によってこの統合に加わることができるとされている。
(31) Matangi Tonga, Church windows smashed in Neiafu student clashes, Apr 3 2006
(32) このような研究動向は、アテネオ・デ・マニラ大学東アジア司牧研究所の研究紀要論文、Philip Gibbs [2002] *POLITICS AND THE MISSION OF THE CHURCH IN OCEANIA* に窺われる。
(33) Matangi Tonga, Tongans seek divine intervention to ease political tensions, Sep 6 2004
(34) Taimi 'o Tonga, Comment: Misinformation, Nothing New In the Islands, April 16 2007
(35) ヌクアロファ暴動、11・16暴動、11・16クーデター、11・16蜂起など、論者の立場によって様々な用語が使われているが、本稿では近年広く使われている11・16事件という用語を使用することにしたい。
(36) ニュージーランド・オークランドのトンガ人メソディスト系牧師からの情報による。テヴィタ・モヘノア・プロカ師の発言に窺われるように、現在のフリー・ウェズリアン・チャーチ・オブ・トンガは、反民主化運動の立場を取っている。ウェズリアンの聖職者でトンガ全国キリスト教協議会議長でありかつ民主化運動リーダー、シモテ・ヴェアは、21世紀に入ってからも民主化運動のリーダーの一人としてアクティブに活動してきた。しかし、そうであるがゆえに、シモテ・ヴェアは現在のフリー・ウェズリアン・チャーチ・オブ・トンガの内部では人望がなくなっている。それは、２００８年の同教会プレジデントを選出する年次総会において、シモテ・ヴェア師の得票は僅か2票であったという事実に現れているであろう。

（37）トンガ在住のインフォーマントF氏による。

（38）Matangi Tonga, Not guilty verdict for five men charged with sedition, Mar 25 2009

（39）Matangi Tonga, Appeal Court acquits five PRs of joint seditious conspiracy, Sep 11 2009

（40）トンガ在住のインフォーマントS氏による。

（41）Matangi Tonga, A parliament of questionable integrity, June 3 2008

（42）Matangi Tonga, Nobles united in opposition to Cabinet's bill for reform commission, August 28 2008 なお、当日の投票では貴族国会議員は一致団結して棄権した。

（43）Fiji Daily Post News Features, His Majesty King George Tupou V- A Monarch for a Time of Change, Jul 28 2008

（44）Matangi Tonga, Tonga's elusive democracy, Jan 19 2010

（45）トンガ在住のインフォーマントV氏による。

（46）オークランド在住のインフォーマントK氏による。

（47）Matangi Tonga, Tonga's choice: dictatorship or democracy, Mar 18 2009

（48）アシカ・フェリーは、フィジーで長年使われていた日本製の古いフェリーで、２００９年7月にトンガ王国の離島航路フェリーとして投入されたばかりであったが、２００９年8月にノムカ島に向けてヌクアロファを出航した後、ノムカ島の手前で沈没した。この事件で、日本人を含む40名弱の人命が失われた。

(49) Matangi Tonga, Tonga's elusive democracy, Jan 19 2010

(50) Matangi Tonga, Tonga's elusive democracy, Jan 19 2010

(51) Radio Australia, Tongan monarch gives electoral changes his full backing, Nov 25 2010

(52) Matangi Tonga, Tonga's elusive democracy, Jan 19 2010

(53) トンガ在住のインフォーマントS氏による。

(54) トンガ在住のインフォーマントV氏による。

(55) Matangi Tonga, Tonga's political reform in full spin, Jan 10 2011

(56) ウェリントンのパシフィカ・フェスティバルは、太平洋島嶼国出身の住民の友好と相互理解を促進するためにウェリントン市主催で行われている祭りである。２００８年から現在のような大規模な形をとるようになったが、その起源は１９８０年代はじめにスタートしたサウス・パシフィック・フェスティバルにある。現在のパシフィカ・フェスティバルの実施を実際に担っているのは各島嶼国のキリスト教会を中心に組織された「アイランダーズ」のコミュニティである。

(57) Pacific Scoop（Kalafi Moala）, Tonga: A reformist old warrior's political agenda, March 4 2014

(58) Matangi Tonga, 'Akilisi Pohiva resigns Ministerial post in new government, January 13 2011

(59) Matangi Tonga, Three Ministers resign from Cabinet, June 26 2012

(60) Matangi Tonga, Tonga's parliamentary power games distract attention from declining economy, November 1 2012

(61) Matangi Tonga, House rejects Auditor's report on passport sales, April 9 2014

(62) Matangi Tonga, House rejects Auditor's report on passport sales, April 9 2014

(63) Matangi Tonga, 51,448 voters registered for General Election, November 19 2014

(64) Matangi Tonga, Full results for Tonga's 2014 General Election Matangi Tonga, November 28 2014

(65) Radio New Zealand, Tonga gets 12 new MPs, November 28 2014

(66) Tonga Government, 5 incumbent PRs and 12 new MPs elected in 2014 election, November 28 2014

(67) Matangi Tonga, MPs to confirm PM nomination this week, December 9 2014

(68) Tonga Daily News, Vaipulu top tip for PM as Nobles join the ranks, December 16 2014

(69) Matangi Tonga, King accepts Tonga's new Cabinet, December 31 2014

(70) Matangi Tonga, 'Akilisi sets a high moral goal for his government, January 2 2015

(71) Matangi Tonga, House in uproar after PM hires his own son, January 22 2015

(72) Tonga Daily News, PM Pohiva blasted for nepotism as team tries to justify his action, January 28 2015

(73) Matangi Tonga, Judgment for Lavulavu in January 2016, December 16 2015

(74) Matangi Tonga, Not democracy, November 30 2015

(75) Matangi Tonga, Church leaders take petition to Palace, May 22 2015

引用・参考文献

青柳まちこ［１９９１］『トンガの文化と社会』三一書房

大谷裕文［１９９４］「トンガ王権とモルモン教」『マタンギ・パシフィカ』（熊谷圭知・塩田光喜編）アジア経済研究所

大谷裕文編［２００８］『文化のグローバリゼーションを読み解く』弦書房

Appadurai, A. [1990] "Disjuncture and Difference in the Global Cultural Economy", in Featherstone, Mike ed. *Global Culture*, London: Sage.

Bourdieu, Pierre [1980] *Le Sens Pratique*, Paris: Minuit.

Bourdieu, Pierre [1998] *Raisons Pratiques: Sur la théorie de l'action*, Paris: Seuil.

Campbell, I. C. [1989] *Classical Tongan Kingship*, Nukualofa: Atenesi University.

Campbell, I. C. [1992] *Island Kingdom: Tonga Ancient & Modern*, Christchurch: Canterbury University Press.

Comaroff, John L. and Jean Comaroff [1997] *Of Revelation and Revolution*, vol. II, Chicago: Chicago University Press.

Fabian, Johannes [1983] *Time and the Other*, New York: Columbia University Press.

Firth, Raymond [1971] *Elements of Social Organization*, London: Routledge.

Gailey, Christine Ward [1987] *Kinship to Kingship- Gender Hierarchy and State Formation in the Tongan Islands*, Austin: University of Texas Press.

Garrett, John [1992] *Footsteps in the Sea*, Suva: Institute of Pacific Studies.

Green, Maia [2003] *Priests, Witches and Power*, Cambridge: Cambridge University press.

Grimshow, Beatrice [1907] *In the Strange South Seas*, London: Hutchinson & Co.

Gunson, Niel [1977] "The Coming of Foreigners", in *Friendly Islands——A History of Tonga*. Melbourne: Oxford University Press.

Howard, Alan et al. [1989] *Development in Polynesian Ethnology*, Honolulu: University of Hawaii Press.

Howe, K. R. [1984] *Where the Waves Fall*, North Sydney: Allen & Unwin.

Latukefu, Sione [1974] *Church and State in Tonga*, Canberra: Australian National University Press.

Latukefu, Sione [1975] *The Tongan Constitution*, Nuku'alofa: Tonga Traditions Committee Publication.

Liufau, V. Saulala [1998] *Ko Sisu Kalaisi `a e Makafonua*, Nukualofa: Tokaikolo Christian Church.

Marcus, George E. [1980] *The Nobility and the Chiefly Tradition in Modern Tonga*, Wellington: Polynesian Society Inc.

Martin, Roger H. [1983] *Evangelicals United: Ecumenical Stirrings in Pre-Victorian Britain, 1795-1830*, London: Scarecrow Press.

Maude, H. E. [1968] *Of Islands and Men: Studies in Pacific History*, Melbourne: Oxford University Press.

Moala, Kalafi [2002] *Island Kingdom Strikes Back: The Story of an Independent Island Newspaper*, Auckland: Pacmedia Publishers.

Moala, Kalafi [2009] *In Search Of The Friendly Islands*, Kealakekua Hawaii: Pacifika Foundation Press.

Mullins, David [1994] *He Spoke the Truth in Love*, Auckland: Catholic Publication Centre.

Obeyesekere, Gananath [1992] *The Apotheosis Of Captain Cook: European Mythmaking In The Pacific*, Princeton University Press.

Orange, J. [1840] *Life of the Late George Vason*, London.

Rutherford, Noel [1971] *Shirley Baker and the King of Tonga*, Melbourne: Oxford University Press.

Sahlins, Marshall [1981] *Historical Metaphors and Mythical Realities: Structure in the Early History of the Sandwich Islands Kingdom*, Ann Arbor: University of Michigan Press.

Sahlins, Marshall [1995] *How Natives Think About Captain Cook, For Example*, Chicago: The University of Chicago Press.

Senituli, Lopeti [2007] *Tongan Government Did Best To Facilitate Reform*, Pacific Islands Development Program/East-West Center (With Support From Center for Pacific Islands Studies/University of Hawaii), Nukualofa: Planet Tonga.

Taulahi, A. [1979] *His Majesty King Taufa'ahau Tupou IV of The Kingdom of Tonga*, Suva: Institute of Pacific Studies.

Thomas, Nicholas [1990] *Marquesan Societies: Inequality and Political Transformation in Eastern Polynesia*, Oxford: Clarendon Press.

Thomas, Nicholas [1994] *Colonialism's Culture: Anthropology, Travel and Government*, Princeton: Princeton University Press.

THRDM [2002] *BASIC PROPOSAL FOR AN ALTERNATIVE STRUCTURE OF GOVERNMENT FOR TONGA* (DRAFT 4), Nukualofa: THRDM.

Webb, Robert C. [1916] *The Real Mormonism*, New York: Sturgis & Walton Company.

Wilson, James [1968] *A Missionary Voyage to the Southern Pacific Ocean, 1796-1798*, New York: Praeger.

Wood, A. Harold [1975] *Overseas Missions of the Australian Methodist Church Vol.1, Tonga and Samoa*, Melbourne: Aldersgate Press.

第2章　神の国、神の民、聖霊の風
――パプアニューギニアにおける聖霊運動と神権国家への希求

塩田　光喜

第1節　発端――1995年9月6日

1995年、9月に入るとパプアニューギニア（Papua New Guinea：PNG）政府は独立20周年を祝う式典と毎年独立記念日に行われるヒリモアレ・ショーという首都ポートモレスビー（Port Moresby）市域全体を会場とする祝祭を、いやがうえにもめでたく華々しいものにしようと大わらわであった。また、9月に入り、独立20周年記念日のカウントダウンが始まると、パプアニューギニア唯一の日刊新聞『ポストクーリエ』紙も政府の20周年記念へ向けての祝祭準備の進行次第を伝え、いやがうえにもお祭ムードを盛り上げていった。

そんな中だった。『ポストクーリエ』紙に2ページぶち抜きで「悔悛――我が国の指導者たちと教会の指導者たちへ――真の悔い改めの呼びかけ」と題する意見広告が掲載されたのは……。

それは次のような呼びかけで始まった。

「この手紙は神とPNG国家に対する深い敬意から、あなた方（政治指導者）に宛てて書いているものです。我々は神を愛し、PNGを愛し、あなた方を国民の指導者として尊敬しています。」

しかし、この呼びかけは独立後の20年間をただただ賛美するために行われたものではなかった。

「我々は固く信じています。主なるイエス・キリストの父なる神・全能の神が、我が国民に向かって、この20年の間に積み重ねられてきた罪と不正を悔い改めるように、呼びかけられています。」

そして、厳しい警告を発する。

「もし我々が国民全体として、神にすがり奉り、我々の罪を告白し、改悛するならば、神は我々を許し、（我々の犯した）不正から身を清めてくださると神は約束なさいました。もしも、そうでない選択を行うなら、その結果は我々全員が負わねばならないでしょう。」

手紙は、パプアニューギニア憲法に訴える。

「憲法の前文は述べています。『我々、人民は、主権国家を樹ち立て、神の導きの手の下に、我々自身を独立国パプアニューギニアとして宣言する』と。」

そして、手紙はすぐさま本題に入る。

「我々はあなた方に、神の御前で、この国の指導者として、我々国民を導いて、神の御前で公に、パプアニューギニアの国民は（この20年間）１９７５年９月16日、憲法の父たちによって心に描かれた『神の導きの手の下に』には決して従ってこなかったことを、我々、すなわちＰＮＧの国民が告白するように導いていただくよう、つつましやかにお願いいたします。」

「神の導きの手の下に」という言葉のもとに、筆者たちがいかなる意味を担わせているかは、次の文章で明らかになる。

「我々があなた方への敬意を保ちながら提案させていただくなら、告白は、国民としての我々が神に向かって神の叡知をもって我々を導いてくださるよう正直にお頼み申し上げることをしなかったことに、我々が真に神の存在を認め、神に耳を傾け、神をして我らの問題に導きを与えせしむることをしてこなかったことに対して、なされるべきであります。」

そして手紙は、ＰＮＧ政府が独立20周年式典で読み上げることになっている国民的誓言の中に神の名が含まれていないことに非を鳴らす。「親しく、我々、国民の問題について心を砕いてくださっている神に」非礼ではないかと。

そして、パプアニューギニアの現状とその原因をそこに求める。

「我々は悔い改め、神へと戻って行かねばなりません。我々が誤っていたことを認めつつ。我々は神の叡知よりも人の知恵につき従おうとしたのです。その結果、我々はあらゆる種類の罪――貪欲、腐敗、賄賂、殺人、強姦、強盗、不道徳そして不正――が我々の社会の中に跳梁跋扈するのを許しています。」

実際、パプアニューギニアの社会状況は惨状を呈している。いたるところギャングが横行し、強盗、殺人は日常茶飯事と化している。町々は夜になると、路上から人影が途絶え、ただ自動車のみがあたかも無人の廃虚と化した夜の町を駆け抜ける。強姦率は人口10万人に年45件。日本の強姦発生率の約50倍に達する。人口４００万人のパプアニューギニアでは、年間１８００人の女性がレイプの犠牲になっていることになる。政治家や官僚の汚職、腐敗の報道も新聞紙上に途切れるいとまもなく現れ、庶民の間では、政治家たちの不正蓄財の噂が常に流れている。

しかし、神の寛容と慈愛は限りなく深い。

「我々が神のみもとに帰るなら、神が慈愛と恕しの意思に充ちていることを思い知ることになるでしょう。この国の指導者として、神はあなた方にその先頭を切るよう期待されています。」

そして、今こそその時である。

「我々は、今この時、わが国に対する神の審判の開始を経験しているのではないでしょうか。」

そして市民への呼びかけが続く。

「ポートモレスビーでは、神がこの時に当たって立ち上がらせ給うた『キリストのためのＰＮＧ』という名のキリスト教徒の一団が、来週月曜から金曜まで１週間をまるごと祈りと断食の週にと計画しています。お祈りの集会は毎朝・毎夕、予定しております。断食が呼びかけられております。」

手紙は再び神の慈愛を説き、全体をしめくくる。

「もし我々が素直に神にお頼りし、そのおっしゃることを踏み行うならば、慈愛に満ちた神は天国から我々の言葉を聞いてくださり、我々の罪を許し、我が国土を癒して下さるでしょう。もしそうなれば、我々は（独立20周年記念を）祝うべき理由を持てるわけですし、次の20年はまったく違ったものとなるでしょう[1]。」

この意見広告は、独立20周年に向けて大いに楽しんでやろうと待ち構えていたパプアニューギニア国民、とりわけ、ポートモレスビー市民の魂に爆弾を投じるものだった。

意見広告で予告されたように、独立記念日前の1週間、政府の祝典準備と並行して祈りの集会と断食が執り行われた。それは独立パプアニューギニアの20年の歴史に対して、政府見解とは異なった、真っ向から対立する見方があるのだということを、言葉と行動で突きつけるものだった。

1995年9月16日、独立20周年を祝う政府主催の行事はつつがなく執り行われ、市民は政府の提供する祝典やショーを心おきなく楽しんだかのように見えた。

だが、9月6日に投ぜられた魂の爆弾は、確実に人々の心に一撃を加えていた。

それは翌月、さっそく明らかになる。

首都特別区選出の国会議員にして、ポートモレスビー知事を兼ねるビル・スケート（Bill Skate：パプアニューギニアでは、州選出議員がその州の知事を兼ねる）が、信仰十字軍と称せられるキリスト教徒たちの催す改悛作戦（Operation Tanimbel）と名付けられた夜の集会に参加し、改心して「イエスの徒」となると宣言したと、10月21日の『ポストクーリエ』は報じた。記事によればスケート知事は満場の参加者の前で「今や、自分は新たな人間になった。生まれ変わり（born again）のキリスト教徒となり、神に自分の人生を委ね、もはや過去には支配されないだろう」と語った。スケート知事は自分のそれまでの人生を公衆の前で告白した。それによれば彼の過去の人生は「ぞっとするもの」であり、「イエスを信じようともせず、問題児であり、反キリストですらあった」。さまざまな会社に良い職を得たが、どれひとつとして長続きしなかった。そして、最初に出馬した選挙では敗北を喫し、その後大病におちてあやうく死ぬところまでいった。病状が良くなっても以前通りの生活を続け、ついには破産に陥り、苦難の時代を味わった。だが、再び職を得、妻の助けもあり、ゆっくりとイエス・キリストを受け容れ始めた。それから、2度目の選挙にはイエスの名において立候補し、勝利を得た。そして、過去12ヵ月、自分の人生を神に委ねようと苦闘したが、今や、完全に自分の生命をイエスに委ねたと語ったのだった。

その瞬間、楽隊のコーラスがポートモレスビーの夜にこだまする中、集会を主催する説教師が、「アレルヤ、ありがとうイエス、ありがとう神よ、ありがとう。そして、神よ、あなた御一人に讃美とすべての栄光よ、あれかし」と叫ぶ。

記者はその夜の集会は、多くの人々の参加によって、本当にいきいきと活気づいたものとなったと報告している。(2)


ポートモレスビーにおける集会が終わると、休むいとまもなく、信仰十字軍は首都から直線で500キロ離れたニューギニア高地に飛び、ニューギニア高地西部の中心地であり、PNG第四の町、マウントハーゲン（Mt. Hagen）に入った。ここでは10月24日から1週間、祈りの集会が予定されていた。そして、その最終日、10月30日の夜、今度は西高地州政府の知事にして国会議員、首相を2度まで務めた大物政治家パイアス・ウィンティ（Wingti）が1万近い大観衆の前に現れ、彼がオーストラリアで心臓手術を受けたとき、イエスが我が身を救ってくださったのだと証言した。主の力をこうして証言することによってウィンティは、すべての人間が神との個人的関係を樹ち立てるため努めねばならない、と聴衆に訴えかけた。そしてこのような信仰十字軍が町だけではなく田舎でも行われるべきだとし、そのためには知事として努力を惜しまないと語り、主イエス・キリストをお頼み申し上げることはPNGが抱えている深刻な治安問題を解決する一助になろうと述べた。(3)

この報道に、さっそく、政府次官を歴任し今は引退しているが、その有能と清廉のゆえにオピニオン・リーダーとして尊敬を集めている、ポーリアス・マタネがウィンティの証言を賞讃する投書を送った。マタネは、「全国民がパイアス・ウィンティ知事の、イエスが心臓を治してくれたという証言に拍手喝采すべきである。ありがとう、パイアス。君はこの素晴らしい国に起こっている多くの問題への答えを見つけてくれた」と言い、テッド・ディロ、ビル・スケート、ラビー・ナマリューといったすでに改悛を表明しているトップクラスの政治家たちとともに国民の手本になるようにと促した(4)。

同時に、政府をキリスト教徒によって運営させよという投書がV・ワンコという名の「生まれ変わりのキリスト教徒」から送られてくる。

彼は、誤りは政府の官吏、とくにアドバイザーたち（この場合、オーストラリアからやってきた白人お雇い官吏のことを指す）が己れの知恵にうぬぼれ、神意を無視して政治を運営してきたことにあるとする。それを改めるには、政府がこうした神を恐れぬ者たちの代わりに、信仰厚き人々を政府の要職に就けねばならない。「牧師や巡回説教師といった人たちこそ、我が大臣たちや（大臣が）我が国のゆくえを方向づけるのを補佐する当局者たちに最良の助言を与えるであろう」というのがワンコ氏の提言である。

そして、議員たちもまた生まれ変わり、聖霊に満たされることによって、PNGを導く現実透察力とビジョンを持つべきだと言う。これがワンコ氏にとって、憲法前文に書かれた「神の導きの手の下に」という言葉を実現する方法である。政治は法学や経済学などといった人間のさかしらによってではなく、聖書と聖霊の叡知によって執り行われねばならないのである(5)。

同日に送られてきた投書において、「神から離れた腐敗した政治家たちが諸悪の根源である。その中でわずかに、『真正なるキリスト教徒』のみがこの国の救いである。彼らの祈りがなければPNGは『腐り切った肉のようなもの』だ」とピーター・ラプラ氏は言う。そして、PNGを「現在の混乱から、神の指導の下での新たな繁栄の時代へと連れ出してくれる強くて賢明なキリスト教徒の指導者」こそが必要なのだと結論づける(6)。

こうした世論の爆発を受けて、ポートモレスビー知事のビル・スケートは、ポートモレスビー市を「神の保護下にある都市」にすると宣言する[7]。

こうして独立20年を経たパプアニューギニアは、上は国王から下は農奴にいたるすべての階層に及ぶ人々が、キリスト教によって衝き動かされていた中世ヨーロッパを彷彿とさせる情況を呈し始めていたのである。

しかし、こうした通常の近代国家とはまったく様相を異にする神権国家への希求は、１９９５年９月突如、無から生まれてきたのではなかった。

そこには、白人による植民地支配とほぼ同時に始まったキリスト教布教史の１００年があり、さらに突き詰めて言えば、キリスト教がパプアニューギニア全土に行き渡り、パプアニューギニア人の大多数の者が名目上はキリスト教徒となった後に生じた、一種の宗教的停滞の中から、独立前後の１９７０年代にパプアニューギニアのいたるところで勃発した「聖霊運動」という前史があるのである。今日の神権政治を求める精神の原型はこのとき発生し、それが20年の浸透と成長を経て、国民的現象として結実したのである。

今日の状況を理解する上で、パプアニューギニアのキリスト教史、とりわけ１９７０年代の「聖霊運動」を詳さに総覧すべき所以は、まさにここにある。

第2節　宣教の開始

パプアニューギニアにおけるキリスト教宣教史は、流産に終わった２～３の試みを除けば、パプアニューギニアが英独両国の植民地統治の下に置かれた１８８０年代に始まる。ニューギニア島南岸のユール島ではローマ・

カトリック（Roman Catholic）、ニューブリテン島（New Britain Island）のラバウル（Rabaul）近傍ではメソディスト教団（Methodism）が本格的に布教を始めたのをもってその濫觴《らんしょう》とする。以後、ルター派（Lutheran Church）、英国国教会（Anglican Church）、ロンドン伝道団など、他の島々（とくにポリネシア）で南太平洋宣教に携わっていた大手主流派の教団が、次々とパプアニューギニアに流れこんできた。最も大きな島でも1万平方キロをわずかに超えるに過ぎないポリネシア（Polynesia）の島々と異なり、47・5万平方キロという広大な陸地を有するパプアニューギニアにおいては、1教団が全体を制するというわけにはいかなかった。そこで行われたのが先占権争いと、縄張りを決めて他の教団が確保した地域には手を出さないという一種の紳士協定の組み合わせであった。とくに、ニューギニア島東部南側の英領パプアでは、統治府が縄張りを引くのに主導権を発揮し、地図上に各教団の布教範囲を定めていった[8]。

こうして教団同士の衝突は回避されたが、宣教は遅々として進まなかった。ポリネシアの島々では、首長制といった形で原初的国家の政治的統合が白人到来以前にかなり進んでおり、王や大首長を改宗させれば、それに伴って一挙にその傘下の臣民を改宗させることができた[9]。しかし、数十人から数百人ほどの小さな村々が政治・軍事的主権団体として独立割拠していたパプアニューギニアでは、上からの一挙改宗というそれまでの戦術は通用せず、村をひとつひとつ陥していかねばならなかったのである。1万を超える村々を改宗させてゆくには、厖大な人員とエネルギーを注ぎこんでゆかなければならない。しかも、村々はマラリアの猖獗《しょうけつ》する熱帯雨林、兵站を確保するのが絶望的に困難な標高1500メートルを超える峻険な山岳地帯などが、宣教師の肉体的精神的耐久力を酷使する地理的条件下に広がっていた。しかも村人たちは初めて見る異様な風貌の持ち主である白人たちを魔物とみなして、弓矢や槍で攻撃をしかけることが稀ではなかった。さらに、700を超える言語に分かれたパプアニューギニアでは[10]、福音を説くためにはそれだけの数の言語を習得する必要があることを意味する。宣教師たちが超えるべきハードルは数多く、しかもそのひとつひとつがきわめて高かった。
それでも、宣教師たちはあきらめなかった。とりあえず、マラリアの危険も小さく、気候的にも比較的穏やかで、地理的にも取り付きやすい海岸の村々から宣教は始まっていった。

第3節　パプアニューギニアのキリスト教化——宣教団サイドから見た100年

19世紀末から20世紀中葉にいたるまで、宣教師たちの頭の中では「宣教＝文明化」の等式が成立していた。宣教師たちの仕事は、たんに原住民（彼らははっきり「野蛮人（savage）」と呼んでいた）をキリスト教徒に仕立て、キリストの神の恩寵に与らせることだけでなく、それを通じて彼らを文明人の仲間に加えることにあったのである。

この原住民を文明化するという責務をおのれに課していた組織にはもうひとつ、統治府があった。世俗権力である統治府の官吏たちは当然のことながら、宗教組織に属し故郷である欧米を離れ、生を賭して原住民の改宗に一身を捧げるためにニューギニアにやってくるという、熱情に燃えた宣教師ほどの意欲は持ち合わせていなかった。とりわけ、第二次世界大戦前の統治府には、その傘下のニューギニア人たちを積極的に近代文明人にしようという意思は皆無といってよかった。というのも、第一次世界大戦後にパプアニューギニアの統治国におさまったオーストラリアには、積極的にパプアニューギニアを経営する気がまったくなかったからである。オーストラリアにとってのパプアニューギニアの意義は、旧ドイツ領ミクロネシアを国際連盟から統治領に委任され、そこを足場に南進の機会をうかがっていた日本に対する防壁以上のものではなかったのである。

そこで、オーストラリアのニューギニア統治府は統治の目標を狭く設定し、1万の村々の間に絶えまなく生じていた戦争状態を終結させ、パックス・オーストラリアーナ（Pax Austrariana：オーストラリアによる平和）をできうる限り浸透させること、また、金鉱採掘、交易、プランテーション経営などのため、パプアニューギニアにやってきたオーストラリア人およびその他の白人たちに生命と財産の保護を与えることに限っていた。パプアニューギニア統治の経費は能う限り低く抑えられ、ゴールドラッシュに沸いた1930年代のニューギニアの統治の経費は、すべて植民地内の租税によってまかなわれ、本国政府からは1ペニーの予算も与えられなかったのである。[11]

そのため道路敷設、教育、医療などのインフラストラクチャーの整備は、統治府の手ではまったくといっていいほど行われなかった。ラバウルやポートモレスビーなど統治本部の置かれていた町の周辺以外に、自動車や物資を運ぶ馬車が通れるほどの道路があったのは、ニューアイルランド島のブルミンスキー・ハイウェーのみであり、それも第一次世界大戦に敗れてニューギニア東部北半とその周辺島嶼を失う前に植民地統治をしていたドイツ政府の手になるものであった。また、統治下に100万近いパプアニューギニア人を擁するオーストラリアのニューギニア統治府が、第二次世界大戦直前までにつくった小学校の数はわずか6つにすぎなかった。[12]

その結果、文明化のための土台作りは、ほとんどすべて宣教団に委ねられた。その信仰の根本を聖書という1冊の本に依っているキリスト教において（ことにプロテスタント諸宗派にとっては）、言葉による説教が何にもまして宣教の根本をなす。キリスト教の神とは何者か、神の子イエス・キリストが人類の罪をあがなうため受肉し福音を宣べ伝えた結果、十字架上に死に、その3日後に復活したことの意味は何か、など難解なキリスト教の根本的教義を伝え、それに帰依させるためには原住民教育は必須のものとなる。もっとも（原住民が必ずしも難解な教義を理解してキリスト教徒になるわけではないが）、1万近い村々に白人宣教師が赴き、一々こうした説教をして帰依させることは、人間の能力をはるかに超えるものである。1934年にはニューギニアで布教にあたっていた白人宣教師の総数は564人[13]であったというが、この数で100万を超える原住民に説教をし、しかるべき礼拝を行うことは不可能である。そこで、宣教師たちは原住民の中からキリスト教理解に優れた資質を見せた者を選んで教師や牧師に育て上げ、彼らを村々に派遣して教会を設立させ、日常の村人たちとの接触は彼らにまかせ、白人宣教師本人はそうした村の教会を巡回して監督するという体制をつくり上げた。こうした村の教師や牧師を養成するためにも学校教育は必要となるのである。ちなみに、1948年時点でローマ・カトリック教会は554の学校をニューギニアに設立していたという[14]。教育課程は宗教教育に偏っていたとはいえ、統治府の公立学校（それも小学校にすぎない）の6という数字と比べるとき、学校教育の普及においてキリスト教宣教団が果たした圧倒的役割が浮かび上がってこよう。

このことからもわかるように、パプアニューギニアにおける原住民（彼らは一様に石器時代人であった）の文明化は当初から著しく宗教的偏向を受けて遂行されていったのである[15]。

こうした著しく強い宗教的偏りを持った文明化の洗礼を受けた原住民が、金鉱採掘場やプランテーションといった資本主義的経済現場に雇用されたとき、そこに当然混乱が生ずる。聖書は資本主義的経済体制について一行の解説も行っていないからだ。原住民の使っているような丸木船と比べると小山のように大きな蒸気船は、どこから来て、どうやって造られるのか。その船腹から吐き出される白人たちの無数の富はどこで作られ、なぜ自分達の所へは届かないのか。

当然生じてくるこうした疑問に対する鍵としては、彼らには宣教師や現地人教師・牧師などから頭につめこまれた聖書の知識しかなかったのである。こうした絶望的な知的状況の中で、パプアニューギニアの人たちは何とか事態を理解しようとさまざまな解釈を行った。そうした中から生まれてきたのが、白人たちによってカーゴカルト（Cargo Cult：積荷崇拝）と呼ばれるようになった、千年王国主義運動である。その一例は、パプアニューギニア人は死んだ後オーストラリアに行き、そこでこうした巨大な富をつくっている。ところが、それを白人たちは途中で横取りし、本来は死んだ祖先が子孫のためにつくって送ってくれた富を横領して我が物にしているのだ、といった解釈である。だが、時が満ち、破局的状況をくぐり抜け、死んだ祖先が帰還する暁には、富は正当な所有者であるパプアニューギニア人のものとなり、その時以降はあり余る富に恵まれたパプアニューギニア人は労働という苦役から解放され、エデンの園のアダムとイヴのように至福の生活を送るのだ、というものである。運動によって解釈はさまざまに変異をするが、いずれも、聖書の持つ終末論的・千年王国論的本質をもとに、近代資本主義とその帰趨を占う解釈体系をつくり上げたところにその特色がある。

こうした千年王国運動がいたるところに発生し、それが反白人的傾向を帯び、既成秩序を揺るがしかねなかったところから、統治府は必死で鎮圧に乗り出し（主として虚偽の噂を流したというのが罪状として用いられた）、キリスト教宣教団も目の敵にした[16]。

しかし、それはパプアニューギニア人が石器時代から近代資本主義時代へと引きずり出される中、単なる受動的な存在ではなく、積極的に自分たちの未来を構想しうることを示したきわめて主体的な存在である証だったのである。

1884年のニューギニア植民地化から1914年の第一次世界大戦勃発までの時期は、ロンドン伝道協会、メソディスト、ローマ・カトリック、ルター派、英国国教会という南太平洋における五大主要教団がニューギニア宣教の拠点を固め、これまでの南太平洋の島々とはその巨大さ、地勢、気候、社会構造、原住民の気質にいたるまでまったく異にする、ニューギニアでの布教の方式を模索した時代であった。この30年間、原住民で改宗した者の数は微々たるものであった。しかし、各宣教団ともその30年の試行錯誤を通じて、それぞれの布教方式を確立し始めていた。[17]

1914年から18年の第一次世界大戦は、これから本格的に原住民の魂を獲得しようとしていた宣教団に水をさす形となったが、この4年間の幕合も、すでに弾みがついていた各宣教団の活動の勢いを押し止めるものではなかった。徴募に応じてヨーロッパの大戦に参戦したイギリス人やオーストラリア人宣教師、また、オーストラリアによって占拠されたドイツ領ニューギニアのドイツ人ルター派宣教師たちも、戦いが収まり、戦後秩序が回復するにつれて再びフィールドに帰還し、しばしの間中断を余儀なくされた宣教活動に取り組み始めた。

宣教のマニュアルはすでに大戦前にでき上がっていた。問題は予算と人員にあった。戦争特需で潤ったアメリカや日本と異なり、宣教師を多く輩出していたイギリスやフランスやドイツは、4年にわたる長く激しい総力戦によって経済的に疲弊しきっていた。本国での経済再建すらままならぬとき、ヨーロッパから遠く離れたニューギニアの「原住民」をキリスト教徒にするための醵金《きょきん》が潤沢に得られようはずもなかった。その上に、第一次世界大戦後、パプアニューギニアの植民地宗主国（旧ドイツ領ニューギニアは国際連盟委任統領とされたが実質上は植民地だった）となったオーストラリアはすでに述べた通り、ニューギニアの植民地経営をできるだけ安く上げようとしていた。20万平方キロに及ぶパプアニューギニア南半を統括すべき統治本部の置かれたポートモレスビーでさえ、1930年代になっても白人人口400人、そのうち行政サービスにたずさわる者は数十人程度であった。[18] 道路や港湾といった交通施設はポートモレスビーやラバウルなど統治拠点周辺にわずかに整備されているにすぎなかった。こうした中で宣教師たちが教線を拡げていくのは容易ではなかった。人はパンのみにて生くるものにあらずというのは間違いではないが、人はパンなしでは生きてゆくことができないのもまた事実なのだ。各宣教団は乏しい予算を捻出して、道なき道を進んで宣教駐在所を建て、白人宣教師を置いたが、彼らの生活物資や宣教用具（とくにカトリックでは必要とされる）を宣教最前線まで調達するのは困難をきわめた。

だが、こうした困難の中にあって各宣教団はよく健闘したと言わねばならないだろう。たとえば１９０４年、改宗者総数わずか36名であったルター派宣教団は、約30年後の第二次世界大戦直前には6万ものキリスト教改宗者を擁するまでになっていたのである。[19] しかし、未改宗地域は膨大に広がり、また、白人宣教師の長く駐在する宣教拠点の周りの地域でもすべての人々がこぞって改宗したわけではなく、宣教団が来て50年以上たっても先祖伝来の伝統的宗教を守って譲ろうとしない現地人も数多かった。たとえばポートモレスビーに本拠地を置くロンドン伝道協会は、宣教開始から60年たった１９３０年代になっても住民のわずか3分の1を改宗させ得たに過ぎない。[20] このように、大戦間時代の約20年間、現地人キリスト教改宗者は第一次世界大戦前に比べて急増はしたが、各宣教団が獲得した原住民改宗者の数は、パプアニューギニアの総人口から見ればまだまだ小さく、伝統宗教を守って生活を続ける民は広大な面積を覆っていた。第二次世界大戦前、パプアニューギニアはキリスト教の立場からすれば圧倒的に未開の島だったのである。

第二次世界大戦は、地球上の人間世界のあり方を根本から覆す大変動であった。それまで当然のものとされてきた、優秀な（あるいは進んだ文明を持った）資本主義国家の白人たちが、劣等な（あるいは遅れた文化を持った）アジア・アフリカ・太平洋の民を自らの統治の下におく植民地という政治形態は、ヨーロッパで死闘をくり広げた白人たちがお互いを深く傷つけあっている間に取り返しもつかぬほど、解体の過程をたどっていった。たとえば、日本軍によって駆逐され、あるいは屈服させられたマレー半島のイギリス人、インドネシアのオランダ人が日本軍の最終的敗北後、再び戻ってきたとき見出したものは、もはや彼らの権威が地に堕ち、現地人が彼らの優位を当然のものとはもはや認めていないという状況であった。植民地体制打倒の名の下に民族独立運動が世界中で膨湃《ぼうはい》として出現しつつあった。こうした民族独立運動を力で抑えるにも、大戦でその力を使い尽くし、事実上、唯一、無傷の戦勝国家となったアメリカからの、マーシャルプランという戦後復興の無償援助を仰がねばならぬほど弱っていたヨーロッパの植民地宗主国には、もはやその力は残っていなかった。まず、アジアの国々が次々と白人宗主国権力の羈絆《きはん》から脱し、独立を遂げていった。これら新興独立国は相次いで、第二次世界大戦後の世界秩序を作るべく設立された国際連合に加盟していった。そこでは5大安全保障常任理事国を除けば、すべての国家は対等の地位に立った。そして、パプアニューギニアは、この国際連合からオーストラリアに統治を信託された信託統治領へと国際政治上の地位を変えていった。そして、国連憲章76条に則り、オーストラリアの対ニューギニア政策はその「固有の状況に見合った自治ないしは独立への進歩的発展」を目指すようにと指示されていた[21]。

これを機に、オーストラリアのパプアニューギニア統治は戦前とは一変したものとなる。戦前、オーストラリアはパプアニューギニアに対し、北のアジア世界への防堤としての意味しか認めず、その政策はなるべくパプアニューギニアに手も金もかけず、治安の維持と白人の保護という最低限の任務を遂行すればそれでよしとするものであった。その結果が、満足な道路1本作らず、建てた小学校は6校という数字に象徴される、あからさまな手抜き統治であった。

しかし、第二次世界大戦後の国際情勢は、こうした無気力な統治体制をもはや許容しなくなっていた。オーストラリア政府には、パプアニューギニアの現地人の福利の向上のために積極的に行動することが公然と要求された。第二次世界大戦による破壊の爪跡からの回復のための作業が1940年代の後半にようやく終結した後、1950年代からはオーストラリアのパプアニューギニア経営は本格化を始めた。未だ統治領域の外にあって石器時代の生活をくり広げていた、PNG人口の4割近くを占めるニューギニア高地に「法と秩序」をもたらすことから始まって、道路の敷設、また道路の建設では追いつかない広大で峻険なパプアニューギニアに交通体系を確立するために、パプアニューギニアのいたるところに点々と無数につくられた滑走路敷設など、インフラストラクチュアの整備が急速に進められていった[22]。

これらのインフラストラクチュアの向上は、宣教団が布教を進めていく上でも大いに貢献した。統治府によるニューギニア高地における絶えざる戦争状態の鎮定と村々をその支配下にがっちり組み敷いたことは、それまでの宣教活動の処女地であって全人口の4割近くを占めるニューギニア高地人への宣教活動を可能とした。そして、どんな奥地にあっても滑走路1本つければ物資補給が可能となったことも、宣教活動の展開に大いに資した。新しく統治下におかれた原住民にとっては、白人統治府も白人宣教団も一体のものと見えた。祖先の宗教を捨ててキリスト教とやらいうものに改宗するということも、白人統治府により課せられた新秩序の一貫として要求されているものと原住民は解釈した。銃という、石器文化のニューギニア高地人には魔術の力をはるかに凌駕する超強力な武器の前に屈服させられたニューギニア高地人にとって、白人の下す命令は、白人統治官と白人宣教師とによらず絶対服従すべきものに思われた。また統治府も統治の基盤をキリスト教に置くことを認めていた。ここから、原住民のキリスト教の神に対する原イメージが決定されることになる。それは、いずこからともなく突然やってきたとてつもない力を持つ命令的な神という像である。そのイメージは白人統治府の強力な支配と二重写しになっていた。そうしたわけで、ニューギニア高地における改宗作業は大戦前の緩慢たるペースと比べると驚異的なスピードで進んだ。また大戦前に布教を受けていた地域でも改宗者が増していった。

こうした急速な宣教の進展には、パプアニューギニアが第二次大戦前の主要5教団による縄張り分けによる寡占状態から、福音主義派（Evangelical）、ペンテコステ派（Pentecostal）など19世紀末から20世紀初頭に始まる新たなキリスト教教団が大挙して押し寄せる自由競争の時代に変わったことも、おおいに与って力があった。こうした宣教の自由競争化は国連の信託統治協約第8条「宣教団ないしは宣教当局に対していかなる制約も（統治府によって）課せられるべきでない」[23]という文言にその法的根拠を持っていた。

その結果、1950年代から60年代にかけて多数の教団がパプアニューギニアになだれこみ、戦前1939年にパプアニューギニアで活動を行っていた宣教団の総数11に対し、戦後の1950年代中盤には21と倍増し、さらに1970年代に至ってはそれからさらに3倍増の60近い教団が互いに鎬《しのぎ》を削ることになる。[24] パプアニューギニアは魂の自由市場となったのである。ゲイリー・トロンプ（Garry Tromph）によれば、事態はさらに激しいものであり、1970年代初頭には人口10万人強の東高地州1州に80以上の宣教団がひしめき合っていたという。[25]

宣教師の数も急増し、1934年には総数564人であった白人宣教師の数が、1965年には2400名を超えるに至り、[26] さらに、その5年後には3388名[27]と6倍になったのである。1970年にはPNG総人口は300万人足らずであったから、1000人の原住民にひとり以上の割合で白人宣教師が布教にあたっていたわけである。パプアニューギニアにおける魂の自由市場は、過当競争の様相を呈していた。

こうした中で、戦前の大手主流5教団のうち、この激しい競争にさらされて脱落していく教団も現れた。ロンドン伝道協会である。イギリスに本拠地をもつこの教団は戦後、大英帝国の衰退と歩みを共にして教線を縮小し始め、やがてメソディスト教団に吸収・合併され、ユナイテッド・チャーチ（United Church：UC）となることによって戦前の遺産を保持することがかろうじて可能となった。また同様に英国国教会も勢いが振るわず、結局、第二次世界大戦の惨禍を浴びず、戦後も脱植民地化による国力衰退を経験することのなかったアメリカやオーストラリアに拠点を持つローマ・カトリック、ルター派、メソディストがこの過当競争を生き抜くこととなった。これら3教団は戦前の生ぬるい寡占状態から厳しい自由競争にさらされることによりむしろ活性化し、アメリカやオーストラリアから送られてくる潤沢な資金や人員もあって、信徒数を急激に伸ばした。

たとえば、ルター派は戦前の6万から1970年までに50万に信徒数を増やし、[28] 1980年には総人口の

28％を占めるまでになり、カトリック教団はＰＮＧの総人口のうち31％［Trompf p.163］、すなわち約１００万人［Mustard Seed p.5］をおのれの懐の内に抱えこんでいると言われる。それを追ってユナイテッド・チャーチが15％で続き、英国国教会はようやく総人口の５％の信者数を保っているというのが、戦前の大手主要教団の戦後35年を経ての帰結である。(29)

宣教の自由競争化の結果は勝者（ローマ・カトリック、ルター派、メソディスト）と敗者（ロンドン伝道協会）を生み、英国国教会は戦前の縄張りを何とか保持するので手一杯の現状に甘んじているといったところだろうか。とまれ、戦前の大手主要教団は総体として、戦後の激しい、宣教の自由競争に勝ち抜き、４教団でＰＮＧ総人口の８割をおのがものとなしえたのである。残りの人口のうち15％は後発の60以上の教団が分かちあい、５％が伝統宗教を固持し続けているというのが１９８０年、パプアニューギニア独立５年後の国勢調査から読みとれる宗教情勢である。

こうして自由競争と市場原理は人間の魂の領域でもその威力を遺憾無く発揮し、戦前の圧倒的宗教的未開状況からわずか40年でパプアニューギニアは、人口の95％が何らかのキリスト教団に属していると答えるまでにいたる「キリスト教社会」と化したのである。

第４節　パプアニューギニア人キリスト教徒の実態

しかし、こうしたキリスト教宣教団の数的勝利もその質的側面に目を移せば手放しで喜べる性質のものではなかった。国勢調査で自分をキリスト教徒と名乗った者の多くは、名目上の存在にすぎなかったからである。「うちの村はカトリックで、皆、俺はカトリックじゃと言うとるから、俺もカトリックじゃ」程度の信者が、キリスト教徒のかなりの部分を占めるのである。教会に毎日曜日怠ることなく出かけていくのは子供（まだ幼少な）連れの既婚女性と老人が大半で、少年は野遊びに興じ、男衆は酒を飲んだり賭トランプに1日を費やしているのが実態である。こうした弛緩した状況は都市部ではいっそう著しく、日曜に教会に出席する者など都市人口の10％にも満たぬであろう。

それも理由のないことではない。毎週、判で押したように同じような式次第で繰り返される礼拝式は退屈きわまりなく、「教会でじっと座っていると眠りに落ちて」[30]しまう態の、きわめて魅力のないものが大半だったからである。さらに、第二次世界大戦後にキリスト教化が怒濤の如く進んだとするなら、それにも増して激しい勢いで進行したのは世俗的西洋近代文明の流入であった。

国連の信託統治協約によって、パプアニューギニアを自治または独立へと持っていくよう義務づけられたオーストラリア政府にとって、パプアニューギニアに近代社会の枠組みをつくり上げ、パプアニューギニア人を近代人に仕立て上げることが急務となったが、それを遂行していくための2本の柱が、学校教育の普及・向上と換金作物の導入による貨幣経済の浸透であった。学校教育は「原住民」に白人のものの考え方を注入し、貨幣経済は白人の商品とそれを使った生活様式を「原住民」の生活の中に持ち込む役割を果たす。それまで教育を独占していた宣教団にとって、公立学校設立と学校教育のカリキュラムをオーストラリア本国同様世俗的なものにするという統治府の決定は痛烈な打撃であった。学校を通じてキリスト教の教義や行動規範を叩きこんでいく可能性が、失われてしまうからである。それに代わって欧米本国同様の世俗的価値観が児童の頭に注入されるとするならば、布教において教育の果たしていた役割はあらかた失われ、むしろ非キリスト教的考え方を持った大人を生み出すことに宣教団は手を貸すことになる。これが宣教団の逢着した第一の矛盾であった。

また、貨幣経済の浸透と近代商品の流入、さらには換金作物栽培など近代的生産活動の開始は、人々の情熱と関心をキリスト教から奪い、物質生活での成功に振り向ける役割を果たした。とりわけビジネス活動への熱狂は教会活動をなおざりにするという結果をもたらした。親たちは子供の将来を村落共同体と密着したキリスト教にではなく、ビジネスを行う個人的努力の中に見出した[31]。それに近代商品の提供する快楽や刺激や魅力は、禁欲を説く聖書の文言のわずらわしい叱事に背を向けさせることにもなった。さらに、戦後、村からプランテーションや町へ働きに出たパプアニューギニア人たちは、そこにおける白人たちが白人宣教師の説く謹厳なモラルから程遠い行いをしているのをその目で見た。なぜ、宣教師たちは俺たちにガミガミ説教をしながら、同類の白人には何も言わないのか。パプアニューギニア人たちは、白人宣教師の説く世界が白人世界そのものとはまったく別物であり、むしろ、宣教師の世界の方が特殊で、町やプランテーションで見る白人世界の方が普通の世界であることを発見したのである。

こうして戦後のキリスト教徒たちは、戦前のキリスト教徒たちのように聖書の文言を真に受ける素朴なクリスチャンから、聖書の文言からは距離をとった醒めたクリスチャンへと変身を遂げたのである。

こうした醒めたクリスチャンを生みだした責任は、世俗的学校教育や貨幣経済の側にのみ帰せられるべきものではない。責任は宣教師の持ちこんだキリスト教の教義の側にもあった。

パプアニューギニアの各民族にとって、キリスト教はまず何といっても白人の宗教であり、キリスト教の神は白人の神であった。その証拠に教会に貼られているキリストの絵姿を見てみるがいい。それは金色のひげを生やした金髪碧眼の白人の若い男の肖像である。

この白人宗教が我々といったい何の関係があるのか、そして何故、いま突然、我々の祖先伝来の神々や精霊たちを追い出して君臨しようとするのか、という疑問が人々の間に湧き出さずにはおかなかった。

また、一方で、キリスト教の神こそ、白人たちの強大無比な力と汲めども尽きせぬかに見える富の秘密であると考える者たちもいた。

最初に遭遇したときのこうした思惑によって、人々のキリスト教に対する応接の仕方は変わった。ただ、最終的にどちらの側もキリスト教を受け容れたのは、それが新しく始まった白人の秩序の一部であり、白人に屈服した以上はそれを受け容れざるを得ないという判断が働いていたからである。そして、先祖伝来の宗教儀礼をやめ、呪具の類も放棄した。また新しく建てられた教会へ通い、白人宣教師やその下で働くパプアニューギニア人宣教助手の説教を聞いた。しかし、この新来の神がこれまでの神々や精霊たちが人々の生活の中で果たしてくれていたような役割を果たすことができるかどうかは疑問だった。人々が病気や邪術で苦しみ、畑の作物は実らず飢餓が予想される時、この神は人々を助けてくれるだろうか。

旧約聖書の神は、まだ人々の理解の範囲に収まった。神はモーセを通して、エジプトで奴隷として苦しんでいたイスラエル人を率いて、約束の地カナンへと導いてくれた。アモリ人、ペリシテ人、アマレク人など周辺の異民族との戦いでも勝利を与えてくれた。出エジプトの際には海を裂いて追手の追及から逃れしめ、シナイ半島の荒野を進むイスラエル人には、40年間にわたってマナと呼ばれる食物を与え続けた。

こうした神は、パプアニューギニアの石器人たちにも容易に理解できるものだった。

だが新約聖書の神は不可解で、現実味の乏しい神だった。それはどうやら、現実世界よりも来世に関係のある神らしかった。

宣教師たちは、人は死後、天国と呼ばれる幸せの国か、さもなければ地獄と呼ばれる永遠に業苦の続く国へ行くさだめなのだと人々に説いた。そして、どちらに行くかはこの世で罪を犯さず暮らしていけるか否かによって決まると告げた。十戒と呼ばれる神の掟があり、神は遠く離れた天国の玉座から、人々が十戒に反して罪を犯していないかどうかを監視している。汝ら、行いをあらためよと迫った。そうした神のイメージは、総督府からその地方の統治に派遣されて前哨所に住み、時折、村々を巡回し、村人たちが法を守り、言いつけられた労役をきちんと果たしているか監督に来る白人統治官の姿と二重写しになって結晶していった[32]。

新約の神が愛と恕しの神であり、そのひとり子であるイエス・キリストを地上に送り、福音を説かしめ、さらには十字架上に死なしめ、人類の罪をあがなわせたなどという話は、村人たちには何の事やらさっぱり分からなかった。古代東地中海の諸民族にはなじみ深かった、一度死んで再生し、人類に福を授ける子なる神（たとえば、アッティス、アドニス、オシリスなど、イエス・キリストの原像となった神々）という観念は、パプアニューギニアにはなかったのである[33]。その結果、新約聖書の要をなす、人類の罪をあがないつつ死んでいく神の子イエスという救済論的ドラマは、パプアニューギニアの部族民の頭の中を素通りしていってしまったのである。

その結果、パプアニューギニアの人々にもたらされた神はひどく陰鬱で苛酷、そして疎々しいものとなってしまった。カトリックの場合なら、罪を犯したときは白人宣教師に告解しなければならないし、病気、飢え、苦悩、死に直面したら宣教師に神へのとりなしをしてもらわなければならない。そのとりなしが功を奏することは、まずまったくといっていいほどなかったが……。この世に充ち満ちている不正を神が糺しているという兆候も、まったく見えなかった。もっとも、死後、地獄で償いをさせているのかもしれないが、人々にはそれを知る術もない。また、この神は人々の喜びや幸せのときをいっかな共にしようとはしない。人々が楽しみ、くつろぎ、交歓する伝統的な祭宴や踊りの機会に、キリスト教の宣教師が祝福を施すなどということはそもそも有り得ないことであった。それに何より、キリスト教の神は人の不幸（病、悪霊の攻撃、邪術、凶作等）にまったくなす術を知らなかった。20世紀に生まれ、近代合理主義世界の中で育ってきた白人宣教師には、初代教会の使徒たちが持っていたような奇蹟を起こす力はすでに失われていたのである（ただし、新興のペンテコステ派の小教団は信仰治療や奇蹟を起こす力があると称していたが……）。

根っからの経験主義者であるパプアニューギニアの民にとって、現実に経験したり、遭遇したりすることのできないキリスト教の神の実在を受け容れることは、ひどく困難なことであった。

その結果、信仰深い教会信者で、村でキリスト教の説教師もやっているような老女が、一方では木や洞窟に住む精霊たちに注意しなければならぬと子や孫に諭し、夜になれば魔女が盛んに活動するから気をつけよと警告し、一朝、事あれば魔術師を呼びにやって治療してもらうという行為を当然のように行い得たのである(34)。

宣教団の抑圧によって、集団で華々しく行われる伝統的宗教儀礼は絶滅に追いやられたが、個人ベースでの伝統的宗教はキリスト教の外皮の下で以前同様力強く生きのび、人々の宗教的ニーズに応えていたのである。

これが、人口の95%をキリスト教徒が占めるに至った、パプアニューギニアの宗教的実態であった。

第5節　キリスト教諸教団によるニューギニア分割の完成

パプアニューギニア独立のおよそ5年前、そこには文明の手つかずの奥地というものがもはやほとんど存在しなくなっていた。白人統治の及ぶ所には必ず宣教団が入っていたから、１９７０年にはパプアニューギニアのほとんどすべての地は、いずれかの教団によっておさえられていた。こうしてパプアニューギニアにおける各教団の勢力範囲はおおむね確定し、１９７１年にはパプアニューギニア教団分布図が完成されるまでになる。

すでに述べたように、人口の8割は、戦前からの長い布教の歴史を持つ大手主流派教団によっておさえられていたが、中小教団も戦後文明の傘下へ入ってきた奥地に信者数、数千から2～3万程度の地盤を築いていった。こうした教団の多くは福音派・聖書原理主義教団と総称される教団群で、19世紀末から20世紀にかけてアメリカで発生した新興教団が多く、その特徴は聖書の文言を文字通りに解釈し（たとえば天地創造やキリストの処女懐胎やキリスト昇天もすべて歴史上の事実だとする）、キリストの再臨の切迫とそれにひき続くキリストが地上を支配する千年王国の到来を教義の核心にすえていることである。こうした終末の切迫を確信する福音派・原理主義教団の信者は、初期キリスト教の使徒の持っていたような強烈な福音伝道への情熱を抱いていた。交通の便も悪く、したがって近代文明の提供する快適さから一切切り離された条件の下、生命の危機をも甘受して宣教しなければならない奥地へと進出していった宣教団には、これら福音派・原理主義教団が数多く含まれていたのである。

さらに第三のグループはペンテコステ派と呼ばれる諸教団で、これは1906年、ロサンゼルスで片目の黒人説教者ウィリアム・J・シーモア（William J. Seymour）の説教と祈禱会において、シーモアと参加者たちが突然異言（新約、使徒行伝第2章にあるキリスト昇天後のユダヤ教の五旬節＝ペンテコステの日に、キリスト12使徒のもとに、「火の如きもの舌のように現われ、分かれて各人の上にとどまる。彼らみな聖霊にて満たされ、御霊の宣べしむるままに異邦の言にて語りはじむ」という奇蹟を指して言う）を語り始めたことに淵源する。この奇蹟は、新聞によって大きく報じられたこともあり、多くのキリスト教徒をロサンゼルスにひきつけ、その中からペンテコステ派と称される多くの教団がつくられていくことになる。このペンテコステ派諸教団は全キリスト教諸教団のうち、20世紀に入ってから最も急速に成長したグループであり、1970年代には総信徒数1200万～1400万人を数えるまでになり、アメリカ本土はもとより、ヨーロッパ、中南米、アフリカなど全世界に拡まっていったのであるが、パプアニューギニアにも戦後、数多くのペンテコステ派宣教団が入りこんできたのである。(35) ただ、福音派・原理主義派とは異なり、ペンテコステ派は主として、都市部での宣教を主体とする。というのも、ペンテコステ派のパプアニューギニア到来が遅れたためであり（主として1970年代）、彼らがやってきたときにはすでに、パプアニューギニアの村々は奥地にいたるまでほとんどすべて、大手主流派教団か福音派・原理主義教団のいずれかによっておさえられた後だったからである。

このようなキリスト教諸教団によるパプアニューギニア分割が完成する1970年前後、パプアニューギニアの村落地帯のあちこちで聖霊運動とでも称すべき運動が発生し始めるのである。

第6節　聖霊運動の勃発

パプアニューギニアの各地で地盤と信者をおさえることに成功したキリスト教諸集団であったが、前節で述べたように、現地人信者は教団への帰属を白人支配に服していることに伴う義務としてとらえ、教会での宗教活動は低調であり、キリスト教の神も相変わらず苛酷で疎々しい、自分たちとは遠く離れた存在であると感じていた。

西高地州のバイヤ川流域に広がるキャカ・エンガ族における状況も同じようなものであった。キャカ・エンガ族を傘下に収めたのはバプティスト宣教団であったが、バプティストは前節の分類に従えば福音派・原理主義グループに属する。1965年に宣教を開始したバプティスト宣教団は、2年後にはすでに6000人の洗礼者を出し、1980年代前半には1万4500人の信徒を持つにいたっている。キャカ・エンガ族の総人口は約2万人であるから、キャカ・エンガ族はバプティストの勢力圏に入ったといってよいであろう。[36]

パプアニューギニアの福音派・原理主義諸教団は、南太平洋福音同盟（Evangelical Alliance of the South Pacific）という協議体を結成し、西高地州のバンズという町に、合同で現地人教団指導者育成のため、キリスト教指導者養成専門学校（Christian Leaders' Training College：ＣＬＴＣ）を創立していた。

バプティスト教団も、現地人キャカ族の中から優秀でキリスト教に従順な若者を選んで将来の教会指導者とすべく、学生を送りこんでいた。その中にオパ・ミヒ（Opa Mihi）という名の学生がいた。オパは１９７３年６月、学期休暇を利用して、バイア河谷に帰郷していた。休暇中、教会指導者から特別礼拝式で聴衆を前に説教を行わないかともちかけられたオパは、快諾した。

説教を始めると、オパは自分の声に常にない力がこもっているのを感じた。こうして、教会指導者としての将来を約束する説教を成功裡にオパが語り終えると、突然、ひとりの女が立ち上がり、教会に集まった公衆の面前でおのれが罪を告白し、悔い改め（悔悛）を行った。すると、女の体はとどめるすべもなく震え始めた。多くの人は、悪霊のせいかと恐れながら教会を後にした。

翌日、教会指導者と洗礼志願者が祈りのために集まると、自分たち自身なぜだか分らず、突然、泣き出し始めたのだった。

その後も、多くの人が罪の確信、号泣、震えを経験していった。

オパはＣＬＴＣへ帰ると、ＣＬＴＣで学んでいたソロモン諸島から留学してきていた南海福音教会（South Sea Evangelical Church：ＳＳＥＣ）の牧師の一団を訪ね、バイヤ河谷へ赴き、人々に忠告を与えてほしいと依頼した。というのも、ＳＳＥＣは１９７０年にニュージーランドからマオリ族伝道チームの訪問を受け、その指導者ムリ・トンプソン（Muri Thompson）によって、ソロモン諸島の状況はペンテコステの日、すなわち聖霊降臨の日の直前のエルサレムの状況にそっくりだと指摘されると、聖霊が使徒行伝に記された12使徒に力を授けたように、自分たちにも聖霊が降りてくるのだと感じ始め、その圧倒的感覚を感じながら号泣したり、キリストの姿を幻視したり、キリストの声を幻聴するといった一連の宗教的熱狂を経験していたからである。以後、ＳＳＥＣは聖霊が主導的役割を果たす新たな時代に入ったという教義を固めていくことになる。

オパは、ＳＳＥＣからの留学生のこうした話を想い出したのである。さっそく3人のＳＳＥＣの留学生がバイヤ河谷に呼び寄せられた。３人のＳＳＥＣ牧師は宗教的熱狂の中心となっていたルムサという土地に連れて行かれると、29の教会から助祭（ディーコン）らを集会に送るよう指示した。

翌朝、集会を開き、祈りを行っているとひとりの男が泣き始めた。泣きながら、男は突然、預言を始めた。それは「信仰復興（リバイバル：Revival）が間もなく勃発する。それは9時頃にやってくる」というものであった。そして、ＳＳＥＣの牧師のひとり、ジョアキム（Joachim）が説教を始めると、その場に集まっていた２００～３００人の人々は、普段と何か違った感じがし、泣いたり歌ったりし始めた。

こうして、事態はジョアキムを中心に回り始めた。ジョアキムは信仰復興現象に関する指示を与えていった。ルムサ地区を中心に、各地で教会の集まりなどで人々が号泣したり、突然、地面に倒れ伏すなどの現象が広まっていった。その他にも体の震え、圧倒するような罪の感覚、夢見、信仰治療、悪魔祓い、祈祷の家の建設、集団が一緒に大声で祈りを上げる、などの現象が現れた。

キャカ・エンガ族は、突然、自分たちの間に出現した強烈な宗教的発現にどう対していいかわからず、多くの事をジョアキムに質し、ジョアキムは一々その対処法を指示していった。

こうして信仰復興が進展してゆくと、誰もが使徒的情熱を抱いて、他所の地域へ説教して回ろうとした。中には神がどこにいて何をしているか知っていると吹聴してまわる者も現れてきた。

牧師ら教会聖職者は、この使徒的情熱を抱いた平信徒たちの宣教を許可制にして、一定の箍《たが》をはめようと躍起になった。

こうした信仰復興の大波はキャカ・エンガ族のルムサ地域一帯をさらっていったが、この間、いたる所で奇蹟（たとえば盲目の老人の目が見えるようになるなど）が行われ、これまでキリスト教を頑強に拒んできた人々が信仰に目覚めるといった光景が展開するとともに、サタンや悪霊も激しく跳梁跋扈したのだった。

キャカ・エンガ族のバプティストたちは、この信仰復興運動の大きなうねりを「神の霊が動いた結果だ」と解釈した(37)。

そして、1977年、再び、キャカ・エンガ族に熱狂の波が押し寄せた時、人々は聖書の文言に啓示を求めるより、直接、聖霊に訴えかけた。

その同じ年、インドネシア国境近くの、パプアニューギニア高地でも最も奥地に属する、テレフォミン地域のバプティスト教団にも聖霊が出現した。

テレフォミンのバイブルスクールのひとりの生徒が、大風に包まれ明るい光に囲まれていると感じた。そして「偉大なることがテレフォミンの者らの間で始まろう」という声を聞いた。

翌晩、その生徒はキリストの幻を見、「汝を含めて4人の生徒が神の霊に充たされるだろう」と告げるのを聴いた。

生徒は翌朝、さっそくバイブルスクールの人々にこのお告げを伝えると、人々の間には大きな動揺が走った。生徒の話を聞いていた聴衆の中に、バイブルスクールの教頭もいた。教頭はすでに数ヵ月前に夢の中で、神が彼の人生に驚くべきことを為したまう、という徴をみていた。生徒の告白を聞いた教頭は、自分こそがテレフォミンにおける神の霊の偉大な運動への道を開く者となるという幻を見た。

教頭は学校の者全員を集め、自分の経験を語った。彼が語っているうちに、光が彼の胸のところに現れ、教頭は胸が焼けつくような感覚を味わった。光はひとりの女の胸に移り、彼女はトランス状態、すなわち、通常の意識が低下、ないしは喪失した異常心理状態に陥った。

数時間のトランス状態の後、女は懺悔をすると、平穏な気分と神の霊に充たされているという感覚とともに目覚めた。

その夜、９人の人が彼女と同じ経験をした。

そのとき以降、会合が夜に日を継いで行われ、学校全体に同様の経験が広まっていった。

そうした広がりの中で、運動の霊的指導者として頭角を現してきたのが教頭の妻であった。彼女にはいつも変わらぬ平安と歓喜の雰囲気があり、洞察力に満ち、またしばしば重要な意味を持つ幻を見た。とりわけ彼女が人々の耳目を引いたのは、12時間半に及ぶ２度目のトランス状態であった。その間、彼女は食事も摂らず、たえず半狂乱の態で暴れ続けていたので人々に取り押さえられねばならず、その間終始、恕しと浄めを訴え続けた[38]。

こうしたテレフォミンのバプティストの精霊体験には、一定のパターンが存在した。それはまず、①突如、自分が罪人であるという耐え難い感覚に圧倒され、②トランス状態に入ると、泣きわめいて、神に恕しと浄めを乞う。トランス状態においては、聖霊により蹴倒されたかのように、地面に打ち付けられ、苦痛を感じる者もいる。そして体は冷たいのに心は燃えるように焼けつき、その感覚の中で悔悟する者もいる。③こうしたトランス状態の後に罪の告白が続く。その結果、その者が内心深く蔵していた罪が集団全員の前にあまねく明らかとなる。④最後のトランスが起こるまでこうしたプロセスはくり返され、その後に平安と歓喜の圧倒的感情と、自分は聖霊に充たされているという感覚とともに回復する。

最初の罪の圧倒的感覚は、聖霊による打撃を受けて意識の統制を失ったトランス状態を経て、平安と歓喜の状態に変換され、聖霊に満たされたという感覚に包まれるのである。

ここで聖霊は大きく分けてふたつの役割を果たしている。信徒に圧倒的罪悪感を与え、信徒から意識による統制力を奪い、罪の告白を公衆の面前で行わせる。その後、告白を終えて罪を浄めた信徒の中に入ってその内面を満たし、平安と歓喜で包みこんでやる。このふたつである。初めのプロセスを浄めの過程、後のプロセスを満たしの過程と呼ぶことができるであろう。

これは、テレフォミンのバプティストの聖霊体験にのみ固有のものではない。

1974年、南高地州のフリ族の間に広まった聖霊運動においても、同様の構造が見られる[39]。

1974年9月に最初の公式の福音伝道集会が開かれると、やはりひとりの女がどうしようもなく震え始め、「罪深い確信」を経験する。それにひき続いて多くの者が同様の経験をする。すなわち、我にもあらず、泣き叫んだり、体が震えたり、床に倒れこんだりしたのである。

ここでもまず罪の確信が生じ、人々は己れの無能・無力を感じ、悔悛と恕しを希求する。そして体の震えや号泣、地面への顚倒など、体の動きや感情表出に対する自我の統制を失う。さらに神や隣人と和解するために公衆の面前で罪の告白を行う。告白すると、今度は圧倒的な歓喜、興奮、自由の感覚が得られる。この過程全体をフリ族は「霊による洗礼」と呼んだ。

ここでも圧倒的罪悪感からトランス状態を経て、公衆の面前での罪の告白が行われ、しかる後、歓喜と自由の圧倒的感覚が生じている。浄めの過程と満たしの過程の2段階構造は、テレフォミンのバプティストとまったく同型を踏んでいる。

フリ族の場合、興味深いのは無能・無力の感覚である。ドイツの宗教学者ルドルフ・オットーは、「聖なるもの」に触れた時、人は超越者に対する己れの無力・自己の無価値を感ずるという[40]。まさしく、フリ族はオットーのいう「聖なるもの」に触れた人間の無を経験したのである。そして、意識(ないしは自我)の無化によるトランス状態と公衆の面前での告白によって、オットーが宗教生活の最高の段階とする「浄化された『霊にある』状態[41]」へと至る。

この過程全体をフリ族は「霊による洗礼」と呼んだのだった。こうした経験を経たフリ族は、「以前は神だけがいてその神は我々から遠かった。今や我々には毎日の生活に力を与えてくれる聖霊が入る！」と、その喜びを表現する。

他地域の聖霊運動からも同様の証言があがっている。たとえば、「我々は、今や神が我々の近くにおり、遠く離れていないことを知っている」「祈りを通してのいやしは、イエスが我々に非常に近くにいることの徴だ」などである。

〈第5節〉で素描した、白人宣教師から与えられたキリスト教の神、すなわち、人々から遠く離れ、陰鬱で、村人たちに疎々しかったあの神は、ここにおいて反転する。神（そして三位一体により同一存在であるイエスや聖霊）は近くにおり、歓喜と自由をもたらし、村人たちの毎日の生活に力を与えてくれる存在となった。「聖霊による洗礼」を受けた人たちは、確かに神とその力を身をもって経験したのである。

エンガ州カンデプ地域で自ら聖霊を受けたひとりのルター派信徒は言う。「以前には我々は（教会による）洗礼を受けたが、我々の信仰は強くなかった。若い者は神の福音をまったく聞く耳持たなかった。だが、神が彼の聖霊をほとばしり出すと、我々は神の本当の力を認め、神への真の信仰へと至った[42]」。

そして、「今や、我々はキリスト教が本当はどんなものであるかを知っている。宣教師はこれを我々には教えなかった」「教会の一員であるにもかかわらず、我々はキリスト教について本当に知ることはなかった。今や、我々は真の礼拝を持っている」と確信する聖霊運動経験者がいたるところにあふれたのである。

このように、パプアニューギニア人（とりわけニューギニア高地人）をキリスト教に真の意味で参入せしめたのは、白人宣教師の説教でも、教会での礼拝儀式でもなく、聖霊その人であった。聖霊とはラテラノ公会議信経によれば、神およびキリストと同一の本質、同一の実在をもつ存在である。[43] ここでは晦渋なキリスト教の三位一体論の神学的解釈に立ち入るのは控えるが、4世紀の教父ディデュモスによれば「聖霊も主と呼ばれ、（中略）主であるとすれば、当然、神でもある」[44] 存在である。そして、新約聖書ヨハネ福音書16-7において、十字架磔刑直前にイエスは弟子たちに向かってこう宣言する。「我さらずば助主なんじらと来らじ。我ゆかば之を汝らに遣わさん」。つまり、イエス・キリストが昇天した後に、彼に代わってこの地上に遣わされ弟子たちとその宣教を導くのは助主（パラクレートス）、すなわち聖霊なのである。「イエスにおいて神の国の力がこの世界へと介入した」[45] とすれば、イエスの昇天後、この世界に介入する神の国の力はまさしく、聖霊であるということになる。すなわち、世界の終末におけるキリストの再臨までは、この現世で神の存在と力を代表する者は聖霊であるということになる。

まさしく、そのように、聖霊はパプアニューギニアのいたるところに現出し、使徒列伝に描かれた初代教会に為したのと同じ業、「或人は御霊によりて知慧の言を賜り、或人は同じ御霊によりて知識の言葉、或人はおなじ御霊によりて信仰、ある人は一つの御霊によりて病を醫す賜物、或人は異能ある業、ある人は預言、ある人は霊を弁へ、或人は異言を言ひ、或人は異言を釈く能力を賜る」［コリント前書、12：8-10］を行ったのであった。

聖霊による浄めを受け、しかる後、聖霊に満たされたパプアニューギニア人信徒たちは、パウロによって書き列ねられたような聖霊の賜（贈り物）を与えられた。すなわち異言（聞いたこともない言葉をしゃべり出すこと）、信仰治療、預言、霊の透察、神やキリストに関する夢、幻視、幻聴、罪や罪人を見抜く力、美しく霊感あふれる祈りを朗々と誦する能力、人の心を打ち感動させる説教を行なう能力等である。

そして、聖霊を受けた者たちは、教会、ないしは自分たちで作った特別の聖所で、日没から夜明けまで、聖霊の証をし、神を称え、祈り、歌を歌い、叫び、ジャンプしたりと、その歓喜と自由の感情を全身を使って表し、神に感謝し、その栄光を称える集会を延々と続けるのである。集会に集まった信者たちは感極まって泣き出し、あるいは喜びに満ちて笑い、互いに握手や抱擁をくり返し、誰もが分け隔てなく、全信徒一体となった状態になる。

新約聖書に描かれた初代教会を髣髴とさせるこうした光景はパプアニューギニア、とりわけニューギニア高地のいたるところで展開されたのである。ことに、人口15万人強（当時）の南高地州では、１９６４年から77年の13年間に16の聖霊運動が13の地域で勃発したと言われる。

聖霊が神の国から現世に貫入してきたとするならば、それを受けてパプアニューギニア人は聖書中に描かれた初代教会の世界に跳びこんでいったのである。

こうして、パプアニューギニア人キリスト教徒と聖書を隔てていた時間と空間のバリアは破られ、パプアニューギニア人キリスト教徒は聖書の中に描かれた世界を自らのものと感ずることが可能になった。村の近くの湖は聖書の地名にならってガリラヤ湖と名付けられ、近くの丘はカルフォリ山と呼びかえられた。また聖霊運動に加わった者たちは自らを使徒行伝やパウロ等の書簡に現れる使徒たち、預言者たち、信徒たちに同一化させた。こうして現実と聖書の世界は直接接合し、あるいは重合し、その結果、パプアニューギニア人キリスト教徒ははじめてキリスト教を自らのものとすることに成功したのである。

白人宣教師たちによって、キリスト教の外皮に覆われたパプアニューギニア人たちは、聖霊によって初めてその核心に到達し得たのである。こうして聖霊を通してパプアニューギニアの現実と聖書の世界は相互貫入するにいたったのであった。20世紀後半、石器時代を脱したばかりのパプアニューギニアは、使徒行伝第２章の有名な聖霊降臨の場面を突破口として、一気に聖書の世界に分け入っていったのである。

第7節　聖霊運動とイデオロギーの出現

こうしてパプアニューギニアの現実と聖書の世界は、聖霊の降臨によって、使徒行伝第2章を接合面として、一挙に相互貫入をなし得たのである。そして、エルサレム、ナザレ、カイザレア、ガリラヤといった地名は2000年前の特定の場所という限定性を取り除かれ、パプアニューギニアの土地にも冠せられる普遍性を得たのである。普遍性を得たのはこうした地名ばかりではない。ペテロ、ヨハネ、パウロといった人名も歴史上の特定の個人から普遍的人格へと変貌したのである。もちろん、聖書中での事件もどこか知らぬ遠い異国の地ではるか昔に起こったことではなく、パプアニューギニアの奥地の村に「今、ここで」起こっている事件となったのである。そして、神は聖霊のほとばしり（発出）を村人の間に起こしてやることにより、自らの存在と力の現実性と証を行ったのである。

こうして新約聖書はユダヤという異国の地で、紀元後1世紀に起こった1回きりの特異な出来事の伝承から、パプアニューギニアの村人たちが自らの土地、自らの生きている時の中で遭遇した、聖なる経験の祖型へと意味を変えたのである。たとえば、あるとき10数人の男たちが、自分たちの霊的体験を伝えに隣の州へ出かけてゆく。だが、道中、手に入ったのはスイカ1個だけだった。男たちはそれを等分に分け、食する。ところが、その1個のスイカを10数等分した一片を食べると腹が充ちて心飽いてしまった[46]。これはマタイ福音書14章にあるイエスのもとに集まった5000人の群衆にイエスが5つのパンとふたつの魚とを取り、「天を仰ぎて祝し、パンを裂きて、弟子達に與ふ」、すると「凡ての人食ひて飽く、裂きたる餘を集めしに十二の筐に満ちたり」という奇跡譚を踏まえている。すなわち、聖書中で起こったことは信ずる者たちの間では形を変えながらも、いつ、どこででも起こり得るのである。

こうして聖霊のほとばしりを受けた者たちの生きる世界は、それまでと様相を一変して聖書の世界の中の光景を呈してくる。それは、彼らの世界が聖書という一冊の書物の中に閉じ込められてしまうことでもある。すなわち、パプアニューギニアの村落世界は聖書の中に呑みこまれてしまったとも言えるのである。ひとつの観念体系（イデオロギー）が普遍性を持つということは、そういう事態をも意味するのである。そして抽象的理論的な言葉を持たず、感性的な、さらには物語的な思考様式によって生きるパプアニューギニア人たちの間では、その普遍性は祖型的事件の現実的再起として現われるのである。このような世界において、人々は餓えたように聖書をむさぼり読もうとする。キャカ・エンガ族ではエンガ語に訳されたばかりの新約聖書を読もうと、宣教駐在所の識字教室への参加が大盛況となった。また、イアリブでは文盲の若い女が夢の中で神から直接文字を読むことを学んだ。彼女はすぐさま聖書を買い、他の者に聖書の物語を聞かせてやった。[47] このように、村人たちの世界が聖書の中に呑みこまれるということは、村人たちの方も聖書の世界を自らの中に呑みこむということでもあったのである。こうして、聖霊の洗礼を受けた者たちは常に、聖書の物語や章句に照らして現実を見ていくことになる。すなわち、パプアニューギニアにおいてここに初めて、イデオロギーとイデオロギーに身を捧げた人間たちが出現したのである。

第8節　聖霊運動の消滅とその思想的達成

イデオロギーに取り憑かれた（＝聖霊に取り憑かれた）人間には、世界は、それ以外の人間達とはまったく異なって見える。まず、聖霊に取り憑かれた人間はまた、いたる所に悪霊やサタンの影を見出さずにはおかない。カンデプのルター派の間に出現した聖霊運動からは、「犬」と呼ばれるグループが生まれ出てきた。彼らは他人の罪をかぎだし、追求して、あくまで告白するよう迫る者たちである。(48)

ウェンディ・フラネリーによれば、預言者の名を与えられた者が持つ賜（ギフト）や力（パワー）のうち最も際だった能力は、罪の存在を見抜く、ないしは探しあてる能力である。(49) この賜を受けた者たちは将来、誰かが起こすであろう悪事まで見通し、公衆の面前で告発する。こうして彼はこの世から罪を一掃し、浄化しようとするのである。人が聖霊に充たされるためには、まず罪の告白をして聖霊によって己れを浄化してもらうことが前提であったように、世界が神の恩寵に包まれるためには世界から罪という罪を一掃し、浄化することが必須となる。といっても、当時のパプアニューギニアの村落社会においてとりわけ一掃を要する罪とは、邪術行為や邪術のための道具を所持することであったが……。

しかし、世界が神の恩寵に包まれるためには、まずすべての者の悔い改め、世界から罪という罪を一掃し浄化することが必須であるというこの思想は、本章の冒頭に引用・縷説《るせつ》した1995年9月6日、パプアニューギニア独立10日前にパプアニューギニア唯一（当時）の日刊新聞に打たれた、「悔い改めを」と題する22ページにわたる意見広告の思想と、その本質において同一のものである。

1970年代に、パプアニューギニアの草深い村々のあちこちで聖霊降臨を引き金として産み出された、世界の浄めと神の恩寵に関する峻厳な思想は、それから約20年後、国家を対象とし、国民全体に向かって発せられる国民的イデオロギーへと巨大な成長を遂げたのである。1970年代の聖霊運動は片田舎で起こり、規模も数千人程度を巻きこむもので、そこにおける罪も邪術や毒の使用といった部族的な内容を主とするものであったが、そうしたきわめて田舎臭い運動が聖霊観念を通じて、間違いなくキリスト教の核心をなす思想をつかみ出したことは、それ自体が奇跡的であるとも言える。なぜなら、そうした聖霊運動の起こった地域の多くは、つい20～30年前に石器時代からひきずり出されたばかりで、白人宣教師によって布教が始まって10～20年しか経っていなかったからである。罪、神の恩寵、三位一体論など、抽象的で思弁的な神学的観念を正確に現す理論的語彙もロゴスも欠く、それら石器文化の民たちは、聖霊のほとばしりと聖霊による充たしという聖なる経験ひとつを頼りに、一気にキリスト教の核心をなす現世超越の根源的原理をつかみ取ったのである。

運動は夜に日を徹して行われ、人々は家事も畑仕事も放り出して、一心に聖霊経験を得んものと励んだ。食事も睡眠もそこそこに、人々は教会や祈りの家へ出かけて行き、歌い、祈り、告白し、神を賛美した。だが、こうした憑かれたような状態はそう長くは続かない。人間は、パウロ風に言うなら、肉としての存在の一面を持つからだ。運動はしだいに、初期の驚嘆すべき聖霊経験をなぞっていくようになる。感動はすり切れ、初期の外面的な出来事をくり返す儀礼的行動に堕していく。世俗のもめ事が、あれほど分け隔てなく一体化していた人々の間に、ひび割れ（亀裂）を生んでいく。若者たちは恋愛やダンス、男同士のいなせなつき合いとグループ同士のつばせりあいといった、この年代の者にのみ特権的に許されている刺激のある生活を捨ててしまった俺たちは、ひょっとして時間を空費しているのではないかと疑いを抱くようになる。

こうして運動初期の熱は徐々に冷めてゆき、夫たちは妻たちが家事を放ったらかし、畑から今日食べるイモを掘ってこないことに、しだいに苛立ちを感じるようになる。教会の正式の牧師たち、教区の信徒たちを統べる地位にある者たちは、聖霊運動参加者たちが自分たちの権威を超越して直接聖霊に結び付こうとすることに権限の侵害と不面目を感じ、運動を抑えにかかる。聖書の文言から外れた行いがあった、行き過ぎが見られる、あの男は自分をキリストになぞらえている、など非難の名目には事欠かない[50]。

そして、最後の一撃、伝統的交換儀式や選挙といった大規模な世俗的祝祭行事が行われると、男たちはそちらへひき戻され、運動は一気に解体する。

こうして聖霊運動の多くは1年をまたずして瓦解し、長くもったものでも2～3年が精一杯である。

こうして1970年代、パプアニューギニアの各地で陸続として現れた聖霊運動は彗星のように消えてゆき、1980年代に入ると、消滅してしまったかのように姿を現さなくなった。

1975年のパプアニューギニア独立を真中に挟む10年間は「打ち続く社会変化」の時代で、人々は自分たちの将来に不安を感じていた[51]。慣れ親しんできた白人の統治の時代が終わり、独立というものが始まろうとするそうした時代、すなわち移行期であった。こうした時代背景が聖霊運動の激発に触媒の働きをしていたことは間違いない。いわば、聖霊運動はパプアニューギニア全土を巻きこむ移行期に生まれた、一種の社会的通過儀礼とも見られるのである。

しかし、重要なことは、移行期の終了とともに聖霊運動が出現しなくなったことではなく、聖霊運動がパプアニューギニア各地に残したその思想的達成が、表面上は運動の消えた1980年代を通じて、発酵、成長を続けていたことである。

1995年の意見広告においては、罪の対象は邪術や毒殺といった石器時代の部族的敵対行為から、貪欲、腐敗、賄賂、殺人、強姦、強盗、不道徳、そして不正といった資本主義的貨幣経済（自由主義市場経済）、官僚制、都市犯罪などにまつわるものへと対象をかえた。また、聖霊降臨という情動的体験や歌という感性的表現を通してしか表現する術がなかった思想が、論理的な言語（英語ではあるが）を用いて明晰に語られるようになった。

そして、視野は村落社会から国家全体へと飛躍的に拡大した。意見広告の書き手たちは国家の仕組みとそれが社会全体とどう関係しているかについての明瞭な認識を持っている。そして、事態はもはや村落社会レベルにおける霊的運動では解決不可能であり、国家の頂点から変えていく必要があると判断している。すなわち明確な社会意識の持ち主たちなのである。それが霊的確信、および一種の神権政治の構想と合体している点に、この意見広告のもたらした異様なインパクトの源がある。

第9節　新たな宗教運動の出現――信仰十字軍と「膝折り作戦」

実際、意見広告には毎朝・毎夕一週間におよぶ祈りの集会への呼びかけを伴っていた。このような祈りの集会がどのようなものであるか、首都圏知事・スケート（Skate）に悔悛の言葉を吐かせ、西高地州知事・ウィンティ（Wingti）から神への感謝の言葉を引き出した信仰十字軍の実態から見ることができる。

それは都市の中の広大なスペースであるスタジアムや公園で数千人の参加者を集めて催されるもので、きわめて情動的な集会である。説教者たちは聖書の文言をふんだんに引用しながら、きわめて威嚇的な調子で、くり返し「イエスのみもとへ来なさい。さもなければ諸君は燃えさかる地獄の業火の中で滅びるだろう」とラウドスピーカーを通して叫び、集会に集まった人々には自分たちの声に合わせて大声で叫ばせたり、金切り声を上げさせたり、お抱えのバンドの音楽に合わせて歌わせたり、手拍子を打たせたり、ビートに合わせてジャンプさせせたり叫ばせたりするというものなのである。[52] こうした集会に参加した穏健な考えの持ち主は、こうした手法は洗脳の手法であり、信仰十字軍は人々を情動的にあおり、論理的に物を考える余地を与えないといって批判する。[53] 事実、『ポストクーリエ』紙に寄せられた批判者の記述を読むと、人間の意識の閾を低下させ朦惚状態（エクスタシー）を引き起こし、トランス状態に入るというシャーマニズム的技法と共通するものが多用されていることに気付く。シャーマニズムにおいてもエクスタシーに入るための助けとして、太鼓が打ち鳴らされ、そのビートに合わせて体を跳躍させたり、歌をくり返しくり返し歌ったりして、意識の閾を下げトランス状態に入るという技法が世界のいたる所で用いられている。信仰十字軍は明らかに人々の意識、とくに客観視の能力を低下させ、情動に身を任せしめるための技法を十分に活用していると言い得るのである。

しかし、こうした批判に対し、信仰十字軍支持者は批判者に対して、逆に傍観者としてではなく、「この終わりの時における聖霊の復活と一体になるよう」勧めることにより対抗する。つまり、批判は的外れである、なぜなら、人々はこの時の終わりに、情動に身を任せ、高揚し、聖霊に満たされるために集まるのだから、というわけである。ノンド・ソマル（Nondo Somal）と名乗る十字軍支持者は、人々が穏健な教会で行なわれているような「乾いた、退屈で、死んだような宗教にはうんざりして」おり、そうであればこそ「何千人もの足萎え、病人、飢えた者」たちが信仰十字軍に集まってくるのだと主張する。十字軍の説教師が、不妊を訴えた女性に対して按手を行い、彼女は「6ヵ月以内に出産するだろう」と宣言したことを、非合理であると叱責する批判者にも、支持者は「聖書を読め、イエスは水を葡萄酒に変えたり、水の上を歩いたりはしなかったか」と反撃を加える。[54]

信仰十字軍支持者の手紙に流れている主調音は現世に対する絶望であり、救済（すなわち終末）の切迫を待ち望む心情である。ノンド・ソマル氏は十字軍批判者を聖書におけるキリストの敵手たるパリサイ派に見立て、恵まれた彼らは2000年来行ってきたように、不幸な隣人を前にくつろいで座視し、分析や批判を続けるがよい、と増悪の音の鳴り響く言葉を投げつける。現世に絶望した十字軍支持者の目には、今や時は終末の日々であり、使徒行伝に描かれた聖霊の働きが信仰十字軍において復活し、十字軍指導者たちは聖霊の助けのもと悪魔との戦いの最前線に立ち、説教の言葉をもって敵陣（サタン陣営）にミサイルを打ち込み続けているものと映っているのである[55]。

こうした絶望とそのうらはらな関係にある終末への待望（と一方で恐怖）はパプアニューギニア中に蔓延しており、それゆえにこそ人口400万人のPNGで信仰十字軍は行く先々で1万にも及ぶ参加者を集めることができるのである。

たとえば、ポートモレスビーに世界的伝道者であるというモリス・セルロ（Morris Cerullo）博士が、「十億の魂」十字軍と称する世界巡航の途中で説教にやってきた時には、飛行機到着の朝、数百人の群衆が空港につめかけ、警察の楽隊が歓迎の演奏をするのに合わせて大声で合唱を行い、スタジアムに博士が現れると、雨の中、聴衆が傘を手に、傘のない者はずぶ濡れになりながら歓迎の歌を歌い、スタジアムは雷のようにとどろいたと報道されている。そして、博士が説教を行っている間中、たえず「アーメン、アーメン」と合いの手が入れられ、スタジアムはめざましい一体感で盛り上がったのである[56]。

このように、終末への待望と最後の審判の切迫の感情を抱く者たちは国中に満ちあふれ、信仰十字軍、悔悛作戦などと銘打たれた説教と祈りの集会を通じてナショナルレベルで組織化され、一大勢力となろうとしていたのである。

しかも、こうした国中を呑みこむ熱狂的宗教運動参加者に大学教育を受け、世俗生活でも成功を収め、政治の運営の衝に当たっていた前首相、元首相、首都圏知事、国会議長などトップクラスの有力政治家が名を連ねている点に、今日のパプアニューギニアの政治変動の特異性があるのである。

聖書の文言を字義通り受け取り、聖書に忠実に行動しなければ滅びが待っているとする強迫観念は、国の最上層部から最下層民にまでたっぷりと浸み渡っているのだ。

無論、そうした観念に無関心な態度で、現世における世俗的価値の追求に情熱を傾けている人や、運動に批判的な理性や常識の護持者も一方には数多く存在している。そうした勢力を代表すると目されているのが、現政権与党第一党でチャイニーズ・ニューギニア混血児ジュリアス・チャン首相を戴く人民進歩党（ＰＰＰ）である。人民進歩党の党是は国の経済的繁栄にあり、それを達成するには金融・財政政策を合理的に駆使し、私的ビジネスを発展させていく以外に道はないと考える真っ当な近代政党であるから、信仰十字軍などの行っている、神に全てを委ねよ、といった熱狂的宗教運動とは水と油の関係にあるわけである。また『ポストクーリエ』紙も、１９９６年７月以降は信仰十字軍関連の記事を一切掲載しなくなり、投書のページにも信仰十字軍をめぐる賛否の論争はぴたりと載らなくなった。

こうして１９９６年には、『ポストクーリエ』紙にはキリスト教絡みの記事がほとんど掲載されなくなり、紙面は主として政界の動き、ブーゲンヴィル独立運動反乱軍の動向など、政治絡みの話題と相も変わらぬ犯罪記事によって埋められていった。

１９９６年後半は、治安の悪さでは定評のあるパプアニューギニアでも屈指の凶悪事件が相次ぐ半年となった。10月27日のポートモレスビー郊外の浜辺における４人の若者のなぶり殺し、石油採掘の油田使用料で一夜成金になった男がめった切りにされた事件、ビル警備員、中学生、女性が次々と銃で撃ち殺されたこと、ブーゲンヴィル州知事の暗殺事件、ポートモレスビーにおける４人組のギャングによる銀行強盗と通報で駆けつけた警察官の間の映画に出てくるような銃撃戦、などの事件がひきもきらず新聞の一面を飾ったのである。(57)

とりわけ衝撃的であったのはビーチ殺人事件の被害者４人がバラバラ死体にされていたこと、そして銀行強盗と400人の警察官とヘリコプターを動員した警察との2時間半にわたる銃撃戦で、ギャング側が手榴弾を投じたことであった。手榴弾の出所は軍であると噂され、またブーゲンヴィル州知事の暗殺にも軍の関与が疑われた。[58]犯罪の残虐化と社会の奥底での闇の広がりを、これら一連の事件はかいまみせたのである。

折しも11月6日には警察長官ボブ・ネンタ（Bob Nenta）が、人口400万人のPNGで、10月中に875件の重大犯罪が起こり、そのうち逮捕された件数は398件にとどまると発表した。[59]

パプアニューギニア社会の荒廃は、止めどもなく進行しているように思われた。

そうしたさ中、96年11月19日の『ポストクーリエ』紙は、「サー・ウィワ、国のために泣く」という見出しで、予想もしなかった新たな宗教活動の開幕を一面いっぱいを使って報じた。[60]

それは「膝折り作戦」と銘打たれた運動で、翌1997年6月に予定されている総選挙で、「神を恐れる」真にキリスト教的議員が選出されるよう祈ろう、と全国民に呼びかけたものである。そして、この運動にはPNG中のほとんどのキリスト教団が加わり、PNG元首エリザベス2世の名代であるウィワ・コロウィ総督、国会議長ラビー・ナマリューといったトップ政治家の肝煎りで発起されたものであった。

「膝折り作戦」とは、お祈りの時の膝を折る姿勢を取って名付けられたもので、1997年6月の総選挙において、モーセやダビデのような神の付託を受けた者が国の指導者たる国会議員に選ばれるよう、ひたすら祈り続けようという主旨の運動である。

その開幕式が、主要な政府官庁が入ったガバメントハウスの前で行われ、その開幕宣言をウィワ・コロウィ総督が行ったというわけであった（日本で言えば、霞が関のど真ん中で行ったようなものである）。

その宣言の中で、ウィワ・コロウィ総督は、PNG国民の神に対する霊的和解の望みはもはや手遅れとなりつつあり、自分は1994年すでに国の指導者たちに神の主権と統治権を認めよと呼びかけたはずだと非を鳴らした。そして、治安問題の永続的な解決、社会的・経済的・政治的不安の解消は、もはや政府が行っているような農村活動計画や開発プロジェクトに小切手を切ることでは不可能であり、政治イデオロギーではなく、悔い改めと自分たちの霊的状態を認識することによってしか到達することはできない、と強く唱えた。

以下、総督は続けて、「調和と平和は我々にはやって来ない。我々の未来に対する明るい希望は急速に消え去ろうとしている。なぜなら、我々は霊的に病んだ国民だからだ」と警鐘を鳴らし、「内閣、立法府、そしてすべての政府機関は神を恐れるべきだ」と警告を発する。

「霊的に死滅しつつある国の徴候は、治安問題、レイプ、押し込み強盗、銀行強盗、残忍な殺人、指導者への無礼、その他に反映されている」と、ここ数ヵ月の凶悪な事件の続発を念頭に置きながら、ウィワ・コロウィ氏はそれらを「国の霊的な死」の徴としてとらえる。その中には、総督自身の南高地州の2階建ての自宅が何者かに放火され焼失した事件も含まれていただろう。

ウィワ・コロウィ氏は、PNGの現状を社会・政治・経済といった近代的概念でとらえるのではなく、徹底して霊的見地に立って解釈していく。その上で、国の指導者たちは神の存在を認め、国の運命は神の手に握られていることを知るべきだと訴えるのである。

「神は12億キナの国家予算を通して働きかけることはできず、霊的真空状態や国が策定する空虚な政策一覧を通しては動こうともなさらないだろう」と、政府の主要官庁を前にしてコロウィ総督は、近代的政治・行政システムに対するあらわな不信と拒絶の言葉を叩きつける。

人間理性に依拠する近代国家は、人間の知を神の叡智に比して無に等しきものと見なす聖書的観点から、全面的な否定を受ける。

「我々の心が悔い改めぬままでいる限り、我々が我々人間の知性と能力に依存している限り、全国民は悲しい歴史を持つであろう。」

そして、パプアニューギニア国民が期待されているのは、「神の存在を認め、神を我々の生活の中に招き入れ、我々の努力を導き給うよう頼みまいらせ、この国を2000年に至るまで導いてくれるよう頼みまいらせる」ことである。

コロウィ氏が2000年までと期限を切ったのは、西暦2000年にはヨハネ黙示録に詳らかに描かれた世界の終末が到来し、偽キリストが現れ、神の軍勢とサタンの軍勢の間でハルマゲドンが戦われ、最後の審判が行われるからである。少なくとも福音派・原理主義教団やペンテコステ派諸集団の信者たちはそう信じている（ウィワ・コロウィ氏自身、福音派のPNGバイブルチャーチの信者である）。

そして、ウィワ・コロウィ総督は、「我々の霊的状態について知らぬふりをするのは高くつく人間的誤ちであり、そのことによる国民的不名誉は我々と我々の子供たちにとってあまりに高くつく」と言った後、何が胸を去来したのか、突然その場に泣き崩れ、数分間泣き続けたのであった。

そうしてひとしきり泣き続けた後、集会に集まった人々を国のための祈りに導いて、この劇的演説は終わった。(61)

第10節 「膝折り作戦」の展開と政府との対決

ウィワ・コロウィ氏の劇的演説で幕を切って落とされたこの「膝折り作戦」は、さっそく各地に飛び火し、始動を開始した。

シンブー州知事は、高地5州の知事でつくっている高地州知事評議会は総督の発議に十全なる支持を投げ与える、と宣言した。

全国祈祷センターのコーディネーター、マーリン・スタッキー（Malyn Stucky）氏は膝折り運動の事務局の役を務め、各教会からの支持を取りつけるため、各地方都市をくまなく回る旅に出発した。スタッキー氏はこの作戦の最初の「突撃」は1997年1月4日に始まり、7日間の祈祷の日々をすごした後、全国一斉にこの国の霊的状況について嘆き悲しみ、悔い改める日を迎えるという日程を明らかにした(62)。

そして、その日に向けて、2万7000冊の小冊子が国中に配られ、さらに『ポストクーリエ』紙の後援によって、折り込み広告が国中の『ポストクーリエ』講読者4万8000人に配布された。

1996年のクリスマスイヴの報道で『ポストクーリエ』紙は、マーリン・スタッキー氏に「膝折り作戦」の進行状況を説明させている。

それによれば、早くも熱烈なキリスト教徒たちは「膝折り作戦」の理念を把握し、自ら使徒として作戦参加への呼びかけを自分の住んでいる土地で始め、その結果、「膝折り作戦は一部の地域では野火のように広がっている」。

スタッキー氏は運動の展望を語って、「神はこの作戦のうちにいまし、国中に広がる神の民に向かって語り続けられています。ひょっとすると、我々は神がこの国で為されようとしている最大の御業の小さな端をつかんでいるのかもしれません」と、運動の高揚を物語る昂奮をあらわにし、「このお祈りの運動は黒でも白でもなく、とくにどの教団のものでもありません。これは教団の壁、人種、民族、言語、文化、地理的境界に取って代わるものなのです」と、運動の普遍的性格を強調した(63)。

1970年代、PNG各地の田舎で数千人規模で始まった聖霊運動から、1990年代、全国の都市や町を巡回してまわった信仰十字軍を経て、今、「膝折り作戦」においては、町も田舎も包みこみ、国民全体が同じ日に一斉に神に向かって祈り、悔い改めを行うというPNG全体を巻きこむ、壮大な国民運動にまで規模を拡大したのである。

「膝折り作戦」の戦術は巧妙だった。それは直接、特定の政治活動にタッチすることなく、キリスト教徒であればどの教団に属している者であれ反対することのできない、「神を恐れる真にキリスト教的な指導者が選ばれるように祈りを捧げる」という運動形態をとることによって、政治全体を動かそうとしたのである。それは特定政党や特定候補者との関与を避ける賢明な方策でもあった。

こうして「膝折り作戦」は総選挙という世俗的政治活動を利用して、それに乗ずる形で、全国民を新たな宗教運動に結集することに成功し、さらにその運動を通して政治全体の宗教化に乗り出したのである。それはパプアニューギニアを神の支配する一大神権国家にするという壮大な試みであった。すなわち、聖書の文言をもじって言うなら、議会制民主主義という新しい皮袋に神権政治という古い酒を入れ、パプアニューギニアを西暦2000年の終末を乗りきるノアの箱船に仕立てあげようとしたのである。

その結果、1997年総選挙は「膝折り作戦」のまさしく膝下に組み敷かれることとなった。それは一大宗教運動を発動させるための触媒となり、その引き立て役の役回りに落とされてしまったのである。しかも痛いことには、候補者たちは「神を恐れる真のキリスト教徒」のように振るまわねばならず、その結果、小選挙区制の通例である、投票買収や饗応を封じられてしまったのである。

こうした余計な宗教的介入にいら立ったのが、人民進歩党ニューアイルランド州副議長のオベッド・ボアズ（Obed Boas）であった。人民進歩党はすでに述べたように政府与党の第一党で首相のジュリアス・チャンを擁する政党であり、しかも、ニューアイルランド州はチャン首相のお膝元である。チャン首相の地元における選挙対策本部長の衝に当たるボアズは、「膝折り作戦」に真っ向から対決を挑んだ。ボアズは、人民進歩党支持者は「膝折り作戦」を支持しないよう訴え、「膝折りは一部教団やグループによる国民を欺こうとする策略であり、人民進歩党は祈りを必要としない。というのも我々は来る選挙で必ずや勝利するからだ」と、言ったと伝えられている。(64)

だが、ボアズ発言は、「膝折り作戦」に参加しているニューアイルランド州のユナイッテドチャーチャやルター派教団のほとんどの信者から、自分たちの信仰に対する侮辱だと見なされ、教会の長老たちからは「もしも、それが人民進歩党の公式の立場であるならば、人民進歩党はキリスト教を信ずる党としての信頼を失った」との批判の矢が向けられた。(65)

ボアズ発言はニューアイルランド州のみならず、ＰＮＧ中に大きな波紋を呼び起こした。さっそく、「膝折り作戦」の指導者たちはボアズ批判に応えて、「膝折り作戦」は国民を一致団結させ、この国を導く良き指導者を求めて神に祈ることが目的なのであり、国民を欺瞞する意図などまったくないと反論した。そして、「膝折り作戦」に参加する多くの国民は国を一致団結させる必要に気付いているが、そのためには何よりもまず霊的統一が行なわれていなければならないことを理解しているのだと、「膝折り作戦」の意図と国民の現状認識が一致していることを確言した。そしてさらに、実はこのような国民の認識こそが、教団の壁を乗りこえ、ＰＮＧの全教団を「膝折り作戦」に結集させる動因になったのだと語り、「膝折り作戦」が人為的に仕組まれたものではなく、むしろ国民の認識に押し出されるようにして案出されたものであることを強調した。

多くの教団指導者たちがボアズ発言に懸念の声を上げたが、福音派同盟副議長のトゥィ・コミア（Tui Komia）牧師は、多くの国民が最良の結果を求めて主の指揮を仰いでいるとき、わざわざ「祈りなど不必要だ」と水を浴びせるボアズ発言は、「我々にその人と彼のグループがこの国の幸福について本当に心配しているのか疑わさせずにはいない」と、正面切って人民進歩党に対する不信と対決の姿勢をあらわにした[66]。

それに対し、肝心のチャン首相からは何の発言もなされなかったが、首相直属の秘書官からは、「チャン首相はすでにキリスト教徒であり、この国の最善を望むためにはわざわざ膝折り作戦の一員であらねばならないとは思わない」と、「膝折り作戦」に対する消極的な見解が示された[67]。

こうして、「膝折り作戦」に結集したキリスト教諸教団（とその信徒たち）と現政権を率いる人民進歩党の間の対立の構図が、徐々にあらわになっていった。

ボアズ氏の「膝折り作戦」批判発言が国中に思わぬ反響を巻き起こしたのを見て、人民進歩党の政治家たちの中には懐柔することによって事を収めようとする者も現れた。

南高地州はニニーアイルランド州と並ぶ人民進歩党の強力な拠点だが、同州を治める人民進歩党選出のディック・ムネ（Dick Mune）知事は、州内の熱心なキリスト教信者たちから「キリスト教の道徳や原理を蔑する政党（人民進歩党のことを指す）を支持しようとは思わない」といった声が上がるや、「膝折り作戦」の遂行のために20万キナ（邦貨約1600万円）を割り当てると発表した。ムネ知事によれば、「膝折り作戦」のいっそうの拡大のために予算を割り当てるよう、彼に霊感を吹きこんだのは神であるということだった[68]。「膝折り作戦」参加者にすり寄るため、「神による霊感」を持ち出したりするところは、ボアズ発言への思わぬ反響に狼狽する既成政治家の内心が手にとるように伝わってくる言動である。それにしても、あくまでも金の配分で事を収めようとする発想は、経済発展第一主義、ビジネス活動至上主義の人民進歩党の体質が如実に現れていて面白い。

が、「膝折り作戦」に参加している南高地州の18の教団すべては、連名で拒否の手紙をムネ知事に送り、こうした金による抱き込み工作をはねつけてしまった。拒絶の手紙で諸教団は、「そうした金はこの作戦と祈りのプログラムの成功にとって必要なものではなく、それ（膝折り作戦）が必要としているのは真摯に、誠実に祈る心を持つ人々だ」と、「膝折り作戦」側と人民進歩党側の認識の相違をくっきりと浮き彫りにして見せた(69)。

現世における金や富の追求を是とする人民進歩党の価値観と、神にすべてを委ね霊的に救済されることを第一義とする「膝折り作戦」側の基本理念とは、けっして交わる事のない平行線を描くことが、はしなくも人民進歩党の懐柔工作によって、よりいっそう明らかなものとなったのである。

資本主義（あるいは自由市場主義）を無造作に肯定する人民進歩党は、社会主義という対抗理念を失った冷戦後の世界の潮流の中で我が世の春を謳歌していたのだが、ここにいたって頑強な敵手、社会主義よりはるかに手強い敵手を眼前に見出したのだった。

いらだった政府のスポークスマンが、パプアニューギニア唯一の国内テレビで「膝折り作戦」を攻撃すると、さっそく、東高地州のジョセフ・エヌ氏なる人物から『ポストクーリエ』紙の投書欄に反論が寄せられる(70)。

エヌ氏は、政府が言論の自由という民主的権利を侵害しているのみならず、父なる神に、国会における神の子供たちをきちんとしつけてくれるようお願いしている諸教団に対するヒステリックな反応を行ったとして政府を責めると同時に、「膝折り作戦」の全体理念と彼の考えるものを披瀝する。それは、まず①神を恐れる指導者たちを選び、②選ばれた指導者たちが神の国パプアニューギニア、神の民パプアニューギニア人、そして神の与え給うた資源をよく管理・運営し、③国民全員が、神からこの国に賜ったものに対し、平等な権利と取り分を確保できるようにすることである。

ここに初めて、「膝折り作戦」を単に「神を恐れる指導者たち」が総選挙で選ばれるよう国民一丸となって祈るという、政治的には具体的な内容に欠ける茫漠とした綱領から一歩踏み込んで、「神を恐れる指導者たち」が政権を握ったとき、何が為されるべきかについての明確な政治理念が表明されたのである。

ここには、モーセやヨシュアのように神から委任された義《ただ》しき指導者のもとで神に従って生きる古代イスラエル的神権国家の理念と、独立後20年間の自由市場体制と積極的な外資の導入がもたらした絶望的なまでの貧富の隔絶に対し、「神を恐れる指導者」が神の助けによってそれを矯正してくれることを望む宗教的平等主義への指向が読みとれる。

そこには、「汝は、貧しき者を踏みつけ麦の贈物を之より取る。この故に汝らは鑿石《きりいし》の家を建てしと雖もその中に住むことあらじ。美しき葡萄園をつくりしと雖もその酒を飲むことあらじ。我知る汝の愆《とが》は多く汝らの罪は大なり。汝らは義き者を虐げ賄賂を取り門において貧しき者を推枉《おしま》ぐ」（アモス 5：11、12）という、不正なる富者に対する呪詛を行う万軍の神エホバの預言者の弾劾の声がこだましている。

こうして出エジプト記より後の旧約聖書全体を支配している理念、神の国が本来あるべき姿、すなわち、神に選ばれた義しき指導者が一々の決定において神の命を受けながら、神の民を領導し、神の民は各々神によって「産業」を分かち与えられ、神との契約に従って浄い生活を送る、という国家像が「膝折り作戦」開幕におけるウィワ・コロウィ総督の宣言から、自ら教育のない「草の根」の民だと称するジョセフ・エヌ氏の投書にいたるまで貫通していることは、容易に見てとれるであろう。

「膝折り作戦」の一見、直接的には政治に関与しないという外観の下に息づいているのは、こうしたモーセの創出した神権国家の激烈な理念なのである。

そして、それこそが、独立後20年余を経たパプアニューギニアにおける資本主義（ないしは自由市場主義）の放恣な跳梁と、それを代表する政治勢力である人民進歩党に対する「膝折り作戦」参加者たちの厳しい対決の姿勢を生み出す、精神的源泉を成しているのである。

第11節　神と悪魔の狭間で――現代PNG人の精神状況

パプアニューギニアは、1884年の英・独による植民地化から1975年の独立にいたる約90年の間に、新石器的部族社会から近代的民主国家へと、世界史の流れに押し出されるようにして跳躍していった。無論こうした性急な変化は、圧倒的に彼らの世界の外から押しつけられたものだった。こうした状況を独立時の指導者のひとりであったマオリ・キキは、「一身にして1万年を越えた」と表現した。(71)すなわち、世界史がメソポタミア文明から始まって西洋近代文明にいたる数千年をもって達成した現代文明に、新石器社会に生まれた彼マオリ・キキが、一代で到達したというのである。それは多かれ少なかれ、全パプアニューギニア人が直面を余儀なくされた経験であった。

身に着けるものといえば廻しひとつで、手には石斧や弓矢を持ち、村同士の戦いに明けくれていた石器時代人がスーツを着込み、書類を詰めこんだブリーフケースを手に空調の利いた高層の鉄筋コンクリートのオフィスで、行政に、あるいは近代的ビジネスに携わるという図は、まるで4コマ漫画の世界である。しかし、パプアニューギニアでは実際にこれに近い事態が進行していたのである。

もちろん、そうした近代国家パプアニューギニアで、そうしたジャンプに成功した者は一握りでしかないが、人口の圧倒的多数を占める村落社会でも、もはや廻しひとつで道を歩いている者はいなくなり、老人なら廻しの上から上着をはおり、足にはサンダルをはき、若者たちはTシャツにジーパン姿で、藁縄をベルト代わりにしている。こうした服装の変化が象徴しているのは、パプアニューギニアの村人たちがかつての誇り高き新石器的戦士であることを辞め（あるいは、辞めさせられ）、第三世界の貧しい農民へと姿を変えたということである。戦士生活と結びついていた慣習は白人統治府の手で廃され、精霊や神々の世界はキリスト教宣教団によって壊滅に追いこまれた。その結果、それら慣習や宗教的儀礼が体現していた精神的価値は否定された。しかし、それを代替して余りある一貫した価値体系が、人々の精神の中に数十年やそこらで根付くはずもなかった。こうしてパプアニューギニア人たちは、恐るべき精神的真空状態に放り出されたのである。

ニューギニア高地の町マウントハーゲンで犯罪常習者であったジェレマイア・コンガの半生の遍歴はこの精神的真空状態が人に何をもたらすかを雄弁に物語っている(72)。

ジェレマイア・コンガは看守の息子として生まれながら、早くから悪の道に染まった。すでに一一歳のとき、スーパーマーケットを襲い1万1000キナ(邦貨にして250万円強)やラジオなどの強奪を行った。そして12歳のときには、ギャング団のリーダーになっていたのだった。

翌1982年、13歳になっていたジェレマイアに夢の中でサタンが話しかけてきた。ジェレマイアがその生涯を犯罪に捧げるなら、悪魔は彼に力を与え、成功させてやろうというのだ。ジェレマイアは、メフィストフェレスの誘惑に応じて契約を交わしたファウストのように、悪魔と契約を交わした。契約の内容は、大きな犯罪の前にはジェレマイアとその一味は、とある山中の木の切り株を供物台にして、その上にのせた椅子にサタンが座っているものとみなして、ブタの蒸し肉を捧げ礼拝を行う代りに、この儀式の後には、ジェレマイア一党はサタンの力を与えられ無敵となるというものであった。

その頃からアルコールの味も覚え始めたジェレマイアは、こうしてますます悪の道に進んでいくのであったが、1983年、ついに警察につかまってしまう。だが、サタンの力に与ってか、ジェレマイアは6ヵ月後にはまんまと脱獄に成功する。娑婆に出てきたジェレマイアは西高地州の全氏族からメンバーを集めたNEWSという熟練した大ギャング団に入団して、再び犯罪を続けた。1984年、またも警察につかまるが、翌85年にはサタンに祈って大雨を降らせてもらい、その際に再び脱獄に成功した。

ほとぼりをさますため、ジェレマイアは生まれ故郷の村に戻るが、そこにサタンが人間の姿をして現れ、ジェレマイアはあらためてサタンへの忠誠を誓ったのだった。翌1986年、酒の上のけんかで隣の州の男を殺したジェレマイアは逃走中に警官に射たれ重傷を負い、半年病院に入院した後、3年間、獄につながれた。刑期を終えて出獄したジェレマイアは20歳になっていた。警官に射たれて重傷を負ったことや3年間の刑務所暮らしで、ジェレマイアは犯罪から足を洗おうと決意するが、悪魔への供犠はやめなかった。

1990年、ブルドーザーの運転手に雇われ、週日は普通の労働者のように働いたが、週末になると押し込み強盗を行うという生活を始めた。翌91年、ジェレマイアはロスリンという女と結婚し、それを機に悪魔への供犠をやめた。1992年にはポーゲラの金鉱山に雇われていったが、事故に巻きこまれ足を負傷すると、職を辞して村に帰ってコーヒーの栽培を始めた。その当時、コーヒーの値が上がり、ジェレマイアはコーヒー豆を売って大金を手にすることができた。その頃にはもうすでに犯罪からは手を引いていたが、相変わらず大酒を飲んではけんか沙汰に及ぶという生活を送っていた。

1994年、25歳になっていたジェレマイアは、いつもどおり飲み友達のコリノスと酒場にいたが、コリノスの妻がペンテコステ派の教団アセンブリーズオブゴッド（Asemblies of God：AOG、神の集会）が組織したテント十字軍に出かけているという話を聞かされた。酔ったふたりは祈りの集会など口実にすぎず、どうせテントの中で大乱交をやっているに違いないと結論し、さっそくコリノスの妻を奪い返しにテント十字軍会場に向かった。ジェレマイアは、集まったキリスト教徒たちにテントの外から、集会を止めろと叫び、ビールのビンを手にテントの中に押し入って行った。

と、突然、彼は神の強力な臨在に打たれ、雲が礼拝者たちを覆っているのを目にした。ジェレマイアは、神に動かされて、説教壇へ登っていくと、手にしていたビンを取り落とし、その場にひざまずくと神の御前で泣いた。こうしてジェレマイアが神に赦しと罪からの浄めを求めて叫んでいる間、集会に集まった人々は「イエスが答えだ」と声を合わせて歌い始めたのだった。

翌日曜日の朝、ジェレマイアは再びテントに現れ、説教壇に登ると、イエス・キリストの救済の力について輝かしい証言を行った。今や、ジェレマイアはまったく生まれ変わったのだった。1994年8月、ジェレマイアは洗礼を受けると、一日のほとんどの時間を牧師や教会のリーダーたちとすごすようになり、1995年には聖書学校に入ることを希望するまでになった。

一方、サタンはジェレマイアが自分を裏切り、全能なる神に忠誠を誓ったことに怒り、ジェレマイアが家の中で今やイエスが自分の主であり、悪魔は敗けたと宣言すると、突然、かやぶきの屋根が燃え出した。家の者は急いで外に出て火を消し止めたが、悪魔が未だジェレマイアを悪の道にひき戻そうと隙をうかがっていることが、このことで皆に明らかになった。

こうしてジェレマイアの魂をめぐって、神とサタンの争奪戦が今日もくり広げられているのだと、『ポストクーリエ』紙の記者は結んでいる。

こうしたとめどもない悪への没入と突然の改心による全面的な神への帰依といった話は、パプアニューギニアのいたるところで耳にすることができる。そうした話の主人公にとっては、この世には絶対的な善と絶対的な悪の両極しか存在しない。悪に陥らぬためには、絶対的な善の道をあくまで突き進まなければならないのだ（そして、他の者にも自分と同じ絶対善の道へ進むことを強要する）。そこには、平凡な普通の生活は存在する余地はない。絶対的な善と絶対的な悪の中間に位置するものは何もない。あるとすれば、それは耐え難い精神的虚無である。そして、人はおのれを全面的に神の御元に縛りつけておかねば、ひたすら悪の道へ埋没していかずにはいられなくなるのである。回心前のジェレマイア・コンガのように。

これは実に厳しい生を当事者に迫るものである。彼の進む道は常に善と悪に分岐している。そして、その者が悪への道を1回でも採ったとしたら、彼はそれを教会（あるいは祈祷集会の場）で、万人の前に自らの過ちを公にして罪を浄めなければならないのである。そしてこの緊張に耐えられる者のみに、終末の日の天国への鍵は約束されているのである。しかし、自我ある所には必ず悪が胚胎している。そして、イエスが説いたのはまさに、悪の萌芽たる自我を否定せよという点にあった。

神と悪魔、正と邪、天国と地獄の極端な二分法の中に、彼らの精神は置かれている。彼らにとって神も厳然たる実在なら、悪魔もまたそうである。こうした絶えざる緊張の中で、彼らの生活はくり広げられていく。

一方で「膝折り作戦」に参加して日々祈りを捧げる者がいれば、酒や麻薬に沈湎する者もそれに劣らず多い。アウグスティヌス流に言うなら、「膝おり作戦」で全国一斉に祈りを捧げている人々はそのとき、この地上に「神の国」を形作っていることになるのであろうが、「神の国」ある所には同時に「サタンの国」も並び立っているのだ。義が人間共同体として結晶化するときには、一方で、悪がまた人間共同体として析出されるのである。それは、たとえばジェレマイア・コンガのようにサタンと契約を結んだギャング団として現出する。パプアニューギニアが自由市場主義経済体制をとり、貿易においても開放政策をとり続けた結果、町のショーウィンドウには先進国から輸入された近代的商品、服や靴から始まって、ラジカセ、そして自動車にいたるまでがこれ見よがしに展示され、人々の欲求をかき立てる。しかし、貧しい村人たちや町の貧民たちにとって、それらはすべて高嶺の花である。彼らが一生懸命働いても、手に入れられるものはわずかだ。しかもニューギニアの都市部の失業率は絶望的に高い。こうした中からルサンチマンが生じ、お高くとまっているブランド商品や、一向に自分たちのところには降りてこない金を、力ずくで奪いとっていくギャング団が若者たちの間で英雄視されることになる。

14歳でギャング団に入ったひとりの男は、入団を認められたときのことを、「我が人生で最も誇り高い瞬間だった」と回顧する〔P.C. 1997.1.8〕。もっとも彼の場合、ひと月で「人生で最大の失敗をしたことに」気付くのだが。彼は「友人たちが銃撃で吹き飛ばされるのを目にし」、幾度かは、彼らの近くにいたため、彼らの飛び散った血潮で体中血まみれになるという目にも遭う。そして幾度も射たれ、刺されて、生きているのが不思議だという程の経験をくり返す。しかもギャング団にいったん入ったら、もう二度と脱け出ることはできない。団の秘密を守るためである。ほんの一握りの幸運児を除けば、脱出を試みた者にはすべて、自分自身のボスに殺されてどこかに埋められるという運命が待っている(73)。

こうしたギャング団がパプアニューギニア中いたるところに、大小無数に結成されている。

この国には極端な善と悪の二極が平然と並存しているのである。この厳しい二元論的緊張に結着をつけようとして人々が待望し、一方で恐怖するのがヨハネ黙示録に描かれた世界の終末であり、ハルマゲドンである。とりわけ福音派・原理主義教団やペンテコステ派教団の影響下にある人々は、西暦2000年をその時だと考えている。また信仰十字軍参加者も、多くは終末の切迫を信じている。たとえば、『ポストクーリエ』紙で信仰十字軍を擁護したノンド・ソマル氏は信仰十字軍を、「この終わりの時に、聖霊と一体となる」ための運動としてとらえている。またウィワ・コロウィ総督が「膝折り作戦」開幕宣言の中で、パプアニューギニアが必要としているのは、神に「この国を2000年に至るまで導いてくれるよう頼みまいらせる」ことであると言うときにも、2000年終末説が深く刻みこまれている。

終末によって、今ある古い天と地は消滅し、一方には信仰厚き者たちがその永遠の生命を楽しむ新エルサレムが天から降りて来、他方では、悪人、信仰薄き者、異教徒たちであふれる地獄がこちらも永遠に続く。こうした終末をめぐる言説はパプアニューギニアの田舎の隅々までも広がり、人々の日常の会話にたえ間なく上っている。そして、悔悛悔悛作戦・信仰十字軍・膝折り作戦と引き続く、宗教運動の主要な原動力のひとつとなっているのが、この西暦2000年終末説なのである。

人が現世の只中に「神の国」を夢想するのは、その者がいかに悪や不正や混沌に身をさらされているかの徴である。そして、事実パプアニューギニアには、悪や不正や混沌が渦巻いているのである。

第12節　パプアニューギニアのキリスト教の100年——受動的改宗者から能動的使徒へ

パプアニューギニアに初めてキリスト教がもちこまれてから、すでに110年が過ぎた。もちろん、すでに述べたように、それからすぐにパプアニューギニア人がキリスト教徒になったわけではなく、キリスト教の浸透は遅々として進まず、第二次世界大戦後、1970年代になって、ようやくパプアニューギニア人の大半が名目上キリスト教徒となるという状況に達した。しかし、そのキリスト教は人々の生活のほんの表面を覆うものにすぎず、伝統的祭儀が撲滅された後も人々の精神生活を支配していたものは、依然、新石器的部族的宗教・呪術の類であった。

このような状況を一変させたのが、1970年代にパプアニューギニアのいたるところで勃発した、聖霊を媒介とした聖霊運動であった。使徒行伝や、パウロの書簡に描かれたキリスト死後の初代教会における聖霊による洗礼と類似した、意識の閾が低下し、トランス状態に陥った中、告白を公衆の面前で行うことによる魂の浄めと、その後に来る聖霊による満たしという現象が村から村へと連鎖反応のように広がってゆき、ここで初めてパプアニューギニア人は新約の神を己が神となすにいたったのである。

パプアニューギニアにおける本格的なキリスト教の受容は、山上の垂訓などに見られるような倫理的説教から始まったのではなく、聖霊によるエクスタシー（恍惚）体験と、神からの聖なる贈与であるところの異言・預言・幻視・幻聴といった、きわめて生々しい肉体的経験から出発したのである。そうした身体的・霊的体験からＰＮＧのキリスト教徒達がつかんだ真理は、個人が霊的に満たされたキリスト教徒となるためには、まず、公衆の面前で罪の告白を行うことによって魂を浄めなければならないというものであり、それが共同体レベルに移されると、「神の国」が実現するためには、それに属する者の罪がすべて告白され、公衆のもとにさらされねばならないというものであった。これは個人の内面を外に向かって解き放ち、自我の壁を取り払って、共同体のすべての魂をひとつのものとすることを目指したものである。その結果、そこに出現する状況は、自と他の隔絶が溶解し、人々は泣きながら抱き合い、声をひとつに合わせて祈り、歌い、時には踊るというものであった。

人類学で言うコミュニタスの状態が現出したのである。人類学の理論によれば、こうしたコミュニタスはリミナリティ、すなわち境界通過という状況のもとに出現する。[74] まさしく聖霊運動が全盛を極めた１９７０年代は、パプアニューギニアがオーストラリアの統治から独立国へと移りゆく境目の時代であった。そして、境目時代を通過し終えた１９８０年代になると、聖霊運動は姿を消していった。しかし、聖霊運動を身をもって体験することによってつかみ取られたキリスト教の神とその真理、すなわち、世界が神の恩寵に包まれ「神の国」が実現するためにはすべてのものが悔い改め（＝自らの自我を否定し）、この世界から罪という罪を一掃し、浄化せねばならないという思想は、情動的体験のレベルから概念へとゆっくりと彫琢されていったのである。

一方、オーストラリアの政治・経済体制をほぼそっくり移植された独立後のパプアニューギニアは、部族社会を土台として、その上部構造に議会制民主主義と自由市場経済をのせるといういびつな構造を示し、貨幣と近代商品が喚起する新たな欲望は、憲法で保障された個人主義的自由と結合して、それを制御する倫理体系を欠いたまま無制限に増殖していった。だが、その欲望を満たす鍵となる貨幣は国民の圧倒的多数を占める農村住民や失業者であふれる都市の貧民の手には落ちず、その圧倒的部分がかつての白人支配者の地位を引き継いだエリートたちの元に集積されることとなった。また、誰もがその人格と業績に応じて、村内における相応の政治的指導力を獲得しえていた新石器的戦士共同体から、高度の学校教育を経、あるいはビジネスで成功した一握りの者しか政治的指導者となれない近代国家の仕組みへの移行は、村人たちから戦士としての尊厳と人生の目的を奪い、貧しく身すぼらしい貧農に変えてしまった。

こうして、人々に白人と伍して輝かしい未来を約束するはずであった独立がもたらしたものは、一握りの成功者の白人化と、本来、戦士として誇り高い生を営んでいた大多数のパプアニューギニア人を第三世界の単なる貧民に転落させた、二極分解であった。一方では伝統的戦士としての誇りを奪われ、眼前には手の届かない近代的経済力が生み出した豊かで魅力的な富を突きつけられたパプアニューギニアの若者たちの精神は、とどめるすべもなく荒廃していった。その魂の荒廃の中から強盗、殺人、強姦などを事とするギャング団が生まれ、繁茂していった。こうして人々は日々恐怖と背中合わせの生を送るようになった。パプアニューギニアを吹き荒れるおびただしい犯罪は、人々の現実への絶望を絶好の培養基とし、パプアニューギニアを覆い尽くす暗黒の社会を形作っていたのである。

一方、同じ現実への絶望が現世に背を向け、ひたすら神の恩寵と来世での天国への希望に生きる人々を生み出した。その中から生まれてきたのが、信仰十字軍と称する新たな宗教運動であった。こうした運動は、聖書に描かれた初代教会を現代に復活させようとする福音派・原理主義教団やペンテコステ派諸教団によって組織されたものが多かったが、大手主流派教団内にも彼らの理念に共鳴し、参加する者もまた数多くいた。ジュレマイア・コンガが突然の回心を行ったテント十字軍も、アセンブリーズオブゴッドというペンテコステ派の教団が主催していた集会だった。

そして、福音派・原理主義教団やペンテコステ派の教団の初代教会の現代への復活と並ぶ教義上のもうひとつの大きな軸が、終末の切迫感とそれに備えようという教義なのである。現世への絶望を最も直截に表現するならば、それは現世の全的否定、すなわち終末への待望に行き着かずにはおかない。終末への切迫感と待望感は、たとえば、マタイ福音書4：17で、イエスが初めて人々に向かって教えを宣べ伝えたときに発せられた言葉が、「なんじら悔い改めよ、天国は近づきたり」であったことからも察せられるように、新約聖書全編を貫いて流れる精神的基調音である。

人知のさかしらの生み出した余計な神学的解釈を廃して、聖書をそのまま字義通り受け取ることを旨とする福音派・原理主義教団やペンテコステ派の諸教団がその核心に強烈な終末意識を蔵しているのは、新約聖書全体が根本的終末観によって貫かれていることの必然的帰結である。そして、西暦2000年期の終末が切迫していることは、この根本的終末観に具体的な肉付けを与えることとなった。現世に絶望して、ひたすら神の恩寵と最後の審判で天国への裁決を受けることを熱望する信仰深き人々にとって、世界の終末こそ一刻も早く到来が待ち望まれる事態なのである。「膝折り作戦」を構成する理念の中にも、それを終末に備えてパプアニューギニアを浄めるための態勢作りとしてとらえるという要素が含まれていることは、ウィワ・コロウィ総督の開幕宣言の中の「この国を2000年に至るまで導いてくれるよう頼みまいらせる」という文言からもかいま見られる。

一方、大手主流派諸教団は、西暦2000年終末説には冷淡な傾向を有する。それら諸教団は短いものでも200数十年、長いものではローマ・カトリック教会のように2000年近い歴史を有しており、そうした組織としての存続の過程で終末論的傾向を薄めていった（それは現実世界の一部となった組織にとって自己否定を意味する）。むしろ、こうした大手主流派教団が、とりわけ、ローマ・カトリック教会が「膝折り作戦」に期待するのは、教皇権力が世俗権力を膝下に組み敷いていた中世グレゴリウス7世やインノケンティウス3世当時の宗教と政治の関係であろう。またそうした西欧中世史など知らず、組織の論理にも無縁な一般の敬虔な信者にとっては、この世に跋扈している不正や悪を駆逐し、この地上に義なる「神の国」をつくってくれる、モーセやダビデの如き、神に選ばれ、神の命を執うカリスマ的指導者の出現こそ「膝折り作戦」における神への祈りで聞き届けてもらいたい願望に相違ない。

このように「膝折り作戦」はさまざまな願望、言い換えれば、さまざまな幻想から構成されたひとつの複雑な宗教運動である。さまざまに異なりお互いに相矛盾する宗教的幻想をつなぎとめているのは、「神を恐れる真にキリスト教的な指導者が選ばれるよう祈る」という一点である。それが政治に対して大きな力を発揮しつつあることは、政府・人民進歩党の「膝折り作戦」に対する動揺からも明らかである。こうして１９９５年9月6日に投じられた「改悛——真の悔い改めの呼びかけ」という意見広告から始まった、熱烈なキリスト教徒たちの政治への影響力行使の動きは、個々の政治家を動かすレベルから政界全体を動かすレベルと段階を上がっていった。オーストラリア流の近代議会制民主主義国家として建国された独立当時の状況からは想像もつかない展開を、この国の政治は独立20周年を機に、とり始めたのである。

そして、「膝折り作戦」は西洋流議会制民主主義国家という国連の主導のもと、オーストラリアによってパプアニューギニアの部族的伝統とはまったく無縁に導入された「人工国家」の中に、「パプアニューギニア的霊性」とも呼ぶべきネーションとしての精神を注ぎこみつつあるのかもしれない。国民すべて（実際は熱烈なキリスト教徒たち）が同月同時刻に一斉に神に向かって祈りを捧げるという行為そのものが、７００の言語を異にする民族、数千の部族、1万を超える半独立の村々の相違を一時的にせよ超越し、単一なる「パプアニューギニア国民」が出現したことを告知してはいないだろうか。そして、その結果出現するのは、目論見によれば、モーセのような「神を恐れ」、神からの命を実行すべく民を導いていく指導者の下、神の義に従い、神を畏れつつ一体となった「神の国パプアニューギニア」「神の民パプアニューギニア人」である。そのイメージは明らかに出エジプト記以降の旧約聖書に描かれる「神の国イスラエル」「神の民イスラエル人」をパプアニューギニアに移し替えたものである。

こうして、万軍の神エホバは遠くイスラエルの地からパプアニューギニアに招来され、その峻厳な統治の機能をパプアニューギニア人すべての上に揮うはずである。それこそがあらゆる悪、不正、罪に満ちたパプアニューギニアを浄め、「霊的に病んだパプアニューギニア人」をいやし、神の恩寵に与らせうる唯一の道である。「膝折り作戦」のロジックはそのように展開する。さらに、終末論者にとっては、1997年総選挙は西暦2000年の終末を前に、パプアニューギニア人が霊的に浄められ、「神の民」となり、最後の審判において天国への裁可を与えられる最後のチャンスである（次の総選挙は5年後、2002年であるが、そのときにもはやパプアニューギニアはおろか、この現存する世界はすべて消滅している）。

いずれにせよ、石器時代からひきずり出されて100年も経たない多くのPNGの民族にとっては、近代議会制民主主義（それは腐敗と不正の温床である）よりも、古代イスラエルの神権国家の方がはるかに現実的な国のイメージとして映るのである。そして、こうした神権国家への希求こそが、パプアニューギニア人にとってのナショナリズムなのである。血でもなく（血縁原理）、土でもなく（地縁原理）、言語でもなく（PNGは700の言語に分かれるバベルの塔的状況にある）、神への畏れとその裏腹をなす神への希求こそが「国民意識」をつくり出すという点において、パプアニューギニアは特異な歴史的行程を踏み出しつつあると言えよう。

が、同時に、パプアニューギニアという国の悲劇性は、現代においてこうした「古代的」国民意識と国家像によってしか、その内的要請に応えられないという点にある。ますます速度を増しつつあるテクノロジーの進展と、それに相応じた資本主義・自由市場主義の外からの力と、それがパプアニューギニア人の間に喚起する欲望は、こうした「古代的」国民意識と国家像を現実的に不可能なものとするであろう。そのとき、パプアニューギニアという国家自体がどのようにして存続しうるのか、その帰結はまだ誰も知らない。

注

(1)『Papua New Guinea Post Courier』(以下、Post Courier) 1995年9月8日。
(2) 同上 1995年10月21日。
(3) 同上 1995年10月31日。
(4) 同上 1995年11月2日。
(5) 同上 1995年10月31日。
(6) 同上 1995年11月1日。
(7) 同上 1995年12月1日。
(8) Lacy, R. J. [1972] 'Missions', in Peter Ryan ed. *Encyclopedia of Papua and New Guinea*, Melbourn University Press, Victoria. p.774 参照。
(9) 塩田光喜 [1997]「水平線の彼方から」塩田光喜編『海洋島嶼国家の原像と変貌』アジア経済研究所、東京、p.75-77 を参照。
(10) 塩田光喜 [1994]「二つの主権、二種の法――ニューギニア高地における戦士共同体と国家」熊谷圭知・塩田光喜編『マタンギ・パシフィカ――太平洋島嶼諸国の政治・社会変動』アジア経済研究所、東京を参照。

（11）Grffin, J. H., helson, S. Firth [1979] *Papua New Guinea: A Political History*, Heinemann Educational Australia, Victoria. より第3章、第5章を参照。

（12）Smith, G. [1972] 'Education: History and Development' in Ryan 上掲書 p.320 を参照。

（13）Trompf, G. W. [1991] *Melanesian Religion*, Cambridge University Press, Cambridge. より p.178 参照。

（14）同上 p.182 参照。

（15）Smith, G. 上掲論文より p.316 参照。

（16）詳しくはピーター・ワースレー（吉田正紀訳）［1981］『千年王国と未開社会――メラネシアのカーゴ・カルト運動』紀伊國屋書店を参照。

（17）たとえば塩田光喜［1996］「ニューギニア宣教盛衰史――ルター派を例として」塩田光喜編著『太平洋島嶼諸国のキリスト教』アジア経済研究所、東京　p.6-7. 及び Dellbos, George [1985] *The Mustard Seed: From a French Mission to a Papua Church*, Institute of Papua New Guinea Studies, Port Moresby, p.121-123 を参照。

（18）Chatterton, P. [1980] *Day That I Have loved*, Pacific Publications, Sydney. より p6, p9 を参照。

（19）塩田［1996］上掲論文より p.181 を参照。

（20）Stuart, I. [1978] 'Percy Chatterton: Pastor and Statesman' in James Griffim, ed. *Papua New Guinea Portraits: The Expatriate Experience*, Australian National University Press, Canberra. より p.201 を参照。

（21）塩田［1994］上掲論文より p.181 を参照。

（22）同上 p.182 を参照。

（23）Hassall, G. [1991] *Religion and Nation-State Formation in Melanesia: 1945 to Independence*, University Microfilms International,

Michigam. より p.79 を参照。

（24）同上 p.7 を参照。

（25）Trompf　上掲書より p.157 を参照。

（26）Hassall　上掲書より p.59 を参照。

（27）同上 p.7 を参照。

（28）塩田［１９９６］上掲論文より p.20 を参照。

（29）Trompf　上掲書より p.163 及び Delbos, G. [1985] *The Mustard Seed: From a French Mission to a Papua Church*, (trans. T. Aertes), Institute of Papua New Guinea, Port Moresby. より p.5 を参照。

（30）塩田　上掲論文［1996］p.17 を参照。

（31）同上 p.19 を参照。

（32）本節は Apea, S. [1985] 'Footprints of God in Ialibu' in J. D. May ed. *Living Theology in Melanesia: A Reader*, The Melanesian Institute, Goroka. に主として依拠し、私自身の１９８５～８７年でのイアリブにおけるフィールドワークの知見を加えた。

（33）Ｃ・Ｇ・ユング（野田倬訳）［１９９０］「自己の象徴性についての考察」より p.119、Ｍ－Ｌ・フォン・フランツ（野田倬訳）［１９９０］「ペルペトゥアの殉教——心理学的解釈の試み」p.326-327 を参照のこと。両論文は共にＣ・Ｇ・ユング／Ｍ－Ｌ・フォン・フランツ（野田倬訳）［１９９０］『アイオーン』人文書院、京都　に所収。

（34）Namumu, S. [1984] 'Spirits in Melanesia and the Spirit in Christianity' in Wendy Flannery ed. *Religious Movements in Melanesia Today* (3), The Melanesian Insutitute, Goroka. より p.92 を参照。

（35）Ｒ・Ｈ・カルペッパー（大塚丸三子訳）［１９７８］『カリスマ運動を考える——聖書的視点から』ヨルダン社、東京より p.90-95 を参照。

(36) Cramb, G. & M. Kolo [1983] 'Revival Among Western Highlands and Enga Baptists' in Wendy Flannery ed. *Religious Movements in Melanesia Today* (2), The Melanesian Institute, Goroka. より p.93 を参照。
(37) 以上の記述は Cramb & Kolo 上掲論文に拠った。
(38) テレフォミンの聖霊運動については Flannery, W. [1984] 'Mediation of the Sacred' in Wendy Flannery ed. *Religious Movements in Mlanesia Today* (3), The Melanesian Institute, Goroka. に拠った。
(39) フリ族の聖霊運動に関する以下の記述は　Barr, J. [1983] 'Spirit Movements in the Highlands United Churth' in Wendy Flannery ed. *Religious Movements in Melanesia Today* (2), The Melanesian Institute, Goroka. に拠った。
(40) ルドルフ・オットー（山谷省吾訳）［1968］『聖なるもの』岩波書店、東京、 p.36 を参照。
(41) 同上 p.62 を引用。
(42) Flannery 上掲論文 p.142 より引用。
(43) C・G・ユング（村本詔司訳）［1989］「三位一体の教義に対する心理学的解釈の試み」『心理学と宗教』人文書院、京都、所収より p.128-129 を参照。
(44) ディデゥモス（小高毅訳）［1992］『聖霊論』創文社、東京、 p.152 より引用。
(45) アレスデア・ヘロン（関川泰寛訳）［1991］『聖霊――旧約聖書から現代神学まで』ヨルダン社、東京、 p.74 より引用。
(46) 私の1986年8月のフィールドワークにおけるアンブプル村のピンジェからの聞き取り。
(47) Flannery　上掲論文 p.138 を参照。
(48) Cramb & Kole　上掲論文 p.100 を参照。
(49) Flannery　上掲論文 p.133 を参照。
(50) 私の1986年6月から8月のフィールドワークに拠った。

(51) Kale, J. [1985] 'The Religious Movement among the Kyaka Enga,' in Loelinger, C. & G. Trompf, *New Religious Movements in Melanesia*, University of the South Pacific, Suva. より p.69-70 を参照。
(52) Post Courier　１９９６年４月４日、及び６月18日を参照。
(53) 同上　１９９６年５月28日を参照。
(54) 同上　１９９６年６月25目を参照。
(55) 同上　１９９６年６月25日を参照。
(56) 同上　１９９６年４月３日を参照。
(57) Pacific Islands Monthly, １９９６年12月号　p.13-14 を参照。
(58) 同上。
(59) Post Courier　１９９６年11月６日を参照。
(60) 同上　１９９６年11月19日を参照。
(61) 同上　１９９６年11月19日を参照。
(62) 同上　１９９６年12月24日を参照。
(63) 同上　１９９６年１月30日を参照。
(64) 同上　１９９７年２月４日を参照。
(65) 同上　１９９７年２月４日を参照。
(66) 同上　１９９７年２月４日を参照。
(67) 同上　１９９７年２月４日を参照。
(68) 同上　１９９７年２月14日を参照。

(69) 同上　１９９７年2月14日を参照。
(70) 同上　１９９７年2月14日を参照。
(71) アルバート・マオリ・キキ（近藤正訳）［１９７８］『キキ自伝』の原題はTen thousands years in a lifetime『一身にして一万年を経る』である。
(72) 以下の記述は、Post Courier　１９９５年5月19日の記事に拠る。
(73) Post Courier　１９９７年1月８日。
(74) ヴィクター・W・ターナー（富倉光雄訳）［１９７６］『儀礼の過程』思索社、東京、よりp.125-129を参照。

（本稿は、前稿「神の国、神の民、聖霊の風――パプアニューギニアにおける聖霊運動と神権国家への希求」『東洋文化研究所紀要』第１３６冊、１９９８年を２００４年に加筆修正した論文である。）

第3章　マオリのキリスト教

内藤　暁子

はじめに

アオテアロア（*Aotearoa*：ニュージーランドのマオリ語名、白く長い雲のたなびく地）のポリネシア系先住民族マオリ（*Maori*）がキリスト教と初めて接してから、すでに200年をこえる時が流れている。信仰の深さ、あるいは教会活動に対する熱意に個人差はあっても、現在、マオリはそのほとんどがキリスト教徒である。かつて自在に活躍の場を得ていたマオリの「伝統的な」「土着の」神々は、もはや英語に翻訳された『マオリ神話』の古典のなかに封印されてしまった。

ヨーロッパ人による地理上の「発見」とパラレルにある、キリスト教宣教師団の功罪について述べるのは容易いことではないが、邪教の神々という名のもとに、世界各地の「土着の」神々がいかに葬り去られていったかということを、ひとつひとつ検証することは重要である。多くの民族がそうであったように、なぜマオリがキリスト教に改宗していったのかということを、歴史的に再現することは簡単なことではない。

そこで、本章ではまずマオリのキリスト教受容の過程とその特徴について述べ、キリスト教の影響のもとに次々に興った宗教的再活性化運動（いわゆる「千年王国運動」）を考察したい［内藤 1996］。次いで、キリスト教各宗派におけるマオリの位置づけや、新興キリスト教勢力の動向を検討するとともに、あるマオリ家族の宗教生活を見ることによって、現代におけるマオリとキリスト教との関わりを示したい。そしてこれらを通じて、マオリがキリスト教に何を求めたのかということを探りつつ、マオリとキリスト教の関係を理解する一助としたい。

第１節　キリスト教の伝来

１．キリスト教受容の過程

マオリが初めてキリスト教と接したのは、ジェームズ・クック（James Cook）によるニュージーランド「発見」から45年たった、１８１４年のことであった。太平洋地域におけるもっとも著名な伝道師のひとりである、ＣＭＳ（Church Missionary Society）の宣教師サミュエル・マースデン（Samuel Marsden）たちが、オーストラリアのニューサウスウェルズからニュージーランド北島北部のベイオブアイランズ（Bay of Islands）に上陸し、キリスト教の教えを説いたのである。

マースデンがニュージーランドに連れていった最初の「宣教師」は、正式な宗教的訓練を受けていなかった。「宣教師」とは大工のウィリアム・ホール（William Hall）、靴職人のジョン・キング（John King）、教師のトーマス・ケンドル（Thomas Kendall）の３人であった。まず彼らは近隣のマオリたちに、小麦やトウモロコシなどの西洋式の農耕や、靴作り、建築、鍛冶、煉瓦造りといった技術を教えた。そのような技術は需要があったので、マオリに受け入れられた。マースデンはしばしば伝道本部にハサミや針、ナイフやフォーク、犂などを送るよう頼んでいる［Owens 1968］。マオリは大筋において、西洋物質文明の恩恵にあずかれるのであれば宣教師たちに好意的であったが、当初、キリスト教の布教は容易には進まなかった（シンクレア 1982：36-37）。

教師ケンドルはマオリ語の習得に努め、１８１５年にはマオリ語の簡単な辞書を作り、翌16年には *The New Zealander's First Book* というテキストを用意して、マオリの子どもたちの学校を開いた。さらに彼は１８２０年、ホンギ・ヒカ（Hongi Hika）らマオリの首長たちをイギリスへ連れて行き、言語学者サミュエル・リー（Samuel Lee）のもとでマオリ語のアルファベット表記法をまとめた。そして聖書や賛美歌のマオリ語翻訳版が部分的に出版されるようになった。

10年近い歳月が流れ、１８２３年に最初のマオリ洗礼者が現れた。そして、１８２９年にはメソディスト派教会（Wesleyans Methodist Church）が布教を開始し、１８３８年にはフランスのカトリック教会（French Catholic Mission）から宣教師団が送り込まれ、ここに三つ巴のキリスト教布教合戦が繰り広げられることとなった。異なる宗派による教義論争や改宗競争は、キリスト教と接したマオリの混乱を著しく助長するものであった[1]。

マオリのキリスト教への改宗が目立ってきたのは、１８３０年代に入ってからである［Owens 1981：36-37］。それ以前は宣教師から西欧の技術や英語を学んだり、子どもを宣教師団の学校に通わせていても、マオリはキリスト教そのものには関心を示さず、「伝統的な」宗教体系を保持していた。だが、ひとたび改宗が始まると、集落やハプ（hapu：準「部族」[2]集団）ごとの集団改宗が行われるようになり、１８３３年頃を境にして洗礼を受ける者が急増していったのである。

この20年間の変化の背景には、パケハ（*Pakeha*：ヨーロッパ系住民）との「接触」以来マオリが被ってきた、さまざまなレベルにおける急激で苛酷な社会変動、社会的・経済的秩序の混乱があげられる。社会的混乱が社会の表層にとどまらず、人々の基層的な超自然的観念や世界観まで揺り動かすようになっていった。もともと聖と俗が不可分に結びついているマオリの世界観において、矛盾やずれが「伝統的な」ものでは説明不可能になってきたのである。

たとえば、マオリにおいて「病い」とはタプ（tapu：聖なる禁忌、掟）の侵犯で怒った神々によって引き起こされ、また、治癒するためには「伝統的な」宗教的職能者トフンガ（*tohunga*）が超自然的存在と交霊し、ときに薬草を用いながらなだめなければならないものであった。

ところが、パケハが持ち込んださまざまな新しい病気――インフルエンザ、肺病、コレラ、発疹チフス、はしか、天然痘、百日咳、性病など――の蔓延に対して、昔ながらの宗教的職能者はまったく無力であった。これは彼らのマナ（*mana*：超自然的な力、威信）をひどく傷つけるものであり、ひいてはマオリの神々の力の低下さえ暗示した。同時に、パケハの到来とともにマオリを襲った病気は、パケハの神が引き起こしたパケハの病気であり、その宗教的職能者である宣教師の業によって治癒するのではないかという考えが生まれた。

そこでマオリの病人は宣教師団を訪れるようになった。宣教師団は下剤、解熱剤、鎮痛剤、胃腸薬、軟膏などを持っており、多少の治療を施すことが可能であった［Owens 1972：434］。治療が少しでも成功すれば、それはパケハの神への期待と信頼を生み、キリスト教改宗への契機となっただろう。しかし実際には、いい加減な処置が大半であり、時に「病気よりも治療法の過ちの方が恐ろしい」ものであったという［Owens 1972：435］。伝染病に対する予防や食料・衣服・住居の改善、公衆衛生などの生活指導はなおざりにされた。それでも、病原菌も運ぶが、劇的な効果を生む下剤や暖がとれる毛布を与えてくれる宣教師は、マオリの宗教的職能者に代わる位置を徐々に占めるようになっていった。

またパケハの物質文明を示す最たるものとして、マスケット銃がある。これは単なる物質的破壊力の優秀さではなく、パケハの神の偉大な力を示した。そして、マオリの「伝統的な」戦の神やマオリ独自の武器のマナを落としめたのだ。

さらに、パケハは森の神の許しも得ずに森へ行き、大量の木を伐採したが、何も天罰は起こらなかった。つまりパケハはタプを犯しても、神のたたりを受けなかったのである。これはパケハの神の力がマオリの神の力よりも優れていて、パケハを守っているためであろうという解釈がなされた。

以上のように、危機的状況の解決を神々の力に見いだしてきたマオリが、初めて自分たちの神々ではどうしようもない状況に陥り、否応無しにパケハの神に解釈の助けを求めたものと考えられる。マオリの伝統的な宗教体系、儀礼、世界観、価値観、慣習とはまったく異質なものであったが、何よりも豊富な物資や技術、強大な力を背景とした信仰であったため、動揺しつつもキリスト教に帰依していったことがうかがえる。

こうして、社会的、文化的、経済的にパケハと同等になるための手段として、キリスト教がマオリに受け入れられていく社会的、精神的な前提が、1830年代初めにできあがったのである。

ところが、改宗後の社会も矛盾に満ちたものであった。まず第一に、異なる宗派による信者獲得競争がある。同じイエス・キリストを神としながら、対立しあう宣教師団にマオリは戸惑うばかりであった。

第二に、一方で愛や平和、正義を説き、殺人行為の非道さを諫めた宣教師が、マオリの集団間戦争の調停者としては全く役に立たなかった。なかにはマスケット銃の売買に携わる宣教師もあり、戦争を黙認していたため、マオリの不信感はつのっていった。

第三に、マオリに広まった伝染病の猛威はとどまる所を知らず、宣教師団のわずかな薬はまったく意味をなさなかった。

第四に、宣教師がマオリの土地収奪の後押しをし、さらに、宣教師自身が土地投機師に変身していったことである。入植者の増加にともなって、マオリの土地が巧妙に買収されていったが、その手助けをしたのがマオリの首長に知己を持ち、マオリ語を操ることができる宣教師であった。

このためマオリ指導者のひとりは1903年、立法府議会における演説で、「白人がこの島に来たとき、最初にマオリに教えたことはキリスト教であった。……牧師はマオリに空を見上げ、祈るよう教えた。そしてマオリが空を見上げている間に、白人は我々の土地を取り上げてしまった」と批判している［King 1982：173］。現代においても、「宣教師団が聖書を携えてやってくる前までは、マオリは土地を持っていた。今やそれはあべこべである。マオリが聖書をもち、そして宣教師団が土地を持っている」と、非難は続いている［Harawira 1986：27-28］。

こうした混迷からの救いとして新たな展開をみせたのが、次節で述べるマオリの千年王国運動である。

2．旧約聖書が果たした役割

宣教師がもたらしたものとは、言うまでもなくキリスト教であるが、マオリの人々により深い影響を与えたものに聖書がある。ある意味では、キリスト教という宗教よりも、聖書の物語の方がマオリに浸透していった。とりわけ旧約聖書に描かれたユダヤ人をめぐる言説は、マオリの心に訴えるものがあった。

宣教師はマオリとの「接触」のごく早い時期から、ヘブライ語とマオリ語の類似性を指摘するなど、マオリをイスラエルの「失われた民」の子孫と位置づけるようになった［Elsmore 1985：63-65］。サミュエル・マースデン自身、1819年に、「私はいつしか、マオリの迷信や慣習から、彼らが離散したユダヤ人たちの子孫ではないかと、考えるようになった」と述べている［Hill 1994：296］。旧約聖書がマオリ語に全訳され、出版されたのは

1858年（新約聖書は1837年）のことであったが、宣教師の説教に旧約聖書は頻繁に登場し、旧約聖書の物語は急速にマオリに広まった。そこに登場する詳細なユダヤの系譜とマオリの系譜の伝承との親近性が語られ、洗礼名にはアブラハム、サミュエルなどが選ばれた［Elsmore 1985：68］。またニュージーランドに入植したユダヤ人からも、ユダヤ教をめぐる知識がマオリに伝わった［Elsmore 1985：70］。

こうした情報とあいまって、マオリにとっての「神」のイメージは、イエス・キリストよりも旧約聖書のエホバ、「イスラエルの神」の方が親しいものとなっていった。そして、マオリが実際に次々とパケハに土地を奪われ追われていく過程で、祖国の地を失ったユダヤ民族との一体感がマオリの側からも高まっていった。虐げられし者は虐げられればこそ、神から「選ばれし者」という意識を共有するのである。くわえて、次節で明らかなように、千年王国運動の指導者は、みな運動のなかでユダヤ教を重視し、ユダヤ人の運命とマオリの状況を重ね合わせるかのようなイメージを強調していることも重要な点である。

文字を持たなかったマオリが、初めて文字化され、文章化された自分の言葉を目にしたのが聖書であった。言い換えれば、読み物はキリスト教関係のものに限られていた。聖書は「神」に通じる媒介物であり、絶対的に不足していた宣教師や説教を補うものであった。マオリは口承伝承のマオリ神話に代わって、聖書に夢中になったのである。マオリは、もともと詩的な表現を好んでいたため、象徴的なレトリックに満ちた聖書は魅力的な読み物であった。時を移さずして、マラエ（*marae*：集会場）で開かれるフイ（*hui*：集会）で長老たちが行う演説に、聖書からの引用が頻繁に使われるようになっていった。そして千年王国運動の指導者は、みな聖書の愛読者であり、イエス・キリストよりも聖書に頼むところが多かったことは示唆的である。

第2節　マオリの千年王国運動――19世紀の場合

マオリがキリスト教を受容するにつれ、預言者による、キリスト教と「伝統的な」宗教を混合させた、いわゆる千年王国運動的な宗教的再活性化運動が次々と興った。それはキリスト教を含むパケハ勢力に対する抵抗運動のひとつの形であった(3)。ここでは19世紀に興ったマオリの主な千年王国運動について述べたい。

1. パパフリヒア

記録に残っているマオリの最初の預言者は、パパフリヒア（Papahurihia）である［Binney 1966］［Elsmore 1985］［Lyons 1975］［Mol 1982］［Parr 1967］［Phillipps 1966］［Wilson 1965］。パパフリヒアは宣教師団が早くから活動していた北島北部のホキアンガ（Hokianga）において、１８３３年頃から新しい宗教的儀礼活動を開始した。それは彼がメソディスト派宣教師から習ったキリスト教の要素と、マオリの「伝統的な」宗教の要素を結びつけたものであった。

パパフリヒアは礼拝式を行い、洗礼を施し、聖書の教えを説いた。その礼拝式はあたかも降霊術の会のように、夜、神秘的に開かれた。彼は自らを「燃える炎の神（*Te Atua Wera*）」と称し、生と死を司るナカヒ（*Nakahi*）という蛇神を守護霊として降霊術の場でさまざまな預言をなした。

またパパフリヒアは、信者を「フライ（*Hurai*：ユダヤ人）」と呼び、安息日をユダヤ教と同じ土曜日に定めた。さらに彼は自分たちの状況をユダヤ人の失地と放浪の伝説に重ね合わせ、自分たちを古代から真実の宗教をもち続けた者であり、神に選ばれ神の国に導かれる者と位置づけている。そして善良な者だけが行ける神の国について、以下のように預言している。

「この世の終末の後、再生された新しい世界には寒さや飢え、渇きの苦しさもなく、永遠の光が輝き、小麦粉や砂糖、鉄砲、船などあらゆるパケハの物資が豊富に手に入る。そこはまた、殺人もあるが官能の喜びに満ちた国である。ナカヒを悪く言う異教徒の宣教師はそこに入れず、悪魔の炎の燃えさかる地獄へ落ちる」と。

そしてパパフリヒアは約10年間、預言者として活躍した後に、「伝統的な」宗教的職能者（トフンガ）に回帰したという。

彼は急激な社会変動のストレスにあえぐ人々に救いの預言をし、苦しみを和らげ、パケハに対する抵抗の精神的（信仰上の）支柱を与えた最初のマオリの預言者である。また、ユダヤ人（ユダヤ教）との深い関連を示唆する考え方や儀礼体系は、パパフリヒア以降の預言者にも受け継がれていく重要なモチーフであった。

2．パイ・マリレ

パイ・マリレ（Pai Marire）は、土地戦争（１８６０～81年）が最悪の局面を迎えていたタラナキ（Taranaki）地方において、テ・ウア・ハウメネ（Te Ua Haumene）が起こした千年王国運動である［Baggage 1937］［Clark 1975］［Lyons 1975］［Mol 1982］［Stokes 1980］。パケハはこれをハウハウ（The Hauhau Movement）と呼んだ。これはパイ・マリレが「ハウ（*hau*）」という呪文を唱えていたことに由来する。土地戦争と結びついた過激な狂信的性格のため、「ハウハウ」という言葉はパケハの間で、マオリの凶暴性や恐ろしさを表現する蔑称として使われた。この宗教運動はマオリとパケハの双方から、初めて全国的規模の注目を集めたマオリの千年王国運動である。

１８６２年、メソディスト派キリスト教の信者であったテ・ウア・ハウメネは、大天使ガブリエル（Gabriel）の天啓を受けた。彼はガブリエルの命じるまま、病気を治療し、パケハの船を難破させるなど、さまざまな奇跡をなし、しだいに多くの人々を引きつけていったという。彼はパイ・マリレ（善と平和）を基調とし、最初はその宗教活動も平和的であった。

ところが、まさにパケハとマオリの武力衝突が起きている場所で生まれたパイ・マリレは、徐々に政治的・軍事的なものに発展し、土地戦争を激化させる火種となった。１８６４年に入ると、土地戦争に加わっているマオリの多くは敵の宗教であるキリスト教を捨て、パイ・マリレの信者となっていった［Baggage 1937：38-39］。

土地戦争のさなか、パケハの一部隊を破ったパイ・マリレは、パケハの将校の頭蓋骨を儀礼に用いた。この勝利によって預言者としての格を上げたテ・ウア・ハウメネは、その頭蓋骨を媒介としてエホバ（Jehovah）と交霊した。この頭蓋骨はパイ・マリレと神との聖約の象徴として、北島の集団から集団へと引き渡されていった［Lyons 1975：59-60］。

パイ・マリレに特徴的な儀礼は呪文をリズミカルに唱えながら、両手を挙げて柱をぐるぐると回るものであった。この柱は聖なる象徴であり神との交流を可能とする媒介であり、マオリの十字架であるとされた。この儀礼は精神を高揚させ、恍惚状態へ導く神秘的・熱狂的なものであった。祈りの言葉の最後に言われる「ハウ！」は風神をさし、天国や柱からエホバの神意を伝えるとされた［Baggage 1937：30-31］［Lyons 1975：63］。

テ・ウア・ハウメネは、次のような預言をしている［Baggage 1937：33, 36］［Lyons 1975：60］。

「パイ・マリレの信者であるマオリはユダヤ人と同じくセム（Shem）の子孫であり、神エホバに選ばれた特別な民である。一般のパケハはヤペテ（Japheth）の子孫であり、その神がイエスである。テ・ウア・ハウメネは新しいモーセ（Moses）であり、弟子や信者は『テウ（*Teu*）：ユダヤ人』と呼ばれた。ユダヤ人が異邦人から迫害されたように、現在、マオリがパケハから迫害されている。ニュージーランドは新しいカナンの地であり、モーセがシナイ山から人々に語ったように、エホバが柱の先端から語りかける。」

そして、エホバや大天使の軍団の助けを得て、すべてのパケハは海に放逐され永久に追放されて、この世の終末が訪れ千年王国が建てられる。そこは平和の国であり、マオリの死者が復活し、預言者モーセ（＝テ・ウア・ハウメネ）の奇跡によってすべての病気や障害はなくなる。パケハが享受していた科学や技術、文字は、大天使がマオリに教えてくれるのである。

パイ・マリレに対する熱狂的な信仰は、「ハパ！　ハパ！　パイ・マリレ、ハウ！（*Hapa! Hapa! Pai Marire, Hau!*）」という呪文を唱えながら右手を挙げて突撃すれば、敵の弾丸には当たらず不死身であるという確信を生んだ。そして無鉄砲な戦闘を繰り返し、たとえ戦死者が出て敗北しても、その戦士の未熟さ故であるとされた［Baggage 1937：34］。

１８６５年には、一部の過激派がオポティキ（Opotiki）でパケハの牧師を惨殺する事件が起き、パイ・マリレに対する弾圧も厳しさを増した［Baggage 1937：47-53］。この事件では、居合わせたパケハがユダヤ人であるという理由だけで殺害を免れたことも特筆される。翌１８６６年にはテ・ウア・ハウメネが逮捕され、パイ・マリレの信者は離散した。

急激に武力反乱の度合いを強め政治的な影響力も強かったこの運動は、徹底した反パケハ・反キリスト教を軸とし、抑圧からの解放をめざす民族主義的な宗教運動であった。テ・ウア・ハウメネはモーセ5書を教義の模範とし、ユダヤ教に傾倒しており、「ユダヤ人＝マオリ＝神の選民」と考え、パケハの追放が千年王国の到来につながると信者に認識させた。それが土地戦争を「聖戦」化させ、熱狂的信仰の原動力となったのである。

パイ・マリレはあまりにも急激に成長し過激化したため、運動の狂信的性格や残虐性が表立っているが、テ・ウア・ハウメネが生み出した宗教体系には興味深いものが多い。大天使ガブリエル、エホバ、モーセといった神々と、風神ハウというマオリの「伝統的な」神々を縦横に結びつけたこと、柱を回る儀礼における宗教的高揚感、白人追放によって樹立される平和や科学、物資に満ちた現世天国などは、千年王国的運動に欠かせない要素であろう。

3. テ・フィティによるパリハカ村の運動

テ・フィティ・オ・ロンゴマイ（Te Whiti O Rongomai）はタラナキ地方タラナキ山のふもとで、首長の息子として生まれた。彼はマオリの慣習や伝承に深い愛着をもって育ったという［Gadd 1966］［Lyons 1975］［Scott 1975］。そしてルーテル派の宣教師団へ行き、西欧文明やキリスト教に接した。そこで彼は聖書に没頭し、教会や学校で助手を務め、宣教師団の製粉工場の管理を受け持った。

しかし1860年代の土地戦争以降、パケハによる土地没収の非道さや宣教師団に対する幻滅から、テ・フィティはパイ・マリレに約1年間参加した。この頃から義理の兄弟のトフ（Tohu）はテ・フィティに付き従い、その宗教運動を助けた。

1866年、テ・フィティたちはパリハカ（Parihaka）村において、聖書の教えと神の意志を信じ、それを実行するならばマオリは救済されると説き、神の国の到来を預言して宗教活動を繰り広げた。

彼は聖書による純粋なキリスト教の教えと、自分たちの伝承や慣習を縒り合わせて、新しいマオリのキリスト教を生み出した。彼自身は神と信者との間をつなぐ媒介者的存在であり、信者を守る者であるとして、神への信仰を基本に据えた。神は全知全能、世界の秩序であり、神意に背いては何事も起こりえず、存在しない。したがってマオリの受難も神の計画の一部であるから、平和的手段でこの困難を乗り越えれば、神の国に到達できるだろうとした。そこでパケハに対する抵抗も、非暴力的・平和的な抵抗を貫いた。戦闘や暴力は神意に反するものとされ、戦う相手はパケハではなく、不正や悪徳、悪魔であると考えられた。

テ・フィティも自分たちを「ユダヤ人＝神の選民」と同一視し、カナンの地からやって来た者であるとしている。テ・フィティ自身はエホバの神命による「平和の王」であると預言された。失地回復後の千年王国についての預言では、善良なパケハはそこで共に暮らすが、もはやマオリがパケハの劣位におかれることはなく、パケハはその知識をマオリに教える者だという［Lyons 1975：64］。

また、テ・フィティはパリハカ村を、神の教えと伝統的なマオリの道徳にパケハの文明の長所を結びつけた理想郷的コミュニティとした。神の教えを守ること、正直、勤勉、清潔、親切、平和な生活などが信者に求められ、モラルが非常に重視された。パケハの文明のうち、人々に恩恵をもたらすもの――科学技術（農業技術）、家、道路、水道――は受け入れたが、害を及ぼすもの――酒、合理主義、貪欲さ、堕落、パケハの学校――は取り入れなかった。パリハカ村ではふたりの指導者の意志と権威が法であり、善行への指標であった。神意の代弁者、預言者である彼らと彼らが創り出した秩序は絶対であり、パリハカ村は世俗的にも宗教的にも自治的なコミュニティを形成した［Lyons 1975：68-69, 71］。

パリハカ村における宗教活動を象徴するものは、標章であるラウクラ（*raukura*：羽毛、財）、聖書、集会の３つであった。ラウクラはアホウドリの３枚の白い羽根で作られ、それぞれが神の栄光、地の平和、人類愛を示し、聖書は神の御言葉を現す重要な媒体であった。集会は特別な日とされる毎月17日に開かれ、饗宴（共食）や踊り、およびテ・フィティたちの説教、信者による詠唱など、さまざまな儀礼が行われた［Lyons 1975：65］。

1880～81年になるとテ・フィティたちの運動は全盛期を迎え、集会に集まるマオリの数は2000人とも4000人ともいわれた。このため、その影響力を恐れた植民地政府は、1881年、土地の不法占拠を理由に軍隊を出動させた。この軍隊もパリハカ村のマオリは平和的に迎え入れたが、テ・フィティとトフは逮捕され、南島に留置された。1883年、釈放されたふたりはパリハカ村に戻り運動を再開したが、やがて運動は分裂し、しだいに下火になっていった［Scott 1975：88-109, 135-143］。

パイ・マリレが非常に戦闘的な性格をもち、北島中部に広がっていたのと対照的に、テ・フィティたちの宗教運動は徹底した非暴力・不服従の運動であり、パリハカ村というひとつのコミュニティに凝縮された千年王国的運動である。

混乱した価値観と社会情勢のなかで、救済の希望と徳に満ちたパリハカ村は一種のユートピアであったが、新しい秩序を描いて信者に精神的安定を与えた意味は大きい。パリハカ村の自治と自給自足体制は、安定した日常生活を呼び戻し、パケハとの戦いに破れ、打ちひしがれていたマオリに自尊心を回復させたのである。さらに、彼らは侵入してくる新たな文明のエッセンスだけを必要に応じて取り入れ、主体はあくまでマオリの「伝統的な」ものを維持していこうと努めていたことが特筆される。

4．リンガトゥ

預言者テ・コーティ・リキランギ（Te Kooti Rikirangi）は、1866年、ポヴァティー（Poverty）湾において、パイ・マリレ教徒との共謀という無実の罪で逮捕され、チャタム（Chatham）島に流刑になった。テ・コーティはキリスト教徒であったが、捕囚の間に聖書を読み、彼独自の信仰と解釈をもつに至った。彼の宗教活動はリンガトゥ（*Ringatu*：ringa は手、tu は上方を意味する）と呼ばれる。その名は祈りのときに手を挙げる動作からの命名である［Greenwood 1942］。

テ・コーティは自分の捕囚をユダヤ人のそれと重ね合わせ、ニュージーランドをシオン（Zion）の地とみなし、近いうちに彼らを解放する救済の箱船が現れると預言した。そして１８６８年、実際に貨物船を奪って脱獄し、ポヴァティー湾に上陸した。

上陸の４ヵ月後、彼は「ポヴァティー湾の虐殺」として知られる戦闘を指揮し、続く約2年間、各地でパケハに対するゲリラ戦を展開した。そのかたわら、彼は聖書を自己の体験に照らして解釈し、信者に聖書の真の意味を説き、パイ・マリレ的なものを捨てるよう諭した。また、彼は信仰療法における病気治しに秀でており、それは彼がもつ神の力を示すものとされた。テ・コーティは政府から首に懸賞金をかけられたが、１８７２年に半ば治外法権領域と化していたキング・カントリー(4)へ逃げ込み、最終的に特赦が出た１８８３年までをここで過ごした。

テ・コーティはイギリス国教会を「親教会（parent church）」と考えていたが、子どもを宣教師団学校には行かせなかった。マオリにはマオリの生活や習慣があり、それを大事にするべきであるように、マオリにはマオリのキリスト教＝リンガトゥがあり、子どもはそれを学ぶべきだと考えたからである［Greenwood 1942：36-37］。

テ・コーティが１８９３年に死亡した後もリンガトゥ教徒はテ・コーティの解釈による聖書の教えを教義とし、彼が定めたマオリの「伝統的な」儀礼・慣習の枠組のなかでのリンガトゥの儀礼や礼拝式を遂行した［Greenwood 1942：38-48］。

リンガトゥは教会という礼拝場、有給の祭司、法衣、成文化された信条規約や教義などを持っていない。儀礼や礼拝式は由緒あるマラエ（集会場）で行われた。毎週土曜日と毎月12日に礼拝が開かれるほか、1月1日と7月1日に新年の祝祭、農作物の植付け前の6月1日には農作物の成長に対する神の加護と豊作を祈る祭り、収穫期の11月か12月の1日には収穫感謝祭が行われた。毎月12日の礼拝の根拠は、聖書によれば12使徒、12支族のように、12は聖なる数であるためだという。

こうした儀礼にはリンガトゥ教徒の家族全員が泊まりがけで参加し、礼拝式と同時に共食や古くからの歌の詠唱などが行われ、マラエで行われる集会の形をとっていた。ここではしばしば病人に対する病気平癒の祈りも行われた。これらを指揮し礼拝を司る祭司の名称は、「伝統的な」宗教的職能者をさすトフンガが用いられた。

そして、1938年、リンガトゥは正式にリンガトゥ教会として再スタートをきった。トフンガと会衆との仲介役を果たす長老ポウティカンガ（*poutikanga*）などの役員が選出され、トフンガの構造や役割が定められた［Greenwood 1942：50, 53-54］。

以上がテ・コーティの興したリンガトゥ教のあらましである。テ・コーティは宣教師団から習ったイエス・キリストの教えよりも、彼自身が読みとった聖書の言葉を父なる神エホバからの教えとして受け入れ、信者に説いた。彼の預言には千年王国に関する明確なものはないが、彼に続く預言者について述べたものがある。すなわち、テ・コーティは自分が誕生させた宗教運動を引き継ぎ、完成してくれる第二の預言者の到来について預言しているのだ。その預言者はマオリかもしれないし、パケハかもしれないこと、彼が現れるときには東の空に星が輝くだろうこと、また、彼が現れる大体の場所などについて語っている。現在、この預言者は後述するラタナ（Ratana）のことを指していたと考えられている。

テ・コーティの教えにはマオリの伝統保持の重要性を説く場面はあるものの、現実的な面をもつ。テ・コーティのこうした現実路線が、ある意味ではリンガトゥを組織だった教会へと発展させ、「マオリのキリスト教」

として開花させたともいえるだろう。キリスト教を受け入れながらも、やはり儀礼という表現的行為の様式においては、マオリの「伝統的な」儀礼や慣習にしたがっている点が興味深い。

第3節　マオリの新宗教運動――20世紀の場合

20世紀に入ってからも、キリスト教の影響を受けた新宗教がいくつか新たに興っている。その主な例はルア・ミハイア（Rua Mihaia）(5)によるものとラタナ教（Ratana Church）であるが、ここではラタナについて言及する。なぜならラタナ教は、現代においてもマオリのキリスト教として一定の影響力をもっているからである。

1．ラタナ教①――癒しの神ラタナ

1918年、テタフポティキ・ラタナ（Tetahupotiki Ratana）は聖霊から迷えるマオリを導き、救済するよう天啓を受けた〔青柳 1989〕〔Bres 1985〕〔Elsmore 1989〕〔Henderson 1972〕〔Raureti 1978〕。当時、マオリは悪性インフルエンザ流行にみまわれ、多くの死者を出し、第一次世界大戦後の混乱した社会のなかにあった。そこに新たな神の使いが出現したため、多くのマオリは彼に救いを求めて集まった。

彼は息子の足の病気を祈りによって治したのをはじめ、病気治しで数々の奇跡をなしたといわれ、その信仰療法を受けに来る信者の数が増えていった。ラタナは「マテ・マオリ（mate Maori：マオリの病）」は、マオリの手段によってのみ治すことが可能であるとしていた。リューマチ、盲目、心臓病、足の麻痺などの病気が神の力に

よっていやされ、ラタナの室内には、回復した患者が不要となり残していった松葉杖、眼鏡、杖などが山積みになったという［青柳 1989：3-5］。

ラタナは神のお告げから3年後の1921年には、当時のマオリ人口の3分の1にあたる約2万人の信者を獲得した。ラタナの住んでいた集落は、治療が終わっても留まる信者が増えたため、拡張されて、「ラタナの村（Ratana pa）」と呼ばれた。当時のマオリにとって、親族に囲まれた故郷の地を離れるということは非常に大きな決断であったが、やがてさまざまな集団から来た人たちがここでともに暮らすようになった。こうしてラタナの宗教運動は、古くからの「部族」集団という枠を超えて、1地方1集団にとどまらず、幅広いマオリの帰依を得た初めての「マオリのキリスト教」となった。

ラタナの宗教体系は聖書を手本とし、大筋ではキリスト教に沿っていたが、彼自身を「マンガイ（*mangai*：口）」、すなわち神の代弁者として位置づけ、「忠実なる天使（faithful angel）」の助けを得てマオリの救済を説いた[6]。こうした「マンガイ」や「忠実なる天使」の強調は、当初ラタナに好意的であった既存のキリスト教会の反発を生み、攻撃の対象となった。そのため1925年には、マオリ独自の教会としてラタナ教会を設立する運びとなった。

またラタナは、それまでの預言者とは異なり、マオリのいわゆる「伝統的な」文化を排除しているのが非常に特徴的である。とりわけ昔からの宗教的職能者であるトフンガにまつわることは、厳しく排除された［青柳 1989：23-26］。マオリは古くから超自然的存在が病を引き起こすと認識していたが、ラタナはそうした超自然的存在を操るトフンガもろともに捨て去り、悪霊を追放する新たな信仰を得ることによって、病気から解放されると考えた。同時にラタナは、教会や集会場に、マオリになじみ深い独特の木彫や装飾も用いなかった。それはマオリの古い神々の象徴だからである。その代わり「テンプル（temple）」と呼ばれるラタナ教会は、色彩豊富で星や月を配したシンボリズムに満ちている。また、彼はマオリの昔からの歌や踊りには関心を示さず、「ラタナ・バンド（Ratana Band）」という西洋音楽を奏でる吹奏楽の音楽隊をつくった。ラタナ・バンドは各地を巡業し、さまざまな行事に参加するようになっていった。

2．ラタナ教②――政治の世界へ

ラタナは、宗教的活動だけではマオリの苦悩の解決のためには不十分であるとして、やがて政治の世界に進出していった。彼はそれまでのように信仰療法に熱心ではなくなり、「片手に聖書、片手にワイタンギ条約[7]」といわれるように、政治活動に関心を移した。社会的、経済的、文化的にも抑圧されたマオリを根本から救済し解放するために、祈りだけではなく、政治的手段を求めたのである。

こうして信者集団を背景に、ラタナ教徒は1932年に初議席を獲得し、1943年から63年の20年間、マオリ特別選挙区の4議席を独占した。とくに1935年に労働党政権が誕生すると、労働党を支援してきたラタナ教徒議員は与党ともなった。こうして力を得たラタナ教徒議員はマオリの生活向上をめざし、住宅改善や年金・失業手当の増額などを実現させた[8]。

1939年にラタナが亡くなった後、息子がラタナ教の教主を継いだ。彼もその後の教主たちも信仰療法は特に行っていない。

3．ラタナ教③――現代のラタナ教会

1920年代の全盛期に比べてかなり減少したとはいえ、ラタナ教徒はマオリ人口のなかでアングリカン、カトリックに次ぐ信者数を占めており（9％、2001年統計資料）、ラタナ教徒の集住するラタナ村も存

続している。ラタナ教徒の大多数はマオリであり、そのことはラタナ教における宗教的環境がマオリタンガ（*Maoritanga*：マオリらしさ）そのものとなることを意味している［Henare 1996：125］。人生における宗教的側面、精神世界はパケハと共有できないと考える一部のマオリにとって、それは重要な安らぎとなっている。

さまざまなマオリ関連政党の誕生にともない、ラタナ教徒の政治家が活躍する場面は減ったものの、政治とラタナ教との結びつきは今もなお深い。政治家たちはマオリ票を獲得するためにラタナ村詣でを欠かせない。ラタナ村で開かれるラタナ誕生祭には有力政治家が集まるほか、マオリの政治に関わる重要な発表がラタナ村でなされることも多々ある。

第４節　現代のキリスト教会とマオリ

本節では、ニュージーランドにおけるキリスト教の主要な宗派であるアングリカン、メソディスト、カトリックにおけるマオリの教会活動、および、20世紀後半、都市化が進んだマオリに急速に浸透した新興キリスト教勢力について述べたい。

ニュージーランドにやってきた宣教師は当初、マオリに対する布教や福音伝道を意図したものであったが、19世紀末、パケハ入植者の激増とマオリ人口の激減[9]にともない、その教会活動はパケハのためのものとなっていった。社会全体における立場と同じように、マオリのキリスト教徒は、教会においても周縁的な位置づけを余儀なくされていった。マオリのキリスト教徒にとって、教会を舞台とした宗教生活はコミュニティ生活の主要な一部であった。それにもかかわらず、当時のマオリにとってキリスト教会は「パケハ教会」であり、居心地の悪さをともなっていたのである［Henare 1996：124-125］。

長い間、政府の同化政策は教会の方針に影響を与えてきたため、20世紀の初頭から今日にいたるまで、マオリのキリスト教会関係者は、各宗派におけるマオリの教会組織の設立のために闘ってきたといっても過言ではない。そしてそれが実現したのは、つい最近のことである。１９８２年には、マオリのキリスト教会関係者が集まり「マオリの全キリスト教会組織」（*Te Runanga Whakawhanaunga i Nga Hahi o Aotearoa*）を新たに設立し、横の連帯を強調した。彼らにとってマオリタンガの充実とキリスト教の発展は、教会を主人公とした同じ道程の側面なのである。

２００１年の統計によれば、マオリの総人口に占める割合はアングリカンが15％、カトリックが14％、プレスビタリアンが４％、モルモンが４％、メソディストが３％、ペンテコステ派が２％であり、マオリ独自のキリスト教も含め、宗派を問わず「キリスト教徒」と答えた者は63％にいたっている（**〈グラフ１〉**参照）。しかし全体として、既成大教団の信者は減少傾向にある。一方、新興小教団信者はわずかながら増加傾向にあり、無宗教と答える者は激増している（**〈表１〉**参照）。

１．アングリカン（イギリス国教会）

アングリカンでは19世紀の末から、宗教会議においてマオリの宗教的指導者を任命するか否かが議題となっていた。アングリカンの神学校では１８３３年からマオリの聖職者を養成していたが、マオリを副主教（suffragan bishop）に任命することは教会としての一体感を損なうとして否決された。

〈グラフ 1〉マオリの宗教別人口割合（2001 年）

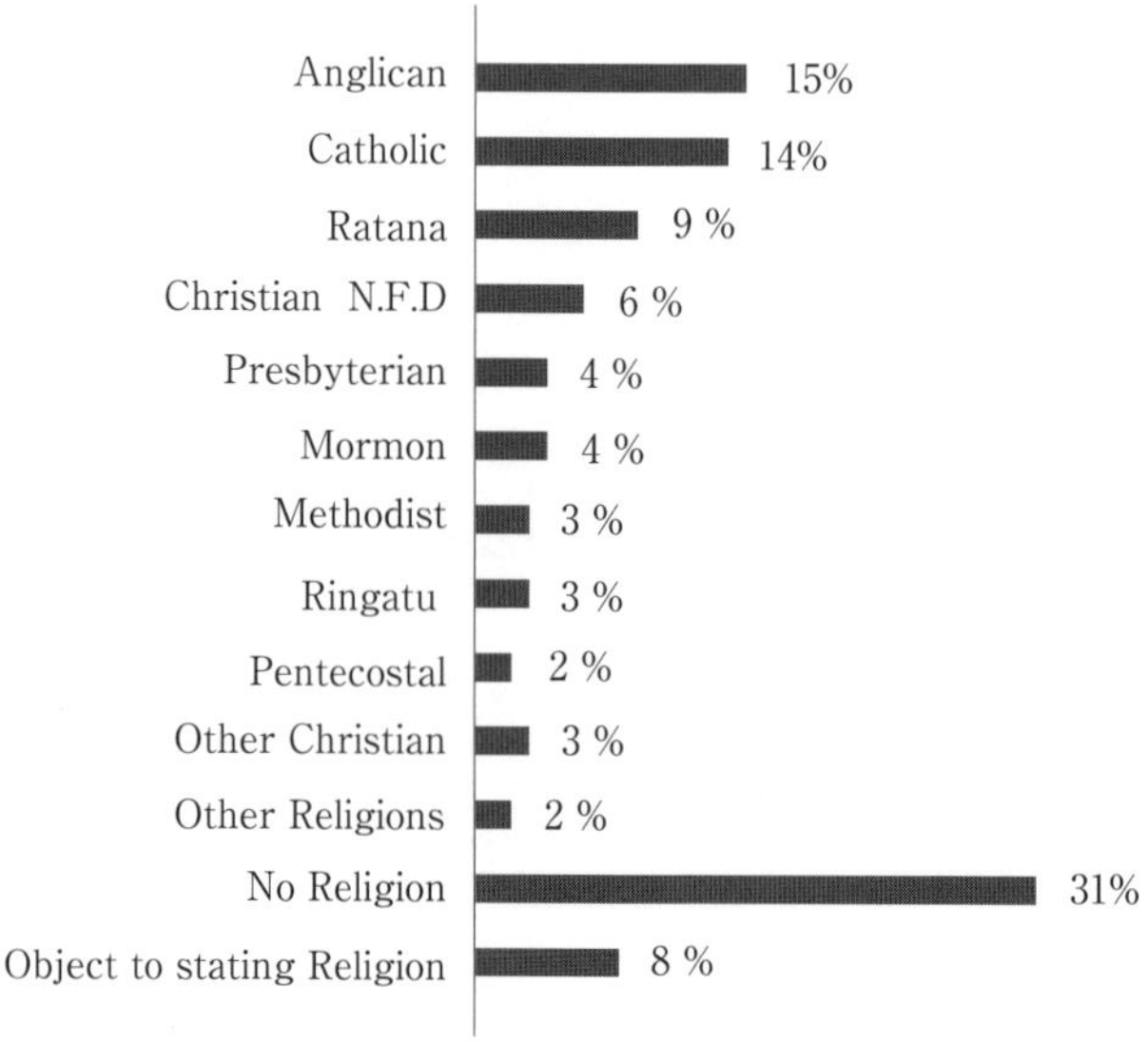

Statistics New Zealand, 2001, *2001 Census: National Summary*, Table 16a より筆者作成。[10]

〈表 1〉マオリの既成大教団信者の割合（1951 ～ 2001 年）

単位：%

	1951	1961	1971	1981	1996	2001
Anglican	32.3	30.6	26.2	21	15.6	15.1
Roman Catholic	14.7	17.1	17.1	15	13.3	13.9
Methodist	7.4	7.6	7.1	*	3.4	3.3
Others	4.8	5.2	12	*	*	*
No religion	0.5	0.5	1.1	*	25.1	30.7

＊は不明。［Mol, H. 1985, *The Fixed and the Fickle*, p.42, Table 1］［Henare, M., 1996, “Christianity: Maori Churches”, p.125.］［Statistics New Zealand 1997a, *Census 96 Maori*, pp.70-75, Table 15］［Statistics New Zealand 2001, *2001 Census: National Summary*, Table 16a］より筆者作成。

1925年の宗教会議において、マオリのためのアオテアロア管区（Diocese of Aotearoa）が承認されたが、実際にはすべての主教（bishop）の同意が必要とされていたため、実現されなかった。そしてアオテアロア管区にパケハの主教が任命されたため、アピラナ・ンガタをはじめ多くのマオリはこれに反対した。[11] 1928年の宗教会議で妥協が図られ、アオテアロア管区の主教かつ既成の管区の副主教にマオリが任命されたが、その地位の権威や財源は非常に限られていた。また既成の管区が障壁となって、アオテアロア全体のマオリのアングリカンに対する宗教的な働きかけはほとんど不可能であった。

長いトンネルを抜け、マオリのアングリカンによって、新たにアオテアロア管区が組織されたのは1970年代のことであった。この頃、マオリの都市化が進み、復権運動の興隆にともない、さまざまな分野におけるマオリ独自のコントロールが叫ばれるようになった。教会においても、マオリの司祭による礼拝や、マオリだけの宗教的環境を望む声が高まっていったのである。1978年には「NZ マオリのアングリカン教会」（*Te Pihopatanga o Aotearoa*）が独自に創立され、宗教会議を組織し主教を分担するようになった。そしてこのマオリのアングリカン教会が、パケハのアングリカン宗教会議によって正式に承認されたのは1990年のことである。[12] マオリのアングリカン教会はようやく独自の裁量で、マオリのキリスト教の発展に専心することが可能となったのである。

2. メソディスト

マオリのメソディストのたどった歴史もアングリカンとほぼ同様である。マオリのメソディスト教会活動は、常にパケハのコントロールの下におかれた。1897年と1913年に、マオリ独自のメソディスト教会宗教会議の結成が試みられたが、パケハ側の強い抵抗にあい挫折した。1919年になると、マオリの牧師は地方の宗教会議と毎年開かれる定例会にのみ参加を許されたが、パケハ牧師の任命にかかわる投票権をもてなかった。メソディスト教会マオリ管区（Maori Division）が日の目を見たのは、1973年のことである。それ以来、メソディスト教会マオリ管区はマオリらしい教会生活や教会活動の実現に努めている。

3．カトリック

20世紀前半にいたるまで、マオリはカトリック教会に対しておよそ権限を持ち得なかった。そうしたなか、マオリが初めて司祭に任命されたのは1948年のことである。やがてマオリのカトリック信者は、教会内においてより自律した独自の組織運営を求めるようになった。

1983年、司教会議は「NZ マオリ司教会議」（*Te Runanga o te Hahi Katorika ki Aotearoa*）を創立し、マオリ司祭の任命などに関して一定の権限を持たせた。引き続きマオリ司祭は、マオリのカトリック信者に対する礼拝などに対して、より大きな権限を要求し続けた。この結果1988年には、マックス・タクイラ・マリウ（Max Takuira Mariu）が初のマオリ・カトリック司教に任命された。

現在マオリ・カトリック司教とマオリ司教会議は、マオリタンガと共存できるようなマオリ独自のカトリック信仰を高めるために、マオリ文化と神学が共鳴する部分を探っている。マオリのカトリック信者は、マオリタンガの器に沿ったカトリック信仰や宗教的精神を求めており、その普及が図られているのである［Blasoni 1985：62-63］。

4．マオリの都市化と新興キリスト教勢力の台頭

第二次世界大戦後の1960年代、ニュージーランド社会には大規模な都市化が起こった（〈表2〉参照）マオ

〈表 2〉マオリの農村居住者と都市居住者の割合（1945 ~ 2001 年）

単位：%

	1945	1966	1976	1991	1996	2001
農村部	74	38	24	18	17	16
都市部	26	62	76	82	83	84

［Pool, I., 1991, *Te Iwi Maori: A New Zealand Population Past, Present & Projected*. p.154, Table 7. 12］［"Indices of Urbanisation, 1945-66" & p.182, Table 8. 10］［"Indices of Urbanisation, 1966-76"］［Statistics New Zealand, 1997a, *Census 96 Maori*, p.24, Table 3］［Statistics New Zealand, 2001, *2001 Census Maori*, Table 8］より筆者作成。

リもその例外ではなく、多くのマオリが故郷を離れ、低廉な未熟練労働力を求める都市へと流れていった。

マオリにとって都市化は、同じ地縁血縁集団出身者に囲まれた昔ながらの環境からの激変を意味した。都市はパケハや異なるエスニック集団に囲まれて不慣れな賃金労働をこなす近代資本主義的な環境であった。都市にはマオリのコミュニティの中心であるマラエや、親族に代わる相互扶助の温かみのあるネットワークが不十分であったのである。

そのような都市化したマオリの疎外感を穴埋めする形で進展していったのが、キリスト教系の新興小教団である。ニュージーランド最大の都市であるオークランドの場合、マオリ人口の４人にひとりが住んでおり、オークランド人口にマオリが占める比率は11%を超えているが、オークランドにおける既成大教団の教会活動参加者にマオリが占める割合は２%に過ぎない［Martin 1991：35］。都市に居住するキリスト教主要宗派のマオリ信者は、その多くが「パケハの教会」には満足できず、名目上の信者となってしまっているのだ。

「（都市に出てからは）パケハと一緒に学校に行かなくてはならない。映画に行くのも、仕事場でも、パブでさえ奴等と一緒だ。息子がパケハの嫁さんをもらうのも仕方がない。だけど、パケハと一緒に神に祈るのだけはごめんだ。今後ともな」［Mol 1985：37-38］。

これは都市に居住するマオリのプロテスタント系信者に対するインタビューの一例であるが、既成の教会に対するマオリの意識を象徴している。

これに対して、さまざまな新興小教団はマオリがなじんできたファナウ（*whanau*：家族）の感覚に似せたアット・ホームな宗教環境を醸し出し、若年層からマオリに浸透していっている。[13] このような新興小教団の信者はマオリに限らず、パケハも巻き込んで発展しているが、既成大教団ほど民族間の緊張関係はみられない。むしろマオリもパケハも対等な一信者として、ともに宗教活動を行えるのが新興小教団の特徴である。故郷の生活においてファナウが担ってきた役割の一端を、新興小教団が果たしているのである。

最近では統計上にはあらわれないような数多くのミニ教団が、歌や踊りによる高揚した宗教的一体感や、手かざしに似た信仰療法を看板に、生まれては消えていっている。世界的に見ても、都市化とセクトの興隆には相関関係があると考えられるが、ニュージーランドもその例外ではない。このような都市化とともに急成長した新興小教団のなかから、マオリの信者が占める割合が過半数を超えているモルモン、およびペンテコステ派についてここでは言及したい。

(1) モルモン

ここで新興小教団の一例として、モルモン（Mormons：正確には The Church of Jesus Christ of Latter Day Saints）を取り上げるのは異論もあるだろう。なぜならニュージーランドにおけるモルモンの歴史は、19世紀半ばまでさかのぼることができるからである。

1854年の10月、アメリカ人とオーストラリア人のモルモン教宣教師がオークランドで布教を始めたが、マオリにもパケハにも受け入れられなかった。１８８０年代に入って初めて、モルモンは第二代マオリ王タフィアオ（Tawhiao）をとりまく長老のひとりを改宗させることに成功し、そのつてでオークス湾のンガティ・カフンガヌ（*Ngati Kahungaru*）集団に宣教師団の基礎をおいた。また、それとは別に北島北部のンガプヒ（*Ngapuhi*）集団の改宗にも一定の成功を収めた。１８８７年の段階でモルモンの信者は２５７３名を数え、そのうち２２４３名はマオリであった［Mol 1985：50-51］［The Booklet of the New Zealand Temple 1973］。

モルモンの書（The Book of Mormon）は１８８８年にはマオリ語に翻訳され、マオリの古くからの伝承との類似性が強調された。またモルモンの宣教師は、アメリカ大陸の先住民族と同様にマオリも祖先崇拝や勇猛さ、歌や踊りといった特徴を根拠として、イスラエルの失われた民レーマン人（Lamanites）の子孫と同一視した。こうした考え方は、19世紀に活躍したマオリの預言者たちに見られる「ユダヤ的なるもの」への偏向にも影響を与えた。しかしモルモンへの改宗は低調なまま、１９２６年においてモルモンの信者が人口に占める割合は、マオリでは５・４％、パケハでは０・０５％に過ぎなかった［Mol 1985：42, 77］。

モルモンがまったく新たな進展を見せ始めるのは、第二次世界大戦後のことである。アメリカ人の若いモルモン教宣教師が都市において活発な布教活動を行い、多くの若い信者を獲得したのである。新しい改宗者はモルモンの平等主義、助け合いの精神、清い生活、信仰心の篤さなどにひかれて改宗していった。モルモンはその家族的で宗教共同体的な生活に大きな特徴があった。都市におけるモルモンの組織だった信者集団の凝集力は、都市における匿名性と疎外された個人のなかで有効な緩衝剤として機能したのである。

モルモンの信者はおよそ10人単位でまとまって、教会活動への参加や興奮性飲料への禁欲などを相互に守りあう組織内部のチェック＆バランスシステムが確立しており、全体的な統合が図られている。またモルモンの信者は、友人の選択や、社会的活動、レクリエーションなどの活動におけるメンバーの選択をする際、同じモルモン

〈表 3〉モルモンの信者数と全体に占める割合の変化
（1926～2001 年）

	1926	1966	1971	1981	1991	1996	2001
信者数	4,060	25,564	29,785	37,431	48,009	41,166	39,912
%	0.002	1.0	1.0	1.2	1.4	1.2	1.2
マオリの信者数	3,461	12,179 *	17,301	※	※	23,202	21,093
%	5.4	7.2 *	7.6	7	※	4.4	4.3

*は 1961 年の統計。※は不明。［Mol, H. 1985, *The Fixed and the Fickle*, p.42, Table 1］［Brown, C. 1985, "The Charismatic Contribution," p.114.］［Donovan, P. 1996, "Zeal and Apathy: The Future", p.262, Table 18.1］［Statistics New Zealand, 1997a, *Census 96 Maori*, p.73, Table 15］［Statistics New Zealand, 1997b, *Census 96 National Summary,* p.37, Table 7］［Statistics New Zealand 2001, *2001 Census : National Summary*, Table 16］より作成。

教徒を選ぶ傾向にある。(14) 言い換えれば、モルモン教会があらゆる社会的生活の枠組みを信者に提供しているのである。

マオリがモルモンの信者に占める割合は過半数を超え、ニュージーランドに移住してきている太平洋島嶼民の信者をこれに加えると65％を超えるという〈表3〉参照）。したがってすでに見てきたような、既成大教団教会に見られる教会のマオリ支部《ブランチ》（マオリ司祭によるマオリらしい礼拝）が整っておらず、参加を躊躇する傾向があるという問題は、モルモンの信者の場合にはまったくあてはまらない。

ニュージーランド北島中央部に位置する都市ハミルトンにはモルモン教会の総本部があり、小高い丘に高々と白い大教会がそびえ立っている（**写真1**参照）。モルモン教徒はこの教会の周りを取り囲むように住んでおり、丘を中心とした地域一帯がモルモン教徒のコミュニティとなっている。彼らの一体感は強く、常に統制がとれている。

彼らが一致団結して、モルモン教の威信をアピールするのがクリスマスである。毎年、教会を中心とした家々がクリスマスのライトアップをし、キリスト生誕の劇を行い、賛美歌が捧げられ、丘全体が劇場化した形で、とてもにぎやかである。日常はモルモ

写真1　モルモン・テンプル　筆者撮影

ン教徒とはあまりつきあいがない者も、大挙してこのクリスマスショーを見に集まるのである。

　ではなぜモルモン教は、急速にマオリに広がったのであろうか。

　これにはふたつの理由が考えられる。まずモルモン教会が都市のマオリに対して、ファナウ組織に似た相互扶助のネットワークの役割を果たしているという点、そして第二には、ある種の宗教的な倫理があげられる［Mol 1985：53］。

　それはアメリカ人が持ち込んだ、新しい現代的な現世利益追求の価値観であり、マオリの文化にはないものであった。しかしニュージーランドの大多数を占めるパケハの功利主義的な商業的価値観（文化）には二の足を踏むマオリも、モルモン教によって導入されたそうした倫理には心を動かされた。マオリのモルモン信者は経済的な利益追求を臆せずに図ることが可能になり、かつパケハを中心とした主流派とも距離を置いている意識を持つことができた。マオリのいわばヨーロッパ消費文化、資本主義経済に対するアンビバレントな態度の解決法として、アメリカ出自のキリスト教団に対する帰依が生じたと考えられる。

(2) ペンテコステ派

ニュージーランドにおけるペンテコステ派（Pentecostal）の起源は１９２０年代である。初期のペンテコステ派の活動はイギリスとアメリカからの布教によるものであり、１９２５年にペンテコステ派教会として承認されている。それは１９５３年にエリム教会（Elim Church）と名前を変え、現在ではそれほどの勢いはない。

また、１９２７年にペンテコステ派のアッセンブリーズ・オブ・ゴッド（Assemblies of God in New Zealand）（以下ＡＯＢ）の集会が開かれ、同じくペンテコステ派の使徒教会（Apostolic Church）も同じ頃に活動を始めている。しかしペンテコステ派が急成長を遂げたのは、第二次世界大戦以降、都市化が進んでからである。オークランドやクライストチャーチ、ウェリントンなどの都市を舞台に、ペンテコステ派の分派が進んで多数のミニ教団が出現し、急速に信者を集めていった（**〈表４〉**参照）。

１９８１年における使徒教会の信者数４５０３人のうち１１０１人（24・5％）がマオリである［Brown 1985 : 101］ことからもわかるように、ペンテコステ派は都市域における若年層のマオリに急速に広がった。信者のほとんどが未婚者か、若い家族である。ペンテコステ派は都市的環境のなかに、非常に親密な宗教的時空間を現出し、自由で陶酔的な信仰表現を共有することによって、信仰で結びついた濃密な人間関係を生んだ。またＡＯＢは海外に派遣する伝道師を積極的に育て、多くの出版物を出し、宗教教育のプログラムを充実させる一方、現代的なメディアを駆使してその宗教活動を宣伝している。

都市化にともなうこのようなペンテコステ派のミニ教団の興隆については、さまざまな理由が考えられる。そ

〈表 4〉ペンテコステ派の信者数と占める割合の変化
（1966 ~ 2001 年）

	1966	1971	1976	1981	1991	1996	2001
Assemblies of God	2,028	3,599	5,581	12,528	17,226	17,520	*
%	0.1	0.1	0.2	0.4	0.5	0.5	*
Apostolic Church	1,841	2,361	2,693	4,503	6,804	8,913	*
%	0.1	0.1	0.1	0.1	0.2	0.3	*
Pentecostal	1,110	1,859	4,846	13,689	25,368	39,228	67,239
%	-	0.1	0.2	0.4	0.8	1.1	1.9
Indigenous Pentecostal	-	12	824	5,295	1,491	*	*
%	-	-	-	0.2	-	*	*
Church of Christ	610	1,085	835	681	4,839	4,233	3,270
%	-	0.1	-	-	0.1	0.1	0.1
Elim Church	169	101	259	1,263	2,355	3,018	*
%	-	-	-	-	0.1	0.1	*

* は不明。［Brown, C., 1985, "The Charismatic Contribution", p.101.］［Donovan, P., 1996, "Zeal and Apathy: The Future", p.262, Table 18.1］［Statistics New Zealand, 1997b, *Census 96 National Summary*, p.37, Table 7］［Statistics New Zealand, 2001, *2001 Census: National Summary*, Table 16］より筆者作成。

れらは硬直した既成大教団に比べてはるかに小回りがきき、都市に住み、経済的・社会的・文化的に周縁化された立場にある者たちのさまざまなニーズに応える間口の広さと柔軟性をもっているのである。

また、現代のマオリの若者たちは宗教に堅苦しい敬虔な典礼よりも、よりフランクで自由な信仰の表現を求めている。音楽を多用するペンテコステ派の礼拝における情緒的高揚や、四角張らない温かみのある雰囲気は、まさに演出されたものとはいえ、彼らの精神（好み）に沿ったものであった。そしてペンテコステ派のミニ教団のマオリ信者は、都市社会の中で非常に親密な関係を保ちながら、世俗的な相互扶助のネットワークを形成し、緊密なコミュニティ生活の基盤となった。とくにマオリの若者のなかには、非行から更生する手段として、こうした宗教コミュニティが援用される場合もあった。

さらに一部のペンテコステ派の宗教的リーダーのなかには、信仰療法（spiritual healing）を実践する者もあった。そういった信仰療法や「慈愛と心遣い（loving and caring）」の態度は、信者たちの濃密な宗教的体験となって信仰心を刺激した［Brown 1985：112］。

都市化が進んだ社会におけるセクトの興隆は、「宗教のフリーマーケット（spiritual supermarket）」状態と称されるが［Hill 1985：123］、ニュージーランドもまさにそういった様相を呈してきている。とりわけ都市において根無し草のようになっていったマオリは、新興小教団に対してより敏感に反応を示しているのである。

第5節　あるマオリ家族の宗教生活

ここでは現代のニュージーランド社会に生きる、あるマオリ一家の宗教生活をとりあげる。彼らの日々の暮らしのなかから浮かび上がる、キリスト教への思いや宗教観、マオリタンガとキリスト教との関わりなどを描くことによって、マオリにとってのキリスト教を考えてみたい（下記のすべて記述は１９９７年現在である）。

彼らは北島中央部のワイカト（Waikato）地方に所在する、田舎町Cに住んでいる。田舎町とはいってても車で

15分ほどの距離にH市（人口約13万）があり、C町に住む多くの者はH市に仕事に通っている。

そのマオリ家族の構成は、父A（64歳）、母B（65歳）と5人の成人した子どもである。子どもたちとは、既婚の長女D（43歳：同じC町在住、3児の母、小学校の校長）、離婚経験のある長男E（40歳：現在オーストラリア在住、別れたイギリス系オーストラリア人の妻との間に1児）、既婚の次女F（33歳：ウェリントン在住、2児の母）、未婚の次男G（32歳：オークランド在住）、未婚の三男I（31歳：H市在住）である。したがって、現在C町の家で暮らしているのは、父Aと母B、それに長女Dの次女である高校生の孫娘Jのみである（孫娘Jは週日だけ）。父Aの現在の仕事は公務員であり、マオリのなかでは比較的裕福な家庭といえ、子どもたちの教育程度も高い。

このマオリ家族の宗教生活の中心にあるのは、常に母Bである。母Bは生まれながらのカトリックで、熱心な信者である。とくに1989年に仕事（洋品小売業）をやめ、子どもや孫に手がかからなくなってからは教会活動を盛んに行っている。父Aはメソディストであったが、1953年にBと結婚するに際してカトリックに改宗した。

父Aの母方の祖母はキリスト教徒ではあったが、マオリの超自然的な世界観、信仰を自然な形で受け継いでおり、「伝統的な」信仰療法を行う能力のある人であった。祖母の家には癒しを求める人々が絶えず訪れていた。彼女の影響を強く受けて育ったAは、およそキリスト教には関心が薄かったそうである。Aは子どもの頃に日曜学校で遊んだ以外は、教会にはほとんど行ったことがなく、それはカトリックに改宗してからも現在に至るまで同じであった。メソディストであれカトリックであれ、彼にとっては「神への祈り」のために、わざわざ教会に行く必要はないようである。どこにいても「神」はそばにいて、祈りの言葉を伝えることができるという。

Aはマオリ語を流暢に話すことができ、マオリタンガは空気のように自然なもので、常に自分とともにある。

「神」は近くに存在するが、「教会」は敷居が高いという。

これに対して母Bは、常に子どもたちをしたがえて教会に出かけるようなタイプである。現在は同じ町に住む長女Dと一緒に、毎日曜日、欠かさずC町のカトリック教会に出かけている。それ以外にも週に1~2回、Bはカトリック教会を母胎とするさまざまな集会に出席している。

Bにとってカトリック教会は、「パケハ教会」を意味しないという。確かにカトリック教会のマオリ支部《ブランチ》があれば、それにこしたことはない。マオリの司教による礼拝は立ったり座ったりばかりの堅苦しさはなく、自然にマオリ語で賛美歌を詠唱することができ、和気あいあいとしている。その宗教的雰囲気は最高であり、楽しく、気持ちが落ち着く、という。BはH市でマオリのカトリック教会の礼拝が行われる日には、C町の教会ではなくそちらへ出席していた。

しかしそれでもカトリック教会であれば、そこにいる神は同じであり、パケハと一緒に祈ることに違和感はない。C町のカトリック教会にはカンボジア人やベトナム人、ポーランド人も来ており、すでにアングロサクソン・ケルト系のパケハだけのものではないとBはいう。

Bに、彼女にとってのマオリタンガとキリスト教の関係を尋ねた。

Bにとってマオリタンガとキリスト教は、齟齬をきたすようなものではない。何故ならマオリの「伝統的な」信仰の頂点にあったのはイオ（*Io*）という創造主である。[15] イオをキリストと考えれば、キリスト教は決してパケハ文化起源だけのものではなく、マオリにもなじみやすい信仰体系である。自分は生まれたときからマオリであり、かつカトリックであった。今やマオリの祖先や精霊たちもキリスト教の傘下にある。[16] それでも何かが起きれば、自分にとってはまずマオリタンガが重要である。マオリとしての自己があってはじめてキリスト教徒の自分があるという。

またBは、自分はカトリックでなければラタナ教徒になりたい。ラタナ教徒であればその信仰とマオリタンガが一枚岩となることができ、うらやましい、と付け加えた。

父Aと母Bにとって、これまでに起きた最大の宗教的な事件は、長男EのAOGへの改宗であった。Eは20歳の頃、H市で工務関係の仕事に就いていたが、あるトラブルに巻き込まれ、そこから立ち直るためにAOGの集会に顔を出すようになった。Eは歌が上手で、AOGの集会で人気者となり、しだいにAOGの宗教活動にのめりこんでいった。当時、EはAOGの集会では「神」が見え、感じることができると述べていた、という。父Aと母Bは激怒したが、Eはやがてカトリックからペンテコステ派AOGに改宗し、さらに「コングレゲーション・オブ・ゴッド（Congregation of God）」（以下COG、AOGの分派）に改宗した。そしてEはCOGの布教活動のため、オーストラリアへと旅立ってしまった。

長男Eは宗教的な直感をもった、信心深く感じやすい子であった、と母Bは述べている。長男Eは幼い頃から「今日、神とすれ違った」というような話を母Bにしばしばしていた、という。だがAOGやCOGは宗教的表現がおおげさで、およそキリスト教らしくない。キリスト教とはAOGやCOGの集会でしきりと見られるような「ハグ（hug）」ではなく、ひとりひとりが真摯に神と対峙し、心から祈ることである、と批判的である。ペンテコステ派の宗教集団は、都市の若いマオリの一時的なシェルターにはなりえても、そこには本当のキリスト教は育たないだろうという。

長男EがオーストラリアでCOGの布教活動をしている間に、三男Iが遊びに行き、IもCOGに改宗してしまった。しかしやがて、長男Eも三男Iもその派手な布教活動に疑念を抱くようになり、COGの活動からぬけていった。現在、EとIは自らを「キリスト教徒」と位置づけるが、どこの宗派にも属さない、としている。

また次女Fは、子供が生まれたらカトリックにするという約束で、アングリカンのマオリ男性と結婚した。次女Fは生まれた子供をマオリタンガに満ちた環境のなかで、マオリ語で育てようとしていたが、住んでいる地域にはカトリックのマオリ支部《ブランチ》はなく、アングリカンのマオリ支部《ブランチ》があった。そこで結局、生まれた子供はマオリ・アングリカンの洗礼を受けることになった。母Bはそのことを嘆きつつも、次女Fの家庭の円満のためなら仕方あるまい、と半分あきらめ顔である。次女F自身はカトリックのままであるが、日曜日にはマオリ・アングリカンの教会へ通うことが多くなっている。次女Fは母Bにそのことを話さないが、別な人から次女Fがアングリカン教会に出入りしていることを耳うちされ、複雑な思いでいるという。

母Bはカトリックの教会活動の一環として、H市とC町に居住する、主にマオリ女性のカトリック教徒を中心とした組織に属している。彼らは2週間に1回、月曜の夜にメンバーの誰かの家に集まって宗教的な会合を開く（参加者は約15名）。そこで話題になるのは前日の礼拝の説教や、司祭・信者の動向、うわさ話などである。また、その会合に特徴的なのは「ローザ・ミスティカ」（Rosa Mystica）の像である。ローザ・ミスティカは1947年にイタリアに出現した、奇跡の聖母マリアである［Flynn 1993：106-107］。このローザ・ミスティカの出現は80回以上、バチカンに報告されている。

ローザ・ミスティカは最初の出現の時には胸に3本、刀が刺さっており、涙を流しながら、「祈りなさい、悔い改めなさい、罪を贖いなさい」と語った。また2度目の出現の時には、胸に3本のバラを抱いていた。白いバラは祈り、赤いバラは償いと犠牲、金色（黄色）のバラは悔悟を象徴していた。そして聖職者の堕落を戒め、真

写真２　ローザ・ミスティカ像と母Ｂ　筆者撮影

の信者に救いをもたらしたという。

その３本のバラを抱いた聖母マリアの像（高さ約１メートル）が、この会合の時にメンバーの家から家へ回っていくのである。会合はまずローザ・ミスティカを安置し、祈りを捧げることから始まる。ローザ・ミスティカが家に来ている２週間はバラの花を飾り、ろうそくの火を灯し、祈りを捧げる。ローザ・ミスティカを家でもてなすことは名誉なこととされ、奇跡の聖母マリアによって、その家の者は幸福になり、健康を祝福されるという。筆者の調査中に、ちょうどその会合が母Ｂの家で開かれ、ローザ・ミスティカが回ってきた（**写真２**参照）。Ｂはしばしば夜更けまでローザ・ミスティカに祈りを捧げ、瞑想していた。

だが最近Ｃ町に巡回してきた若いカトリックの司祭は、このローザ・ミスティカを古い言い伝えであるとして、あまり歓迎しておらず、彼女たちは不満げであった。

ある日曜日に母Ｂに、教会の礼拝の内容を尋ねたところ、司祭の話は医者に見放された心臓病のカトリック教徒の少年が、祈りを捧げることによって治った、というものであった。こうした奇跡があるのだから、ローザ・ミスティカの奇跡も信じられるというのが彼女の言い分であった。

このようにあるカトリックのマオリ家族の宗教生活といっても、個々人の宗教活動や宗教観は多様である。母Bがもっとも熱心にカトリック教会に関わっているが、夫Aを教会活動に誘うわけでもない。BはAの「信仰」と「教会」を分けて考える態度に、信仰の篤さと教会活動は必ずしも比例関係にはない、と一定の理解を示している。Bは自分自身を決して「信心深い人間（religious person）」ではないという。ただ「世界の平和、人々の健康と幸せ」を祈らずにはいられない、と。

第3節で述べたラタナも、カトリック教会の説教においても、あるいはペンテコステ派の集会においても、注目を浴びるのは信仰療法であり、奇跡の治癒であることを考えると、病の苦しみからの解放（「癒し」）こそ「神への祈り」の源泉であることに変わりはない。そもそも19世紀においてマオリがキリスト教に改宗していった主要な要因も、恐るべき病気の猖獗であった。

またキリスト教とマオリタンガの関わりは、個々人のアイデンティティをどこにおくか、マオリとしてどのように生きるか、という問題と関わってくる。キリスト教がニュージーランドに布教されてから、かなりの年月を経ており、すでにキリスト教はマオリの宗教である。とはいえ、キリスト教そのものも社会の変動とともに姿を変えてきている。キリスト教の全体的な凋落傾向とリヴァイバル・ムーヴメント、あるいは新興小教団の興隆は、現代の都市化したニュージーランド社会に生きるマオリの人々の、多様で不安定な精神世界を反映しているとみることができよう。

【謝辞・追記】

本論は、アジア経済研究所がまだ市ヶ谷にあった頃、故塩田先生のもとで開かれていた「太平洋島嶼諸国のキリスト教」研究会での研究成果である。故塩田先生のおかげで、研究会メンバーとして、オセアニアとキリスト教の関係を深く学ぶ機会をえることができたことを心より感謝している。

本論はほぼ20年前の１９９８年頃に書いた文章をもとに、１〜２回、センサスデータの更新をした論文である。したがって、２０１６年現在、マオリとキリスト教を論じるのであれば不可欠の存在であるデスティニィ・チャーチ（Destiny Church）のことも触れられていない。デスティニィ・チャーチを率いるブライアン・タマキ（Brian Tamaki）牧師がオークランドで小さな教会からスタートしたのが、ちょうど１９９８年であった。現在、デステニィ・チャーチは新しいマオリのキリスト教として非常に大きな勢力をもち、学校やメディアを運営するとともにコミュニティを形成しており、大きな注目を集めていることを付記したい。

注

（1）シンクレアは「１８４３年にイギリス国教会のセルウィン主教が、タウポの高名な首長テ・ヘウ・ヘウに『なぜキリスト教徒にならないのか』とたずねた。首長は３本の指を突き出してこう答えた。『私はわかれ道に立っている。３つの道が見える。イギリス国教会、メソディスト教会、そしてローマカトリック教会だ。どの宗派の師もこっちの道がいちばんいいと言う。私は座りこみ、どの道しるべに従うべきか、首をひねっているのさ』」という逸話を記している［シンクレア 1982：41］。

（2）ここでは適切な言葉がないため、「部族」という言葉を用いる。

（3）ヨーロッパ系住民に対する抵抗運動のもうひとつの流れは、土地不売運動である。これはより政治的な運動であり、「部族」を超えた土地不売連合となり、キンギタンガ（*Kingitanga*：マオリ王擁立運動）という民族主義的運動を生み出すとともに、土地戦争を引き起こした。

（4）キング・カントリーとはキンギタンガの第二代マオリ王タフィアオ（Tawhiao）が、土地戦争の後1864〜85年の間、引きこもった地方をさす。テ・コーティはタフィアオに匿われたのである。

（5）1906年、ルアはエホバの息子であり、イエスの息子であるという天啓を受けた。そしてルアは最後の審判の後、大洪水が起きてパケハは水に流され、至福の天国が到来すると預言し、北島東部のウレウェラ（Urewera）地方において宗教的再活性化運動を展開した。彼は信仰療法に秀で、多くの信者を得た。ルアはマウンガポハツ（Maungapohatu）村を中心に自治的なコミュニティを建設し、勤労と禁欲的な生活を信者に課し、マオリ流の教育を行い、酪農や農業の振興を図った。その地は新しいエルサレムとされた。しかしルアの新宗教活動は、ウレウェラ地方の金鉱の開発などをめぐってパケハとの抗争が絶えず、1916年に弾圧を受けて以来、徐々に下火になった［Binney, Chaplin, & Wallace 1979］［Webster 1979］。

（6）マオリによく知られているラタナの賛美歌に以下のようなものがある［Bres 1985：42］。天使やマンガイの位置づけが興味深い。"May the peace of God the Father, Son and Holy Ghost, With the Holy Angels, Guard and watch over all of us, May the Faithful Mangai, Lead us in the right way, In truth and righteousness, To the throne of Jehovah."

（7）ワイタンギ条約は1840年、イギリスとマオリの首長たちの間で結ばれた。それはイギリスへの主権の譲渡、マオリの土地・森林・漁場などすべての資産に対する伝統的な諸権利の保障、マオリの土地に関するイギリス政府の先買権、マオリに対するイギリス市民としての保護・権利の付与といった条項からなるが、微妙にニュアンスの異なる英語版とマオリ語版が存在する。マオリはマオリ語版の条約によってマオリの諸権利は守られると考えた。

（8）ただしラタナ教徒によるこうした政治活動は、新たな信者を生んだ訳ではなかった。人々がラタナに求めたのは病気治療による癒しであり、政治活動ではなかったようである［青柳 1989：26–27］。

（9）パケハとの「接触」時、マオリの推定人口は20万〜25万人とされているが、パケハが持ち込んだ病気やマスケット銃による集団間戦争、パケハとの土地戦争のため、マオリの人口は激減した。１８５８年にはマオリの人口よりもパケハの人口が上回り、１８９８年にはニュージーランド総人口の５・７％（約４万２０００人）にまで落ち込んだ。

(10) ２００１年のセンサスでは４つの宗派まで答えられる複数回答を可としているため、総数が１００％を超えている。

(11) マオリの政治家。パケハとの混血でパケハ流の高等教育を受けたエリートである。彼はマウイ・ポマレやテ・ランギ・ヒロアらとともに青年マオリ党（Young Maori Party）と総称された。

(12) １９９０年はワイタンギ条約締結１５０周年にあたり、祝賀行事が行われるとともに、さまざまな場面でマオリとパケハのパートナーシップが謳われた。マオリのアングリカン教会はその一環として、ワイタンギ条約の名のもとにマオリの対等の権利として認められたのである。

(13) 反社会的性格をもつとはいえ、やはり都市化にともなって成長した若者のギャング組織も、都市におけるファナウの代替物として分析され得るだろう［内藤 1999］。

(14) フィールドワーク中に、一般のマオリがモルモン教徒のマオリを排除するわけではないが、いくぶん揶揄するような場面には何度か遭遇した。ニュージーランドではイギリスの伝統を受け継ぎ1日に数回の「ティ・タイム」があるが、集会などでそうした時に、紅茶やコーヒーをまったく口にしないモルモン教徒は目立つ存在とはいえよう。

(15) イオという唯一神の存在には諸説あり、キリスト教との「接触」以降に創造された神、とする説もある。

(16) たとえばマオリの水の精霊であるタニファ（*Taniwha*）や、身近な人物の死を知らせてくれる精霊たちがいる。タニファは虹やとかげに姿を変えて、小さい頃から彼女によい「知らせ」をもってきてくれるという。

参考文献

青柳まちこ［１９８９］「彼らは如何にしてラタナ教徒となりしか」『社会人類学年報』弘文堂

キース・シンクレア［1982］『ニュージーランド史――海の英国から太平洋国家へ』評論社

内藤暁子［1989］「ニュージーランド・マオリ、キンギタンガの変遷と問題点」『史苑』49−1、立教大学史学会

［1992］「マオリ・クィーン戴冠25周年式典とマオリの現状」『史苑』53−1、立教大学史学会

［1996］「マオリとキリスト教――旧約聖書がマオリに及ぼしたもの」塩田光喜編『太平洋島嶼諸国のキリスト教』アジア経済研究所

［1997］「ニュージーランド政府との「和解」の果てに――先住民族マオリ、タイヌイ・マオリ・トラスト・ボードのめざすもの」『史苑』58−1、立教大学史学会

［1999］「都市に生きるマオリ」塩田光喜編『太平洋島嶼諸国の都市化』アジア経済研究所

Baggage, S. [1937] *Hauhauism : An Episode in The Maori War 1863-1866*, Wellington : A.H. & A.W.Reed.

Binney, J. [1966] "Papahurihia : Some Thoughts on Interpretation", *J.P.S.* 75-3, pp.321-331.

Binney, J., Chaplin, G. & Wallace, C. [1979] *Mihaia : The Prophet Rua Kenana and his Community at Maungapohatu*, Wellington : Oxford Univ. Press.

Blasoni, E. [1985] "The Catholic Contribution", in Colless, B. & Donovan, P. (eds.) *Religion in New Zealand Society*, Palmerston North : The Dunmore Press.

Bres, P. [1985] "The Maori Contribution", in Colless, B. & Donovan, P. (eds.) *Religion in New Zealand Society*, Palmerston North : The Dunmore Press.

Brown, C. [1985] "The Charismatic Contribution", in Colless, B. & Donovan, P. (eds.) *Religion in New Zealand Society*, Palmerston North : The Dunmore Press.

Clark, P. [1975] *Hauhau : The Pai Marire for Maori Identity*, Auckland : Auckland Univ. Press.

Colless, B. [1996] "Christianity : Alternative Churches". in Donovan, P. (ed.) *Religions of New Zealanders*, Palmerston North : The Dunmore Press. pp.104-119.

Davidson, A. [1991] *Christianity in Aotearoa : A History of Church and Society in New Zealand,* Wellington : Education for Ministry.

Donovan, P. [1996] "Zeal and Apathy : The Future". in Donovan, P. (ed.) *Religions of New Zealanders*, Palmerston North : The Dunmore Press. pp.258-269.

Easdale, N. [1991] *Missionary and Maori : Kerikeri 1819-1860*, Lincoln : Te Waihora Press.

Elsmore, B. [1985] *Like Them That Dream : The Maori and The Old Testament*, Tauranga : The Tauranga Moana Press.

[1989] *Mana from Heaven : A Century of Maori Prophets in New Zealand,* Tauranga : The Tauranga Moana Press.

Flynn, T. & M.

[1993] *The Thunder of Justice : The Warning, The Miracle, The Chastisement, The Era of Peace*, Maxkol Communications.

Gadd, B. [1966] "The Teaching of Te Whiti O Rongomai 1931-1907", *J.P.S.* 75-4, pp.445-457.

Greenwood, W. [1942] *The Upraised Hand*, Polynesian Society Memoir No. 21, Wellington : Polynesian Society.

Harawira, H. [1986] "Towards a Nuclear-Free and Independent Pacific from a Maori Perspective", in Harrex, W. & Quin, D. (eds.) *Peace is*, Auckland : New Women's Press, pp.27-50.

Henare, M. [1996] "Christianity: Maori Churches". in Donovan, P. (ed.) *Religions of New Zealanders,* Palmerston North : The Dunmore Press. pp.120-129.

Henderson, M. [1963] *Ratana : The Origins and The Story of The Movement,* Wellington : Polynesian Society.

Hill, M. [1985] "The Sectarian Contribution", in Colless, B. & Donovan, P. (eds.) *Religion in New Zealand Society*, Palmerston North : The Dunmore Press.

Isichei, E. [1996] "Christianity: Catholics Since the 1960s", in Donovan, P. (ed.) *Religions of New Zealanders,* Palmerston North : The Dunmore Press. pp.75-89.

King, M. [1982] *Te Puea*. Auckland : Hodder & Soughton.

Lyons, D. [1975] "An Analysis of Three Maori Prophet Movements", in Kawharu, H. (ed.) *Conflict and Compromise : Essays on the Maori since Colonisation.* Wellington : A.H. & A.W. Reed. pp.55-79.

Martin, L. [1991] *One Faith Two Peoples : Communicating across cultures within the Church*, Salt Company Pub.

Mol, H. [1982] *The Fixed and the Fickle : Religion and Identity in New Zealand.* Dunidin : Pilgrms South Press.

Owens, J. [1968] "Christianity and the Maoris to 1840", *The N .Z. Journal of History* 2-1, pp.18-40.

[1972] "Missionary Medicine and Maori Health", *J.P.S.* 81-4, pp.418-436.

[1981] "N. Z. before Annexation", in Oliver, W. & Williams, B. (eds.) *The Oxford History of New Zealand*, Wellington : Oxford Univ. Press, pp.28-53.

Parr, C. [1967] "Before The Pai Marire", *J.P.S.* 76-1, pp.35-46.

Phillipps, W. [1966] "The Cult of Nakahi", *J.P.S.* 75-1, p.107.

Platt, D. [1987] "Christ and Culture : A New Zealand Perspective", in Platt, D. (ed.) *Signposts: Theological Reflections in a New Zealand Context*, College Communications.

Raureti, M. [1978] "The Origins of The Ratana Movement", in King, M. (ed.) *Tihe Mauri Ora : Aspects of Maoritanga*, Auckland : Methuen. pp.42-59.

Scott, R. [1975] *Ask That Mountain*, Auckland : Heinemann-Southern Cross.

Statistics New Zealand [1997a] *Census 96 Maori*.

[1997b] *Census 96 National Summary*.

[2001] *2001 Census National Summary*.

Stokes, E. [1980] *Pai Marire and the Niu at Kuranui : A Nineteenth Century Maori Adaptation of Christian Missionary Teaching*, C.M.S.R. Occasional Papers, No.6. Hamilton : Univ. of Waikato.

Tarei, W. [1978] "A Church Called Ringatu", in King, M. (ed.) *Tihe Mauri Ora : Aspects of Maoritanga*, Auckland : Methuen, pp.60-66.

Webster, P. [1979] *Rua and The Maori Millennium*, Wellington : Victoria Univ. Press.

Williams, W. [1989] *Christianity among the New Zealanders*, Banner of Truth trust.

Wilson, O. [1965] "Papahurihia, First Maori Prophet", *J.P.S.* 74-4. pp.473-483.

Worsfold, J. [1974] *A History of the Charismatic Movements in New Zealand*, Puritan Press.

＊ J.P.S. は Journal of the Polynesian Society, C.M.S.R. は Centre for Maori Studies and Research の略。

＊ Booklet of The New Zealand Temple [1973] The Bureau of Information New Zealand Temple : The Church of Jesus Christ of Latter-Day Saints.（モルモンテンプルにおかれたパンフレット）

第4章　信仰から開発へ
――ソロモン諸島の独立教会における「新しい生活」の変遷

石森　大知

はじめに

太平洋のメラネシア地域に位置するソロモン諸島国（Solomon Islands）に、クリスチャン・フェローシップ教会（Christian Fellowship Church：CFC）という土着発生的な独立教会がある。この教会は、イギリス植民地時代に主流派の西洋ミッション教会から分離・独立を果たし、それ以降、財政や運営の面で西洋人に依存することなく、独自の信仰や礼拝様式に基づいて活動をおこなってきた。その特徴として、聖霊憑依をともなう宗教的熱狂の一方で、非常に現実的な経済活動に従事してきた点があげられる。

ＣＦＣを創始したのは、ニュージョージア島（New Georgia）出身の現地人説教師サイラス・エト（Silas Eto）という人物である。エトは、メソジスト教会（Methodist Church）のミッション・スクールで5年間の教育を受けた後、自らの出身地であるニュージョージア島に戻り、「新しい生活（New Life）」(1)を目指すという宗教運動を開始した。やがてエトらは、メソジスト教会の宣教団との対立を深め、１９６６年に植民地政府の承認をもってＣＦＣとして分離・独立を果たした。現在、ＣＦＣはニュージョージア島を主島とするウェスタン州（Western Province）のおよそ3分の1に相当する2万人近い信徒を抱え、かつて主流派であったメソジスト系教会（現在のユナイテッド教会）に匹敵する存在となっている［石森 2011：1-2］。

太平洋のキリスト教史のなかで、ＣＦＣは異彩を放っている。先行研究において、太平洋の宗教運動は総じて「カーゴカルト（cargo cults）」と一括されるとともに、それらは独立教会に発展することはないと論じられてきた。たとえばバーカーによれば、同地域ではカーゴカルトという反植民地主義的な宗教運動が頻発したにもかかわらず、アフリカや中南米の事例とは異なり、それらが独立教会の形成に向かうことは稀であり、主流派教会の枠内にとどまったという(2)［Barker 1990：2-5］。このような指摘は、太平洋において主流派教会からの分離・独立を果たす教会がきわめて限られていることを踏まえれば、非常に示唆的である(3)。しかし、その一方で、従来の研究者は太平洋の文化や宗教をカーゴカルトの隠喩として読み解こうとしてきたこともまた紛れもない事実である［Lindstrom 1993：56-62］［棚橋 1996：141-146］［白川 2002：273-274］。さらには、その裏返しとして、「カーゴカルト的ではない」運動は研究者によって特殊視され、周辺化されてきたという指摘もある［棚橋 1996：133］。そう考えれば、従来の研究者は太平洋の各所で起こった宗教運動をカーゴカルトの範疇におさめることに拘泥するあまり、それぞれの運動の個別性を軽視してきた可能性は否定できない。

同様の学問的傾向は、ＣＦＣに関する先行研究にも指摘できる。これまでＣＦＣに言及する論文はいくつか提出されているが、ＣＦＣをカーゴカルトとして紹介するものが大半を占めてきた。宣教師兼人類学者であるティペットは、ＣＦＣにおいて聖霊憑依と解釈される信仰活動を異教徒的と断定したうえで伝統回帰的な土着主義運動になぞらえているし［Tippett 1967：248-249］、歴史学者のベネットは、ＣＦＣとカーゴカルトの形成過程に共通性を数多く見出すとともに、両者に（カーゴカルト論ではお定まりになりつつあった）民族主義的なアイデンティティの萌芽を認めようとする［Bennett 1987：299-301］。また、歴史人類学を専攻するハーウッドは、ニュージョージア島におけるメソジスト宣教に関する貴重な歴史資料を提示し、ＣＦＣの発生とその運動初期を知るうえで重要な研究をおこなっている。ただし、ハーウッドの論文からも、ほかの研究者と同様に、ＣＦＣはキリスト教的な要素が強く、植民地政府に激しく抵抗しなかったなどの特徴をもつ「カーゴカルト」として位置づける意図が見受けられる［Harwood 1971］。すなわち、従来のＣＦＣに関する研究は、その考察部分において、ＣＦＣをカーゴカルトの範疇におさめようとする作業が中心であったといえる(4)。

しかし、ＣＦＣとカーゴカルトの共通性にのみ収斂させる議論は、ＣＦＣの一側面を論じているに過ぎないと筆者は考えている。なぜなら、ＣＦＣは規模を拡大しながら現在まで継承されてきたのに対し、カーゴカルトは一時的な盛り上がりはみせたとしても運動が長期にわたることなく霧散し、人びとは再び主流派の西洋ミッション教会に戻ったからである。そのため、カーゴカルトに付随するお定まりの形容詞では、ＣＦＣの特徴を十分に表現できないことに加え、エトが自らの教えをはじめてから80年近くにわたって存在し、現在でも信徒を獲得しているという事実を説明困難にする。両者がたどった過程とその相違を精査することなく、表層的な事例だけを取り上げて安易に両者を同一視することは、理論的におかしいばかりか、事実にも反することになる。

以上のような問題意識のもと、本稿では、聖霊憑依に端を発するエトの運動がＣＦＣという名を冠した独立教会として分離を果たし、やがてエトの死とその後の困難を乗り越え、現在に至る歴史的動態を明らかにする。その後、CFCとカーゴカルトの比較検討も視野に入れつつ、CFCが組織と制度を備えた安定的な教会として構造化する過程について考察をおこなう。なお、本稿で提示する事例の多くは、ニュージョージア島の北部、すなわち北ニュージョージア（North New Georgia）でのフィールドワークに依拠しており、おもにこの地域に住む人びとの視点から描いた「CFC像」であることを断っておく(5)。

第1節　聖霊の働きとパラダイス村の建設

CFCの創始者であるサイラス・エトは、1905年に北ニュージョージアのカリコロ地域（Kalikolo）の山間部に位置するカンディキ村（Kadiki）で生まれた。この地域にメソジスト教会の宣教団が到来したのは1915年のことである(6)。エトは幼少期からキリスト教に強い関心を示し、18歳のときにカリコロで初めて洗礼を受けたとされている。やがて彼は、現地人説教師として宣教活動に従事することが期待され、島の南西部に位置するメソジスト教会の宣教本部に設けられたミッション・スクール（Kokengolo Methodist Training College）で教育を受けることになった。

1927年、22歳になったエトは、西洋人と同等の生活が手に入るという期待を抱いて宣教本部へと赴いた。その背景には、キリスト教あるいは西洋人宣教師が説く、「神のもとですべての人びとは平等である」という教えがあったからである。しかし、宣教本部での生活や教育は、ソロモン人と西洋人の格差を埋めたのではなく、逆にこの格差が非常に大きいことをエトに再確認させるものであった。エトの回顧によれば(7)、宣教本部でのソロモン人と西洋人は「命令される者（働く者）」と「命令する者」という、明確に分離された関係にあった。エトは宣教団の指示に忠実に従った生活を送ったところで、彼が思い描いていたようなソロモン人と西洋人の関係を構築することはできなかったといえる。やがてエトは自らが抱いた不公平感や劣等感を振り払うかのように、キリスト教の神への祈りに傾注するようになった。1人で山に入り、朝から晩まで祈りを続けるようになり、いつしか彼には「祈りを捧げる人」という呼び名がつけられた。ある日、エトは「聖霊が体のなかに入り込む」という神秘的な経験をするとともに、現地語でタカモエ（*takamoe*）と呼ばれるトランスの状態に陥ったという。タカモエとは、霊的存在が身体に入り込み、激しい痙攣や号泣を起こし、ときには何かを口走る憑依の状態を意味する。その後も同様の経験を繰り返すうちに、エトは祈りを捧げれば神が必ず答えてくれることを確信した。こうして、いつものように祈りをおこなっていたエトは、体が張り裂けんばかりの轟音を聞くとともに神からの啓示を受けたという。そのなかで、自らが聖霊を受けたことで新しく生まれ変わり、「新しい生活」に到達したことを知らされた。そして、今度は自らが人びとを「新しい生活」へと導く役目を仰せつかったというのである［石森 2011：85-87］。

エトは宣教本部で5年間を過ごし、当初の予定どおり、現地人説教師として自らの出身村で教会活動に従事することになった。村落に戻ったエトは、宣教本部で自らが経験した聖霊憑依の話を熱心に人びとに語って回った。さらに、いくつかの個人的なエピソードを交えながら、キリスト教の神は伝統的信仰の神よりも優れており、その神に祈りを捧げれば神からの祝福として聖霊が訪れると説いた。そのうち誰が吹聴するでもなく、エトは体内に聖霊を取り込むことで聖霊を獲得したのであり、それを自由に操ることができると噂されるようになったとされている。やがて1940年代になると、エトの説教を聞いてタカモエになる人びとが続出した。エトはタカモエこそが聖霊の証しであると説明する一方で、これまで西洋人宣教師は聖霊の存在を明確に開示しなかったゆえにタカモエが起こらなかったと語ったという。

しだいにタカモエは、エトの村に隣接する諸村落に波及していった。エトの村から西に20キロほど離れたクサゲ地域（Kusage）のメナカサパ村（Menakasapa）では、1957年9月の主日礼拝のときに集団的なタカモエが起こった。その日に説教をおこなった同村の男性（1923年生まれ）は、つぎのように回顧する。「その日、私はミシナレ(8)（*misinare*、現地人説教師を意味する）から指名されて説教をおこなった。当時のメナカサパ村には教会建物はなく、ミシナレの家に人びとが集まって礼拝をおこなっていた。私が説教をおこなっている途中に老人がすすり泣きをはじめ、やがて賛美歌がはじまるとすべての人びとがタカモエになった」。

数人からはじまったタカモエは、老若男女を問わず礼拝に参加した大勢の人びとに広まり、おさまる気配をみせなかったという。突然に起こった集団的なタカモエに対して、現地人説教師とメナカサパ村の人びとは対処する術を知らなかった。そこで人びとは、エトならこの現象について何らかの説明を与えてくれると考えた。なぜなら、エトはすでに北ニュージョージアで有名な説教師となっており、彼が聖霊を操作することでタカモエが起こるという噂が広まっていたからである。エトを連れてくるために2人の若者が手漕ぎカヌーをカリコロに向けて走らせ、翌日にはエトとともに戻ってきた。メナカサパ村に到着したエトは、タカモエになった人びとを解放していった。エトがタカモエに陥っている人の頭に手をかざすだけで、その人は泣き止み、もとの状態に戻ったという。

それ以降、人びとから切望されたエトがメナカサパ村に滞在する機会が増えると、タカモエは頻繁に発生するようになった。タカモエが起こるのは、説教や賛美歌の合唱がおこなわれているときである。すすり泣きからはじまり、痙攣を引き起こし、エトを称揚する言葉や奇声を発するなどがその典型であった。なかには、立ち上がって踊りだす、家の壁をよじ登る、柱を壊そうとする、などの反応を示す人もいた。後ろに倒れて後頭部を強打したり、家の壁や屋根から転落したりする人までいたが、体に傷を負うことはなかったという。また、突然に流暢な英語や「聞いたこともない言葉」を発する人もいたとされる。タカモエになった人びとは、その経験を「心が熱くなる」と語り、言葉では表現できないほどの幸福感に包まれるという。

エトによれば、聖霊が人びとの心のなかに入り込んでタカモエが起こるのであり、タカモエになった人びとは神に選ばれた人びとである。聖霊を受けた人は、既存の生活における悪いおこないから解放され、新たに生まれ変わることで「新しい生活」(9)に到達する道がひらける。「新しい生活」では、盗み、嫉妬、争い、悪い噂話、自己中心的な言動などは影を潜め、「愛（*tataru*）、平和（*binule*）、連帯（*kineke*）」が生活の支柱になるという。愛とは他人を思いやり、つねに幸せな気持ちをもつことであり、平和とは殺し合い、喧嘩、恨み合いなどをせず共存することを意味した。さらに、連帯とは、すべての人びとが1つの考えを共有し、1つに集まって、1つのことをやり遂げることである。連帯あるいは「フェローシップ（fellowship）」は、エトの教えの根幹にあるものであり、すべての事象は連帯によって達成される。この連帯がなければ、そもそも「新しい生活」は成立しないという。人びとは、このようなエトの教えを口上の理屈で理解したというよりも、タカモエの経験をとおして心で感じ取ることで信じるようになったと表現する［石森 2011：93-94］。こうして聖霊の働きは、人びとを「新しい生活」に導く原動力となったのである(10)。

タカモエによる宗教的熱狂が続くなか、エトは、「新しい生活」を現実世界でつくりだすことを目指して運動を組織する。しかし、その実現のためには西洋人の影響力および干渉を可能な限り排除する必要があった。その理由は2つある。1つは、既存の生活における悪いおこないは、西洋人との接触過程で生じてきたという認識があったからである。もう1つは、西洋人の多くはタカモエが聖霊の証しであることを強く否定したため、彼らの存在は聖霊との良好な関係を築くうえで邪魔者にほかならなかったからである。これらのことは、宣教本部にお

写真1　整然と建ち並ぶ「眠る家」　2003年9月、筆者撮影

けるエトの個人的経験に由来することは言うまでもないが、第二次世界大戦後のニュージョージア島社会で顕在化した反イギリス的な気運の高まりにも呼応するものであった[11]。

「新しい生活」をつくりだすため、エトが着手したのは、それにふさわしい聖なる地、すなわち「地上のパラダイス」を創出することであった。これは文字どおり、パラダイス（Paradise）という名称の村落を（メナカサパ村に隣接する）北ニュージョージアの地理的中心に建設するという形で実行に移され、1957年から3年間の歳月を費やして完成した[12]。パラダイス村は、都市部を除くソロモン諸島の村落のなかで最大級の人口規模を誇ることに加え、その村落景観、空間配置、建物の並びや形態など従来にはない斬新なものばかりであった。

パラダイス村は、「一般信徒の居住区域」「教会とエトの居住区域」「学校と診療所の区域」という3つの区域から構成される。「一般信徒の居住区域」は、さらに「（昼の）活動の場」と「（夜の）眠る場」に分けられ、それぞれの場には禁忌行為が定められるとともに[13]、一定の時間以外に２つの場を往来することは厳しく禁じられた。２つの場を区切る境界線上には柵と出入口が設けられ、不法に往来する者を取り締まる見張り人が巡回した。柵の内側に「眠る場」、外側に「活動の場」があり、それぞれ「眠る家」「炊事の家」が建ち並ぶ。これらは人びとが生活を送る家屋であり、「教会とエトの居住区域」を頂点として、等間隔を保ちながらV字型を描いて整列している。「教会とエトの居住区域」には、教会建物およびエトの家が建てられ、教会関連行事や特別な用事がない限り、人びととの立ち入りは禁じられた。この教会はソロモン諸島でもっとも大規模なヤシの葉葺きの建築物と言われており、１０００人以上を収容することできる[Chesher 1978 : 18]。教会にはエトの控え室と彼が儀礼で用いる小道具を収める部屋が併設された。エトの家がある一画はエトとその家族、すなわち「神聖なる家族（holy family, *koburu hopedi*）」と呼ばれる人びとが生活を送る場であり、聖霊が宿るとされる木造物が立ち、運動の旗が掲げられるなど、「一般信徒の居住区域」とは異なる雰囲気を醸し出している。さらに「学校と診療所の区域」はV字型に並ぶ家々のラインから外れた海岸沿いに設けられ、時間制限はあるものの、いわば公共の場として人びとは自由に立ち入ることができる。そこには幼稚園、小学校、運動場および診療所のほか、後にエトの教えを広めるための「ミッション・スクール」がつくられた［石森 2007 : 101-102］［石森 2011 : 149-154］。

パラダイス村の建設に従事したのは、メナカサパ村の人びとを中心とする北ニュージョージアに住む運動参加者たちであった。集団的なタカモエの発生から数年しか経過していなかった当時、人びとが関心を抱いたのは「労働（*tinavete*）」と「教会（*lotu*）」の２つのことだけであり、喜び勇んで労働に従事する一方、寝る間を惜しんで教会活動に明け暮れたという。パラダイス村のある男性（１９３４年生まれ）によれば、「パラダイス村の建設時は、労働に疲れることなく、嫌になることもなく、ひたすら働いた。ホーリー・ママ（Holy Mama、エトのことを指す）の命令のみを喜んで実行した。食事をしなくても、空腹になることはなかった。なぜなら、聖霊に満たされていたからである」という。この言葉からもうかがえるように、パラダイス村の建設は、まさに聖霊がもたらした宗教的熱狂のなかでおこなわれたといえるのである。

第2節　メソジスト教会からの分離・独立

1959年7月、パラダイス村の完成を祝う記念式典が盛大におこなわれた。式典には、エトの運動に批判的な眼差しを向けてきたロヴィアナ地域（Roviana）に住むチーフたちも出席した。ロヴィアナはニュージョージア島の南部にあたり、この島で人口密度がもっとも高く、比較的早い時期（19世紀後半）から西洋人との接触がはじまった地域である。また、強力な戦士集団を擁していたこともあり、ニュージョージア島において政治的・経済的に優位に立ってきた地域としても知られている。ロヴィアナのチーフたちのほか、メソジスト教会の宣教師や植民地行政官などの西洋人も式典に招待された。式典においてエトの説教に続いて賛美歌の斉唱がはじまると、運動参加者を中心にタカモエに陥る人びとが続出し、宗教的熱狂は最高潮に達したという。

タカモエを目の当たりにしたロヴィアナのチーフたちのなかには、2つの反応がみられたとされる。1つ目の反応は、パラダイス村の出来には一定の評価を与えるものの、タカモエに対して不快感を示す者である。彼らによれば、タカモエは悪霊が乗りうつったか、精神的錯乱に陥った狂気にほかならないという。このような反応は、かつてからエトおよびタカモエに対する否定的な評価としてみられたものである。2つ目は、それとは逆に、パラダイス村の完成をエトが成し遂げた偉大な業績として、大いに感銘を受けるという反応であった。彼らのなかには、自らもエトの運動に加わることを約束する人もいた。当時のロヴィアナで最高権力をもつとされた伝統的なチーフ、ゴルディー・サキリ（Goldie Sakiri）も、その1人である。彼は植民地政府からの信頼も厚く、ロヴィアナを統括する行政組織者（District Headman）に任命されていた。これまで彼は、西洋人と歩調を合わせ、エトの運動に批判的であったが、パラダイス村の外観と記念式典の宗教的熱狂に圧倒され、運動の受容を明言したのである［石森 2011：104-105］。

サキリの「改宗」は、ロヴィアナにおけるエトの運動の浸透を確実に後押しすることになった。第二次世界大戦後のロヴィアナでは、エトらの住む北ニュージョージアとは比較にならぬほど西洋世界からの影響が浸透し、人びとは鉄製品、タバコやアルコール飲料などの嗜好品、コメや缶詰などの購入食品の獲得に心を奪われていた。個人主義的な現金獲得の活動が幅をきかせ、親族の紐帯に基づく村落生活は軽んじられた。さらに政府から任命された役人、聖職者、学校教育を受けた者などの影響力の増大により、伝統的なチーフは社会を律することが難しくなっていた。既存の秩序が揺らぎつつあるなか、パラダイス村からロヴィアナに戻ったサキリは、聖霊の働きによってパラダイス村の人びとは悪いおこないから解放され、自分たちとは異なる「新しい生活」に生きていると喧伝したのである。それから間もなくして、ロヴィアナの数多くの村落でタカモエが起こると、エトは強い要望に応えてそれらの村落を訪問し、タカモエを鎮めるとともに自らの教えを説いて回った。やがて1961年までに、ニュージョージア島とその近隣の島々に点在する23の村落でエトの運動が受容されたのである(14)。

西洋人宣教団と政府は、エトの運動の急速な拡大を脅威と受けとめ、エトの言動を厳しく監視・規制するとともに、彼による村落間の移動を止めさせようとした。というのも、エトは人びとからの要望を受け、おもにニュージョージア島の村々を頻繁に往来していたからである。さらに、かつてエトがアメリカのルーズベルト大統領に宛てた手紙(15)は、アメリカによる統治を望むものであり、政治的扇動にあたるとしてエトを6ヵ月間、投獄する決定が下された。しかし、運動はおさまるどころか勢いを増すばかりであり、メソジスト教会は１９６１年２月に「エトの運動は聖霊ではなく悪霊の仕業である」という表題をつけた文書を大量に配布するに至った［Harwood 1971 : 120］。その主旨は、「タカモエは悪霊が憑いている非常に危険な状態である」として、エトの運動を痛烈に批判するものであった［石森 2011 : 107］。

エトの運動に対する批判は、何もこのときが初めてではない。運動は過去にもタカモエを嫌悪する人びとから何度となく批判されており、その内容も宣教団が配布した文書と大差はない。しかし、メソジスト教会の公式の見解として、運動の象徴ともいえるタカモエに対する批判が広く配布されたことに対し、エトと運動参加者たちは怒りを隠せずにはいられなかった。これまでエトらはメソジスト教会や政府を刺激せぬよう活動をおこなうとともに、彼らに対して協力的な態度を示してきた。たとえば、他地域をしのぐ献納物を定期的に宣教本部に贈ってきたし、コプラ農園の開墾や建物の建設などの依頼があれば進んで労働力を提供してきた。さらに、１９３０年代以降のニュージョージア島では人頭税[16]（head-tax）を拒否する動きがたびたび顕在化したが［Bennett 1987 : 246-248］、運動参加者の税はエトの指導のもとで期限どおりに支払われた。宣教団や政府に対するこれらの貢献が評価されることなく、運動自体が悪霊の仕業であると切り捨てられた以上、メソジスト教会の組織内に留まっておく積極的な理由はなくなったといえる。

こうしてエトは、メソジストを含めた他教会や政府から一切の干渉を受けないことを望み、メソジスト教会から分離・独立することを決定した。ただし、植民地における一定の権限を確保するためには、政府の承認を取りつける必要があった。まず、ニュージョージア島を管轄する地方行政事務所に対して、エトは自らの要求を主張したが、門前払いにされてしまう。そこでエトは、地方行政事務所を飛び越えて、ソロモン諸島全体を統治する（いわば中央政府に相当する）中央行政本部を相手に交渉することを決意した。このとき、エトにとって幸いなことに、政府はマライタ島（Malaita）で起こったマアシナ・ルール運動（Maasina Rule）を残酷に弾圧したという強い批判を植民地の内外から浴びた経験を踏まえ、また第二次世界大戦後のイギリス経済の疲弊や植民地独立の気運という国際情勢も加わり、ソロモン人の自立を推進するという方向で動き出した矢先であった。その結果、地方行政事務所からの執拗な反対の訴えにもかかわらず、エトの申し出は承認されたのである。そのさい、政府がエトに対して要求したのは、1つの教会として自立できるだけの組織や制度を確立することであり、それらを成文化した「法」の提出であった。

しかし、エトがメソジスト教会からの分離を決めたとき、運動全体を統合する行政的な枠組みや指令系統、官僚や聖職者の階層性などに関する組織や制度は存在していなかった。というのも、これまで運動はエトの個人的資質に依拠するところが大きく、あらゆる事象は彼1人を中心に展開してきたからである。各村落に指示を出すのがエトであれば、その具体的内容を考えるのもエトであった。エトの後ろ盾となる官僚的な役割を担う人や聖職者は皆無ではなかったが、彼らはエトの影に隠れた裏方的な存在であり、正式に任命されていたわけでもなかった。また、人びとはエトに忠誠を誓い、聖霊を受けたという選民意識を共有してはいたが、運動全体をみれば、緩やかにまとまっているに過ぎなかった。つまり、エトと各村落、あるいはエトと各個人の関係はそれなりに構築されていた反面、各村落や各個人を互いに強く結びつけ、全体を覆う具体的な組織や制度などは欠如していたのである。

当時、メソジスト教会はニュージョージア島社会に境界線をひいて一方的に分割し、その線引きに基づく教区制度を布いていた。そこでエトは、メソジスト教会が構築した教区制度と聖職者二職制に目をつけ、それをそのまま流用することとなる。こうしてエトの運動に参加するすべての村落は、この教区制度に基づく形で、5つの教区に分類されたのである。さらに、聖職者については、メソジスト教会のミッション・スクールで教育を受けた人を対象に牧師（minister）と信徒牧師（pastor）の二職制が導入され、後者は洗礼式の執行ができない以外、ほぼ牧師と同じ職務を担った。牧師は基本的に1つの教区に1人であり、信徒牧師は村落規模に応じて3人から6人が任命された。それぞれの教区では、牧師を議長とする教区会議（circuit meeting）が設置され、年に4回の四季会（quarterly conference）が召集されることとなった。これらはメソジスト特有の伝道牧会制度そのものであり、まさにエトはメソジスト教会が半世紀をかけてニュージョージア島社会に構築したものを、そのまま継承したのである。

このような組織や制度に関する規定は、エトが命名したCFCという教会名を冠した法、すなわち「CFCの法（現在では1960年法とも呼ばれる）」に成文化された［CFC 1965］。そこでは、組織や制度のほか、CFCの目的、信徒資格、信徒の義務、信徒の規律などが記された。この「CFCの法」は、いくつかの法的文書とともに、中央行政本部とソロモン諸島キリスト教評議会に提出され、1966年、CFCはメソジスト教会から分離・独立した教会として正式に承認された。エトの運動参加者にとってCFCの誕生は西洋人を相手に回し対等な交渉を経て独立を勝ち取ったことを意味し、CFCこそがソロモン人によるソロモン人のための教会であるという自尊心を高めた。さらに、独立とともに作成された「CFCの法」は、人びとの精神的な支えの1つとなり、教会の権威の向上に大きく貢献することとなった。なぜなら、自分たちの手で西洋人の力の源泉ともいえる（文書化された）法をつくりあげ、その法が当の西洋人によって認められたからである。これはCFCが西洋人の教会と対等であることを保証するものであった。1966年のクリスマスには、パラダイス村に大勢の人びとが集合し、CFCの誕生を祝福する盛大な饗宴がおこなわれたという［石森 2011：109-111］。

第3節　エトの死とその継承者

ＣＦＣの誕生以降、集団的なタカモエが起こることはなくなり、新たな改宗者が急激に増加することもなくなった。その背景には、メソジスト教会による継続的なタカモエ批判をはじめ、同教会が所有する学校や病院からＣＦＣ信徒を締め出すなどの処分によって、ＣＦＣに向けられる視線がより厳しさを増したことが考えられる［石森 2011：115］。このような状況下、ＣＦＣは外部社会からの影響力を可能な限り排除し、ＣＦＣの内部であらゆる事象が完結するような自律的な宗教共同体の形成に向かった。それは宗教的および社会経済的な側面が、分離・独立前よりもさらに明確なものとして、創造されていった過程でもある。

ＣＦＣの宗教的側面にみる特徴として、白旗をもって村落内を集団行進する、教会に入る前に敬礼をする、教会内で信者の数を数える、木製スティックを用いて礼拝をおこなう、祈りの際にリズムに合わせて手拍子をする、聖霊が宿る木造物を信仰の対象とする、などがあげられる。これらは、エトが神から受けた啓示や聖書に基づいて考案したものであり、礼拝に参加する人びとの一体感を醸成し、情動を喚起するような内容や技法が用いられている。また信仰について、新約聖書と旧約聖書の双方が使用され、人びとはエトの解釈をとおして聖書の「本当の意味」を知らされたという。また、エトは１００を超える讃美歌を作曲し、歌詞のなかにはエト自らがおこなった奇跡的な行為や神との会話などが盛り込まれた。それと同時にエトは神格化され、神の化身およびキリストの生まれ変わりであるか、あるいは三位一体の位格に並ぶ存在として崇められるようになった。

一方、ＣＦＣの社会経済的側面として、村落共有の広大な畑やココヤシ農園の開墾、大規模な村落や教会建物の建設などがあげられる。これらの諸活動を推進していくうえで、必要不可欠とされたのが共同労働の再活性化であった。ニュージョージア島では、西洋人との接触過程で浸透した貨幣経済の影響によって個人主義的な傾向が強まり、親族集団を基盤として伝統的におこなわれてきた共同労働は弱体化していた。そこでエトは連帯に基づく共同労働の重要性を強調し、「共同労働のための集団」を組織した。この新たな集団による諸活動は、西洋人を驚嘆させるほどの成功を収めた。たとえば、北ニュージョージアのココヤシ農園は最盛期において約８平方キロメートルの規模を誇ったという［Tuza 1979 : 9］。また第２のパラダイス村を創出すべく、誰も居住していない土地に人びとを集住させ、新たな村落を建設していった［石森 2011 : 94-95］。

１９６０年代から70年代にかけて、ＣＦＣが独自につくり出した諸活動をはじめ、「ＣＦＣの法」で規定された事項やそれを補完する指示書などが実行的なものとして人びとに浸透していった。また、全村落をあげて執りおこなう教会儀礼、祝祭、共同労働、会議などにおける個人間の相互作用をとおして、異なる地域や異なる村落に住む人びとの連帯意識が強化されることとなった。「ＣＦＣの集団（*butubutu CFC*）」という現地語の概念が登場したのもこの時期からである。一方で、ＣＦＣは植民地政府および（１９７８年の国家独立によって誕生した）ソロモン諸島政府との良好な関係を築きあげ、ソロモン諸島におけるキリスト教の発展に貢献したという名目で、エトはソロモン諸島総督(17)（Governor General）からメダルを授与された。ＣＦＣは１つの独立教会として安定期に入ったといえるが、このようなときに生じた大きな出来事とは、ほかでもないエトの死であった。

１９８３年1月12日の正午過ぎ、エトは自分の子どもと数人の聖職者に見守られ、この世を去った。彼は死の数日前から近親者を呼び寄せており、５人の息子たちを前にして「神が私の継承者（*hinobequ*）を選ぶだろう。その人物は人びとによって選ばれるわけではなく、自ら立ち現れてくる」と語り、息を引き取ったという。その後、エトの亡骸は家の中に６日間留められ、７日目に葬送儀礼が執りおこなわれた。ＣＦＣ信徒はもちろん、国会議員をはじめ政府関係者や他教会の聖職者、さらにはＣＦＣ以外の村落からも参列者が訪れ、その数は

5000人に達したという。

エトの死から1年ほどが経過すると、エトの遺言を踏まえ、それまで彼を支えてきた牧師やチーフが中心となって継承者選びが開始された。エトの5人の息子たちがその候補となったが、なかでも最終的に注目されたのは次男のイカン・ロヴェ（Ikan Rove）である。

イカンは、それまでカリコロからほとんど離れず、またCFCの大規模な行事等にも積極的に参加することなく、ひっそりと暮らしてきた。彼は小学校を3年で途中退学したあと、他人との接触を避けるように家に籠っていた。やがて18歳になった彼は、エトに付き従って教会活動の手伝いをはじめるものの、礼拝中にエトの横に座っていただけであったとされる。若い頃の彼は「いつもビンロウの実を噛んでいる」(18)などと形容され、内気な性格のせいか、積極的に他村落を回ることもなかったという。少なくともエトの存命中、イカンは「彼がいることを忘れていた」「誰も彼に会いにいかなかった」などと言われるほど目立たぬ存在であった。しかし、エトの死後、しだいにイカンにまつわる神秘的な話が飛び交うようになった。たとえば、イカンの住む村とは離れた場所に彼が突然に現れ、驚いた人びとが彼に話しかけると一瞬で姿が消えた。その数時間後、彼が実際にカヌーで現れたという話は有名である。イカンが現れる前日には、必ず夜空に巨大な赤い星が輝くという話もある。さらに、イカンに懇願すれば子どもを授かることができる、イカンは人の心を読むことができるため話しかける前にすでに会話の内容を知っている、などとも語られる。このようなイカンにまつわる話は無数に存在しており、人びとの間では、これらのおこないは神にしかできない奇跡という認識が共有されつつあった。ただし、すべての人びとが同時にイカンの神秘的な力を認めたというわけではなく、個人が見聞きした話や具体的な経験に基づき、徐々に彼は注目される存在となったのである［石森 2011：116-120］。

第4節　「信仰の時代」から「開発の時代」へ

１９８０年代の後半以降、イカンの名声の高まりとともに、彼がいつ、どのような手続きを経てエトの継承者として立ち現れるのか噂されはじめた。そのようななか、イカンは１９９０年12月に自らがエトの正式な継承者であることを表明する「宣言（Declaration）」をおこなった。「宣言」では、イカン自らも（エトと同様に）神に選ばれてCFCの指導者となることを主張するとともに、スピリチュアル・オーソリティ（Spiritual Authority）という「称号（title）」を名乗ることが表明された。称号にはこの世のすべての霊的存在を支配する権威という意味が込められ、「会衆を霊的に導くことができる」ことが示されている。また、新しい「CFCの法（１９９０年法）」が作成され、イカンはスピリチュアル・オーソリティとしてCFCの頂点に立つ絶対的存在であり、CFCという宗教共同体およびその信徒に関するすべての事象について権限をもつと明記された［CFC 1990：4］。ここにイカンによるCFCの統治がはじまることが「宣言」されたのである。

パラダイス村では「宣言」を受けて集会がひらかれ、その具体的内容に関する説明がクサゲ教区の牧師からおこなわれた。そのさい、１９８３年のエトの死から「宣言」に至るまでの7年間は「失われた7年」であり、望ましくない期間であったことが回顧された。「宣言」の内容を聞いた人びとは一様に安堵の表情を浮かべ、今後はひたすらイカンの指示に従っていれば良いことを確認したという。こうしてパラダイス村の人びとは、エトと同等の存在としてイカンに忠誠を誓い、新しい指導者の出現を歓迎したのである。

新しい指導者としてのイカンの出現とともに、CFCに既存の組織や制度を基盤としながらも、とくに官僚的な役職とその階層性がより明確化された。その中心となったのが教会委員会（Church Committee）、開発・財務計画委員会（Planning of Development and Finance Committee）、教育委員会（Education Committee）という3つの委員会（Standing Committee）である。各委員会を取りまとめる議長（chairman）のポジションはカリコロに住むエトの息子たちで占められ、教会委員会はイカン、教育委員会は三男、開発・財務計画委員会は四男がそれぞれ議長となった[19]。なお、高齢で病気がちの長男にはとくに役職が与えられることはなく、また五男には政府との橋渡し的な役割を担う政府諮問委員（government advisory）という役職が与えられた。そのほか、CFC全体の長官と次官、イカンの私設秘書、各委員会における書記や委員など、数多くの役職が新たに設けられた［石森 2011：127-129］。

3つの各委員会の役割を要約すれば、教会委員会は、宗教的および精神的側面の全般を監督する機関であり、それには信仰、倫理、規範、法、義務などが含まれる。教育委員会は、幼稚園、小学準備学校、小学校、中高等学校などを運営し、正しいCFC信徒に育てるための教育方針を策定し、それを現場で実施することにある。さらに、開発・財務計画委員会が果たす役割は、おもに次の2つである。1つめは教会側が所有している資産を管理し、毎年振り分ける予算配分計画を作成することであり、2つめは各村落で実施する開発計画を具体的な形で提示し、それを正しく履行させることにある。

これらの委員会は任意の時期にそれぞれ個別会議をおこなうが、年に2回ひらかれる全体会議の場において各委員会から現在の状況、収支決算、新たな案件などが報告される。それらの内容に関して問題がなければ、イカンが音頭をとる「承認の祈り」をもって可決される。全体会議に提出される議案は、会議に至る前段階で各委員会の議長をとおしてイカンに報告されており、そのまま決定となるのが一般的である。その過程で外国の大学を卒業したイカンの私設秘書が事務的な手続きを担うとともに、彼に助言を与えるなどの役割を果たす。最終的に、

写真２　植林した樹木を剪定する男性　2003年1月、筆者撮影

全体会議での決定事項は、各村落から会議に出席したチーフや聖職者を介して村落に住む人びとに伝えられ実行に移される。このように、イカンとその兄弟を中心にCFCが動きはじめたのである。

イカンの時代の特徴は、経済開発にあるといっても過言ではない。エトの生きていた時代は「最初の世界（creation one）」と呼ばれ、聖霊の働きを借りて彼がCFCを開始し、教えを広めた「信仰の時代（*kolokolo vinahinokara*）」とされる。一方で、1990年からはじまったイカンの時代は「2番目の世界（creation two）」であり、また「開発の時代（*kolokolo developmen*）」と呼ばれることになった。「開発」とは、おもに貨幣経済の分野における発展を意味する。すなわち、イカンの時代には、エトの時代に確立された「信仰」を基盤としつつ、経済開発を積極的に推進することが目標とされたのである。具体的には、四男が率いる開発・財務計画委員会の主導により、CFCの全村落を対象として4つの基幹となる経済開発プロジェクトが実行された。4つのプロジェクトとは、いずれも大規模な農園や区画でおこなわれる植林活動およびライス、ココア、ココヤシの栽培である。この4つのプロジェクトのなかでも、もっとも盛んに実施されているのは、植林活動である。

植林活動は1997年以降に本格的に開始されたが、CFC信徒いわく、数年後には伐採可能な大きさにまで樹木が成長するという。そのための準備は、着実に進んでいるように思える。伐採操業は、イカンと外国資本が共同出資して立ち上げる合弁会社がおこなう予定であり、伐り出された材木はイカンと契約を交わしたバイヤーに一括で売却される。バイヤーから得る現金のうちCFCの取り分は「CFC中央銀行」に振り込まれ、そこから一定の金額が教会側に対する寄付金として徴収されたのちに、人びとに分配されるという仕組みである。CFC中央銀行とは、CFCにおける現金の流れを管理・統制するとともに、すべての人びとの利益につながる投資をおこなう金融機関であり、カリコロにあるイカンの邸宅の地下室に設けられている。伐採がはじまれば、各世帯に樹種と材木の体積などを記した「ブッカ（*buka*、英語の book に由来）」、つまり預金通帳に相当するものが配布される。人びとは主要村落にある雑貨店が代行する「地方銀行」を利用し、現金を引き出すことができる。このような計画は、伐採操業とともに本格的に開始される予定であり、いわばCFCの貨幣経済を一手に引き受けることになる。

このような「開発の時代」の取り組みは、とくに若い世代の要求に応えるものでもあった。背景として、1960年前後の集団的なタカモエを知らない人びとが教会の中心を占めるようになったことが指摘できる。[20] 彼／彼女らは、聖霊憑依という劇的な経験を契機にエトの運動に身を投じたわけではなく、生まれながらのCFC信徒である。この若い世代と熱狂的にエトに従った世代を比較すれば、CFCに対する思い入れや信仰に相違がみられる。前者が強い関心を示すのは、後者が情熱を注いできた「信仰」よりも、「開発」に傾斜しつつある。若い世代は、CFCの4つのプロジェクトの素晴らしさを語り、ほかのどの教会よりもCFCが優れていることを誇らしげに主張する。このような若い世代の増加とともに、かつてみられたような神秘主義が入り込む余地は減じており、教会側としてはそれを補完するためにも組織と制度を強化し、着実な経済開発に重きをおいた政策を打ち出す必要があったのである［石森 2011：137-140］。

以上のように、エトからイカン、あるいは「信仰」から「開発」というCFCの時代の流れのなかで、いわば

「新しい生活」の世俗化が進んでいる。ＣＦＣの将来は、４つのプロジェクトに基づく経済開発、なかでも人びとが過度に期待する植林活動に依拠しているように思える。とくに若い世代は、植林活動が近い将来に大成功をおさめることを信じて疑わない。それらの成否が明白になったとき、イカンの時代における「新しい生活」の是非が人びとによって密かに評価され、ＣＦＣは新たな転換点に立つことになるだろう。

第5節　考察

本稿では、聖霊憑依からはじまったエトの運動がメソジスト教会から分離して独立教会として成立し、さらにエトの死とその継承者の誕生を経て現在に至る歴史的動態について明らかにしてきた。ここで本稿の冒頭の問題提起に戻る。すなわち、ＣＦＣは現在まで継承されてきた一方で、（ＣＦＣが同一視されてきた）カーゴカルトは一時的なものに終わったという事実をどのように考えるかである。以下では、ＣＦＣとカーゴカルトの比較検討を踏まえたうえで、ＣＦＣが安定的な教会として構造化する過程について考察をおこなう。

まずカーゴカルトを概観する。カーゴカルトとは、植民地支配下の太平洋、とくにメラネシアのほぼ全域で19世紀末から生起してきた土着主義的な宗教運動の総称であり、「積荷宗教」とも訳される。この世界で間もなく大異変が起こり、自分たちの祖先が西洋的文物、つまり「カーゴ」を満載した船や飛行機で戻ってくるといった預言に端を発している。すなわち、突然現れた預言者は、祖先の帰還、西洋的文物の到来、西洋人の退去が同時に実現する理想社会が切迫していることを告げたのである［Mair 1958：114］。預言を熱狂的に受け入れた人びとは、従来の労働をすべて放棄し、農園の破壊や家畜の大量消費をおこない、船が現れることを願って桟橋を建て、飛行機が着陸できるよう滑走路をつくった。仕上げにカーゴをおさめる貯蔵庫を設ければ、後は踊りや儀礼をおこないながらそれらの到来を待つのみとなった。しかし、いくら待てどもカーゴが現れることはなく、逆に退去するはずの西洋人の影響力が強くなるだけであった。預言者や一部の運動参加者は逮捕され、リーダーシップをめぐる争いや内部分裂が起こった。しだいにカーゴが到来しないという現実を突きつけられた人びとは運動から離れていった。これがカーゴカルトに典型的にみられるシナリオである［Worsley 1968］。

一方で、ＣＦＣはどうであろうか。ＣＦＣは、聖霊憑依による宗教的熱狂のなかで「新しい生活」を目指す運動としてはじまった。「新しい生活」は、聖霊に満たされた人びとのみが享受できるものであり、西洋人の影響を受けることなく自立し、「愛、平和、連帯」が支配する理想社会を意味した。その実現のために、最初にエトが着手したのは、パラダイス村の建設であった。この巨大村落はエトの権勢を証明し、運動の拡大に大きく貢献した。メソジスト教会は運動の鎮圧に躍起になったが、政府がソロモン人の自立を暫時的に認めたことにより、最終的には独立教会としてＣＦＣが誕生した。ＣＦＣの成立以降、運動初期にみられた聖霊憑依は影を潜める一方で、独自の宗教的および社会経済的活動が確立されていった。やがてエトは１９８３年にこの世を去り、１９９０年まで指導者が存在しない状態が続いたにもかかわらず、人びとが離散することはなかった。この時期までには、すでにエトは象徴的な存在として定位され、教会を支える組織や制度はほぼ整備されていたといえる。その後、紆余曲折を経てイカンがエトの継承者となり、官僚的な色彩の強い委員会や役職などが新たにつくりだされ、それらが円滑に機能することで、全村落を対象に組織的かつ画一的な経済開発プロジェクトの実施が可能となった。このように、時代の流れにともなう人びとの世代交代にも対応する形で、「信仰」よりも「開発」に重点をおいた政策が打ち出され、今日に至っている。

以上のように、カーゴカルトとCFCを概観した。まず両者の運動初期に着目すれば、熱狂的に預言を受け入れて理想社会を夢想した点で共通することがわかる。しかし、その後に、両者は異なった手続きに基づいて理想社会に向かうことになった。カーゴカルトは他力本願的あるいは間接的に理想社会の構築を試みたのに対して、エトの運動では具体的方策に基づいて直接的にその構築を試みたという相違がみられる。すなわち、CFCは具体的に実感できる範囲で達成可能な個々の目標を設定したのであり、カーゴカルトのように実現不可能な空想や預言者の説く幻想に満ちたラディカルな運動とは一線を画しているといえる。

ここで理論的考察を試みる。ターナーによれば、終末論的な宗教運動とは構造における劣位者たちの集団ないし部門の創造的な諸活動から生起した宗教の形態、あるいは劣位者が地位の逆転を狙った儀礼そのものであり、そこにコミュニタスが顕著に現出するという。それは身分序列・地位・財産などが既存の構造の次元を超えた、あるいは構造のアンチテーゼとしての反構造の次元における曖昧で不確定な状態を意味する。すなわち、コミュニタスとは構造化・制度化された諸関係を支配する規範を超越しており、安定度をもった構造からつぎの構造への移行期にみられる本質的現象である［Turner 1969：81-94］。

このコミュニタス概念をカーゴカルトに適用した吉岡は、カーゴカルトとは基本的にターナーのいうコミュニタスをつくる運動であり、そこには表現的行為が満ちていることを指摘している［吉岡 1988：168］。ここでは吉岡による分析の手法に基づいて議論を進める。表現的行為とはリーチによる概念であり、形而上的手段によって世界の状態を変えることを目的とする行為を指す［Leach 1976：9-16］。たとえば、カーゴカルトでみられる桟橋や飛行場の建造をもって祖先の帰還を願うという行為は、この表現的行為に該当する。しかし、預言された理想社会の到来に対して、桟橋や飛行場の建造は望ましい結果を生むことはなく、そのような活動が構造化されることもない。なぜなら、表現的行為はコミュニタスを生み出す仕掛けとなるが、その状態が構造として安定し、永続することはないからである［石森 2011：333-334］。

その一方で、表現的行為と対になる概念は技術的行為であり、具体的な手段によって外界の物理的状態を変える働きをもつ行為を意味する［Leach 1976：9-16］。CFCにみられる活動の多くは、現実の世俗的諸問題に対する技術的行為によって裏打ちされている。運動初期における宗教的熱狂のなかで「新しい生活」を夢想するような動きはみられたが、すぐさまエトはパラダイス村の建設に乗り出して名声を獲得し、その後は西洋人からの干渉を避けて自立することを目指し、共同労働の再活性化をはかり、村落開発を積極的に推進してきた。パラダイス村の建設にはじまり、法および組織や制度の整備、閉鎖的な宗教共同体の形成、さらには大規模な経済開発プロジェクトの実行などは、いずれも「新しい生活」の実現に向けた有意義な活動であり、人びとの要求を満足させるものであった。すなわち、CFCは運動初期にみられた表現的行為から具体的方策に基づく技術的行為への切り替えに成功し、後者に基づいた堅実な活動を繰り返すことで徐々に安定的な構造をつくりだしてきたといえる。

それでは、現在、CFCの「新しい生活」はどのような位置づけにあるのだろうか。CFC信徒のなかで、その解釈をめぐって多少の意見の相違はみられるが、とくに若い世代を中心に自分たちはすでに「新しい生活」に生きていると考える人びとが多い。たとえば、自分たちの両親が聖霊を受けた時点で「新しい生活」が到来したと解釈する人や、エトに従って活動する過程で「新しい生活」に到達したとする人などがいる。いずれにせよ、すでに「新しい生活」に生きていると認識する人びとにとっては、それがゆえに既存の生活からの脱却を意識することがなければ、少なからず浸透した西洋世界の影響をことさら拒否する必要もない。これらの人びとが望んでいるのは、既存の生活を大きく変えることなく、あるいは変わらないという認識におさまる範囲で、西洋世界からの影響を巧みに取り込みながら、既存の生活の向上を目指すことである(21)。このような「新しい生活」の解釈と現状認識から読み取れることは、少なくとも現在のＣＦＣは、カーゴカルトを含む終末論的な宗教運動にみられる現世の全面的否定と新しい理想社会の実現という一般的特徴を、共有していないということである。

おわりに

ＣＦＣに関する先行研究において、ＣＦＣがカーゴカルトと同一視されてきたことは「はじめに」で指摘したとおりである。先行研究では、運動初期の聖霊憑依による宗教的熱狂やそれに関する言動のみがクローズアップされる傾向があり、それらの事例をもってカーゴカルトに類する運動として語られてきた。その一方で、ＣＦＣについての現地調査が１９６０年代に集中していることを含め、ＣＦＣの成立以降に登場してきた組織や制度および独自の諸活動が確立されていく過程が議論の対象となることは皆無であった。誤解を恐れずにいえば、研究者の興味をひいたのは、ＣＦＣのカーゴカルト的な側面であり、カーゴカルト的ではない側面は切り捨てられたといえるのである。

しかし、ＣＦＣとカーゴカルトの共通性をいくら指摘したところで、「ＣＦＣとは何か」といった問いに対する有意義な帰結が導かれる保証はない。ＣＦＣは半世紀以上にわたって人びとの要求を代弁してきたからこそ存続してきたのであり、その活動内容はカーゴカルトが一時的に人びとを熱狂させたものと質的に異なっているからである。ＣＦＣは技術的行為でもって世俗的諸問題に対処してきた一方で、カーゴカルトはそうではなかったか、あるいは総体としてみれば技術的行為に基づく成果よりも明らかに表現的行為が上回ってきた。両者は、歴史的な偶然が関与することも否定できないが、理想社会の実現に向けた方法に相違がみられ、それが運動の構造的安定を生むかどうかの分岐点となった。太平洋を舞台として考えたとき、運動が構造化していくこのような歴史的動態のなかにこそ、CFCという事例の独自性やその意義が潜んでいるといえる。

本稿を締めくくるにあたり、冒頭で紹介したバーカーの指摘に対して、今度は逆に「研究者は、太平洋にカーゴカルト的ではない宗教運動を認めようとしてきたか」と問うてみよう。かつてパプアニューギニアの初代首相マイケル・ソマレは、「メラネシアの人びとが何か新しい組織をつくって社会経済的な活動をはじめようとすると、西洋人はその人びとにカーゴカルティストという烙印を押して非難攻撃する」と発言したというが〔西野 1976 : 315〕、このような状況は現在でも続いていると言わざるを得ない。近年の太平洋研究において、依然としてカーゴカルトとの関連で議論を展開する論文が数多く出回っているという印象を受ける。(22) それらのすべてを頭ごなしに批判するつもりはないが、カーゴカルトという固定観念をはずして、太平洋の宗教現象（あるいは、太平洋文化そのもの）を見つめ直せば、それぞれの事例のまた違った側面がみえてくるはずである。

〔謝辞〕

本稿は、独立行政法人日本貿易振興機構アジア経済研究所におつとめであった故・塩田光喜先生から寄稿する機会を頂戴し、執筆させて頂いたものである。塩田先生は、一面識すらなかった私（当時は研究業績もほとんどない博士課程の院生であった）に、海外派遣員としてご滞在のシドニーからの国際電話で、本書への寄稿を促して下さったのである。それ以降、塩田先生は、本稿執筆に際してのご助言だけではなく、先生が組織されたアジア経済研究所の共同研究会のメンバーに私を加えて下さるなど目に掛けて頂き、さまざまな機会に熱心なご指導を賜った。これまで色々とお世話になり、誠にありがとうございました。

＊　＊　＊　＊　＊　＊　＊　＊　＊　＊　＊

本稿を脱稿したのは、２００４年９月である。その後、刊行時期が遅れる過程で若干の修正をおこなったものの、基本的な枠組みは２００４年時点のものとそれほど変わりはない。このような経緯から、本稿で提示した視点や事例は、筆者が２００４年から現在までに発表した論文等よりも概して古いものも含まれている。なお、筆者は２０１１年にＣＦＣに関する研究成果をまとめた単著［石森 2011］を刊行しているが、本稿は、本文中の引用符でも示したとおり、この単著（なかでもＣＦＣの歴史的側面を記した第２章および第３章）と部分的に重複する箇所があることを断っておく。

注

（１）ここでいう「新しい生活」とは、New Life を訳したものである（すなわち、ＣＦＣ信徒の間で英語のままで用いられている）。そのため、この語を「新しい生命」、「新しい魂」などと翻訳できる可能性もあるが、現地語による説明やこの語が使われる文脈などを考慮すれば、「新しい生活」と訳出するのが適切である。

（２）バーカーは、アフリカの独立教会を念頭においている。それは、西洋人主導の教会に満足できなくなった人びとが、彼らだけで礼拝をおこない、布教し、教会を建てる動き、あるいは教会そのものを指している。アフリカでは、独立教会の数が西洋ミッション教会よりも数的に上回っているとされ、その数は南アフリカだけでも３０００を超えるという［Sundkler 1976 : 5］［中林 1997 : 315］。

（３）バールは、太平洋における独立教会の数少ない事例としてＣＦＣを紹介したのち、とくにメラネシアの各所で頻発している聖霊憑依をともなう運動が発展すれば、将来的にCFCのような独立教会が生まれるであろうと指摘している［Barr 1983：122］。しかし、現在のところ、バールのこのような予想は外れているといえるだろう。なぜなら、聖霊憑依による宗教的熱狂が長続きすることはなく、運動の出現と消滅を繰り返すに留まっているからである。

（4）そのほか、ソロモン諸島のチョイスル島（Choiseul）出身のトゥーザによる研究がある。トゥーザは、まさにエトと同様に、メソジスト教会のミッション・スクールで教育を受けた後、メソジスト系の教会の聖職者になった人物である。そのためであろうか、彼の議論からは、メソジスト教会の立場からCFCにおける憑依現象（およびCFCそのもの）を異端視する傾向が見受けられる［Tuza 1977：1979］。

（5）本稿で提示する事例は、筆者がソロモン諸島において2001年から2003年までの期間に、延べ約16ヵ月間にわたって実施したフィールドワークに基づいている。そのうち約12ヵ月間は、CFCの本拠地ともいえるパラダイス村での調査に費やした（パラダイス村については本文中で後述する）。残りの約3ヵ月間は近隣村落における聞き取り調査に従事し、あとの1ヵ月間は首都ホニアラ（Honiara）や地方都市にて文献資料の収集をおこなった。

（6）メソジスト教会の宣教団がニュージョージア島にはじめて到来したのは1902年であり、島の南西部に位置するコケンゴロー（Kokeqolo）に宣教本部を設けた。エトが生まれたカリコロは、同島のなかでキリスト教の到来がもっとも遅れた地域の1つである。

（7）エトは「ホーリー・ママの話（*Vivinei tanisa Holy Mama*）」とのちに名付けられる、手書きの手記を遺している。これは、北ニュージョージアに居住する聖職者が保管していたものであり、CFCの形成に至るまでの宗教的に重要な出来事に関するエトの回顧録である。現在では、記念日などの特別な機会において、聖職者によってその内容の一部（おもにエトにまつわる奇跡的な行為や出来事）が一般信徒にも紹介されることがある。本節と次節では、必要に応じてこの手記を参照した。

（8）ミシナレとは、英語の missionary が現地語化した語であり、広く「キリスト教の教えを伝える人びと」を意味する。なお、この文脈では、ロヴィアナ出身でメナカサパ村に滞在していた現地人説教師のことを指している。

(9) エトの運動参加者たちは、「新しい生活」という語ではじまる祈りを実践した。具体的には「新しい生活」からはじまる文句を唱え、リズムにあわせて手拍子をするというものである。日常生活のあらゆる行動を開始する前とそれを終了したときに祈る必要があるとされ、村落の至るところで「新しい生活」が連呼された。たとえば、教会活動はもちろんのこと、畑仕事、漁労活動、食事、洗濯、水浴び、カヌーやボートでの移動など、それらの行動の開始時と終了時に「新しい生活」からはじまる祈りの実践が義務づけられた。

(10) 塩田は、パプアニューギニアにおけるキリスト教受容は、倫理的説教ではなく、聖霊によるエクスタシー体験および異言・預言・幻視・幻聴といった肉体的体験からはじまったことを指摘している［塩田 1998 : 79］。これは、聖霊の働きに依拠したエトの教えが人びとに受容された過程ときわめて類似している。

(11) 反イギリス的な気運の高まりには、次のような出来事が関わっている。まず、戦争がはじまるや否や、イギリス人の宣教団と行政官はすぐさま撤退したこと。戦争によって破壊された宣教本部、教会関連の建築物、ココヤシ農園などの復興に人びとを強制的に駆り立てたこと。さらに、撤退するアメリカ軍から与えられた衣類、毛布、食器、食糧、鉄製品などの大量の文物を没収し、人びとの目の前で焼却したこと、などがあげられる。

(12) パラダイスという名称をもつ大規模村落が建設されているという話は、西洋人宣教師や行政官の耳にも入っていた。この村の見学に訪れた行政官のなかには、「私は、この村をソロモン諸島のすべての島々における村落形成の手本に据えることを提案したい」［Carter 1978 : 8］と評価する人もいた。

(13) 柵の内側が「聖」、外側が「俗」に相当する。「聖」の場には夜間から早朝にかけて留まることができる。そこは祈りをおこなう場、睡眠する場とされており、食事、喫煙、ビンロウの実の咀嚼（注18を参照のこと）、性交渉、用便などが禁じられた。一方の「俗」の場は、昼間の世俗的活動をおこなう場であり、「聖」の場における禁忌行為の多くが許可されている。

(14) その背景には、戦後に高まった反イギリス的な風潮のほか、政府がこれまで各教会に依拠してきた植民地統治に自ら乗り出したこともあり、メソジスト教会の影響力が失われつつあったことがあげられる。

(15) エトは、第二次世界大戦時のアメリカ軍の戦争介入とその後の駐留をソロモン人に対する支援活動として感謝し、その御礼とアメリカによるソロモン諸島の統治を望んで手紙を書いたという。なお、アメリカ兵は北ニュージョージアにも駐留しており、エトは多くの兵士たちとの個人的な交流を楽しみ、彼らを自分の家や教会に招いていたとされている。

(16) 人頭税は、成人男性（16歳から60歳まで）を対象に１９２１年から開始された。これは現金経済活動に参加していなかった人びとを農園労働やコプラ生産に向かわせるためのものであり、1年あたり1ポンドが徴収された［Bennett 1987:162］。

(17) ソロモン諸島の政治形態は立憲君主制で、元首はイギリス国王である。そして、総督はイギリス国王の代理という位置づけであり、議会で選出されたソロモン諸島の出身者がつとめている。

(18) ビンロウはヤシ科の常緑高木であり、その果実に石灰を混ぜてコショウ科植物キンマの葉で包んだもの（この嗜好品もビンロウという）を口のなかで咀嚼する。これはソロモン諸島のほぼ全土でみられる嗜好の習慣であり、噛むほどに口の中が赤くなり、独特の興奮作用を生む。

(19) 各委員会は1人の書記と、少なくとも26人の委員を抱えている。これらの役職者の選出方法について、書記はイカンと各委員会の議長の話し合いによって決定され、26名の委員は全体会議における投票によって各村落から選出される。書記と委員の任期は、2期4年までである。なお、委員会の議長の任期に関する規定はなく、彼らがその座から自発的に下りるまで続けることができる。議長の後任は、やはり「神聖なる家族」から選出されることになっている。

(20) １９６０年以降、パラダイス村では、世界最高水準の出生力に支えられ、急速な人口増加を経験してきた。とくに１９６０年代から70年代までの、いわば「ＣＦＣの安定期」においては、パラダイス村の年人口増加率は8パーセントに達する勢いであったことが報告されている［中澤・石森 2004］。

(21) このような志向性は、現在のCFCにおける経済開発に重点をおいた政策にも反映されている。イカンの時代には、伐採跡地を利用した植林活動に代表されるように、貨幣経済への関与が強いプロジェクトが実施されているが、それでもエトの教えを変えることなくという前提がある。すなわち、エトがもたらした「愛、平和、連帯」に基づいた「新しい生活」を保持したままで、経済開発を推進するということである。そのため、労働の内容や規模は変わったとはいえ、全員が連帯して同じ労働に従事し、教会側が利益の大部分を一括して管理することで、全員が享受できるような投資をおこなうという理念に変化はみられない。

(22) たとえば、メラネシアの人びとの日常的な実践に関する研究からはじまり、現代メラネシアにおける国家政治の分析にさいしても、カーゴカルト論の理論的枠組みが適用される始末である。

引用文献

石森大知［2007］「土着主義運動論の展開とその批判的考察――ソロモン諸島クリスチャン・フェローシップ教会の事例」『南方文化』34：91～112頁

［2011］『生ける神の創造力――ソロモン諸島クリスチャン・フェローシップ教会の民族誌』世界思想社

塩田光喜［1998］「神の国、神の民、聖霊の風――パプアニューギニアにおける聖霊運動と神権国家への希求」『東洋文化研究所紀要』136：23～88頁

白川千尋［2002］「ヴァヌアツにおける呪いと福音――長老派教会の福音伝道運動をめぐって」杉本良男編『福音と文明化の人類学的研究』31：271～291頁、国立民族学博物館調査報告

棚橋　訓［1996］「カーゴカルトの語り口――ある植民地的／人類学的言説の顛末」清水昭俊ほか編『岩波講座文化人類学12　思想化される周辺世界』132～154頁、岩波書店

中林伸浩［１９９７］「独立教会運動における政治と文化」中林伸浩ほか編『岩波講座文化人類学６　紛争と運動』３１３〜３３９頁、岩波書店

中澤　港・石森大知［２００４］「急速な人口増加の成因と帰結」大塚柳太郎編『島の生活世界と開発（１）――ソロモン諸島：最後の熱帯林』35〜53頁、東京大学出版会

西野照太郎［１９７６］「変貌」石川栄吉編『民族の世界史14　オセアニア世界の伝統と変貌』２６３〜３１２頁、山川出版社

吉岡政徳［１９８８］「ナグリアメル運動――ヴァヌアツ独立前夜」須藤健一・山下晋司・吉岡政徳編『社会人類学の可能性Ｉ　歴史のなかの社会』１５７〜１７７頁、弘文堂

［１９９４］「〈場〉によって結びつく人々――ヴァヌアツにおける住民・民族・国民」関本照夫・船曳建夫編『国民文化が生まれる時』２１１〜２３７頁、リブロポート

Barker, J. [1990] "Introduction : Ethnographic Perspectives on Christianity" in Oceanic Societies. In J. Barker (ed.), *Christianity in Oceania : Ethnographic Perspectives*. pp.1-24. Maryland: University Press of America.

Barr, J. [1983] "A Survey of Ecstatic Phenomena and 'Holy Spirit Movements' in Melanesia." *Oceania* 54 (2) : 109-132.

Bennett, J. [1987] *Wealth of the Solomons : A History of a Pacific Archipelago, 1800-1978*. Pacific Islands Monograph Series 3. Honolulu : University of Hawaii Press.

Carter, G. [1978] "Holy Mama." *Pacific Islands Monthly*, 10 : 8-9.

Chesher, R. [1978] "Holy Mama, Solomons Prophet Built a Paradise for His People." *Pacific Islands Monthly*, 7 : 18-20.

Christian Fellowship Church [1965] *The Constitution of the Christian Fellowship Church (1)*, Unpublished.

[1990] *The Constitution of the Christian Fellowship Church (2)*, Unpublished.

Crowley, T. [1965] *A New Bislama Dictionary*. Suva : University of the South Pacific.

Goldie, J. [1908] "The People of New Georgia : Their Manners and Custom and Religious Beliefs." *Proceedings of the Royal Society of Queensland*, 22 (1) : 23-30.

Harwood, F. [1971] "The Christian Fellowship Church : A Revitalization Movement in Melanesia." Ph.D. dissertation. University of Chicago.

Leach, E. [1976] *Culture and Communication : The Logic by which Symbols are Connected*. Cambridge : Cambridge University Press.

Lindstrom, L. [1993] *Cargo Cult : Strange Stories of Desire from Melanesia and Beyond.* Honolulu : University of Hawaii Press.

Mair, L. [1958] "Independent Religious Movements in Three Continents." *Comparative Studies in Society and History*, 1 : 113-136.

Sundkler, B. [1976] *Zulu Zion and some Swazi Zionists*. London: SCM.

Tippett, A. [1967] *Solomon Islands Christianity : A Study in Growth and Obstruction*. London : Lutterworth Press.

Turner, V. W. [1969] *The Ritual Process : Structure and Anti-Structure*. Chicago : Aldine Publishing Company.

Tuza, E. [1977] "Silas Eto of New Georgia." In G. Trompf (ed.), *Prophets of Melanesia*. Suva : University of the South Pacific.

[1979] "Paternal Acidity." *Pacific Islands Monthly*, 1 : 8-9.

Worsley, P. [1968] *The Trumpet Shall Sound : A Study of "Cargo" Cults in Melanesia.* New York : Schocken Books.

第5章　辺境の牧師たち

――パプアニューギニア・マヌス島のキリスト教と伝統

馬場　淳

はじめに――「おまえの名は『生命の書』に書き込まれた！」

南西太平洋、ニューギニア島の北方、赤道に近い海上にマヌス島がある。面積にして香川県ほどの島の北岸に、筆者のフィールド（調査地）がある。2003年7月17日の午後3時半頃、久しぶりに町（マヌス島北東部の州都ロレンガウ）に行こうと決めた筆者は、明日の乗り合いボートの予約をするべく、ボート所有者の家に向かっていた。乗客がいっぱいになるとボートは出てしまうため、予約を入れて確保しておく必要があったのだ。途中、海岸沿いの一軒家を通り過ぎたあたりで、どこからともなく呼びかけられた。声は、サンゴ礁の上に建てられた海上トイレから聞こえてきた。まもなくある男が、樹木を接ぎ合わせた「トイレの橋」をゆっくり歩いて、こちらに向かってきた。ジョンだ。その手には、どこかのキリスト教宗派が発行しているニューズレターらしきパンフレットが握られていた。トイレをしながら読んでいたのだ。筆者の事情を聴くと、彼も明日ボートに乗りたいというので、一緒に予約しに行くことになった。ボート所有者に予約を取り付けたその瞬間、彼はパンフレットをもった手で筆者の肩を抱きながら、「おまえの名は今、『生命の書』に書き込まれたぞ！」と嬉しそうに叫んだのだった。筆者は爆笑した。日本では聞きなれない奇抜な表現に。そしてまったく異なるレベルの出来事――ボートの予約名簿に筆者の名前が書き加えられたこと、天国行きの「生命の書」に名前が書かれること――を重ね合わせる見事なセンスに。

このエピソードを単なるジョークだといって笑って聞き流してしまうわけにはいかない。この些細な事例は、キリスト教が日常生活のさまざまなことがらを理解する／語る語彙や枠組みになっていることを暗示しているのである。つまりそれほどキリスト教は今日、人々の思考や言動に深く根をおろしているということなのだ。無論、これはマヌス島のみの話ではない。日常的生活世界におけるキリスト教の重要性・自明性は、たとえば、パプアニューギニアの独立憲法にキリスト教が「パプアニューギニアのやり方」の一つであることが謳われていることからもわかるだろう。

もちろん、キリスト教がこの地にもたらされたのはそれほど遠い昔のことではない。一般的に、パプアニューギニアを含むメラネシアでの布教は、多くの衝突と犠牲が伴う苦難の連続であった。後述するように、島嶼部や海岸部を中心にキリスト教の布教拠点が確立していくのは19世紀後半から20世紀初頭にかけてのことだった。そしてキリスト教は、現地社会に未曽有の変容を引き起こしながら、急速に「定着」し、今日に至っているのである。パプアニューギニアの人々は、彼らの共通語（ピジン語）で、キリスト教をロトゥ（lotu）と呼んでいる。

キリスト教の意義深く甚大な影響については、これまで多くの民族誌がそれを伝えてきた。ここでは先行研究のすべてをレビューするのではなく――それは紙幅と筆者の能力を超える作業であるから――三つの点を指摘するにとどめておきたい。まず特筆すべき点は、キリスト教が現地社会に引き起こした宗教的反応やメンタリティの変容であろう。ニューギニア高地インボング族に関する大著『石斧と十字架』のなかで塩田［2006］が活写したのは、まさにこのことだった。同様に、パプアニューギニアその他、メラネシア各地で生じたカーゴカルト（積荷崇拝）や千年王国運動の多くは、キリスト教の影響を受けていた［e.g. Lawrence 1964; ワースレイ 1981］。これらのなかには、独自の解釈と体系化を通じて、自ら独立教会を立ち上げる者も出た［e.g. 石森 2011］。これらは、キリスト教がどのように受容され、ローカル化されたのかを例証するものだろう。第二に、教会の集団組織力が現実型の社会変革運動を組織・推進する上でも重要な役割を果たしてきたという点だ［e.g. Eriksen 2008; Douglas 2003］。各種のNGO団体も、教会をベースにしたところは多い。たとえば、1980年代後半からはじまったブーゲンヴィル紛争(1)は、現地住民に精神的にも物理的にも甚大な被害をもたらしたが、キリスト教の理念や教会組織・ネットワークは紛争後の修復的活動において主要かつ積極的な役割を担ったのである［cf. Havini and Sirivi 2004］。さらに、日常生活に定着したキリスト教の語彙や世界観は、土着のもの（地域社会）と新しいもの（グローバル化）を無理なく接合する「糊代」のような役割を果たしていることも見逃してはならない。ジョリーによれば、伝統文化と対立するかに思える西洋由来の人権概念は、キリスト教を経由することで否定的な反応を引き起こすことなく現地社会に取り入れられているという［Jolly 1997］。キリスト教はグローバルな人権概念を受容する「受け皿」となっているのである。

本論は第一の点（精神世界の変容）を基調とするが、そこで注視したいのは、キリスト教と伝統的慣習との関係である。ここでは、伝統的慣習を現地の言い方（ピジン語）に従って、カストム（kastom）と呼んでおこう。これは、しばしば「先祖のやり方」（pasin bilong tumbuna）と同義である。言うまでもなくカストムは、近代化のなかにあってもなお、日々の相互行為から冠婚葬祭の伝統的行事（カストム・ワーク kastom wok）にいたる、日常的な生活世界を構成・規整しているものである。キリスト教の受容／定着には、もう一方の側（現地側）にあるカストムの問題が常につきまとう。この交渉がキリスト教のローカル化を導く大きな要因となっている。

確かに、今日のキリスト教はカストムとは異なるものと考えられているが、だからといって排除・否定されるわけではなく、すでに述べたように日常的生活世界の自明な一部となっている。つまり人々は、礼拝に行ったり、聖書を語ったりする一方で、伝統的な冠婚葬祭を行い、祖先霊や呪術にかんする信念を表明しているのであり、キリスト教とカストムの矛盾や軋轢が顕在化することはどちらかといえば稀である。こうして、住民の生活世界は多元的な構成をとっている［e.g. 橋本 1996］。

もっとも、カストムとの矛盾や葛藤がまったくないわけではない。たとえば、原理主義的で熱狂的な宗派の一つである安息日再臨派教会（セブンスディ・アドベンティスト教会、以下ＳＤＡ）は、現地の嗜好品であるビンロウ噛みやタバコ、酒、肉、そしてカストム・ワークなどを禁止し、生活面で厳しい戒律を課している。これらの信徒たち、とくに教えを説く立場にある牧師は、カストムとどう折り合いをつけていくべきかという問題に常に向き合っているといわざるをえない。このことは、多かれ少なかれ、他のプロテスタント系の牧師やカトリックの教父・説教師についてもいえることである。

そこで本論では、現地で主導的な役割を担う三人の牧師に注目し、そのライフヒストリーや「教義」を具体的に検討してみたい。取り上げる三人の牧師のうち、一人は太平洋史にその名を残した運動の指導者パリアウである。もう一人は筆者を受け入れてくれたホストファミリーの「父」ポール、そして三人目は冒頭に登場したジョンである。ポールとジョンは、筆者が人類学的フィールドワークの対象としてきたマヌス島中央北岸（隣接するD地区とL地区）に暮らすクルティ語話者である(2)（図参照）。同じキリスト教といえども三人の宗派や世界観は異なり、人生の歩みやカストムへの対応なども興味深い対照をなしている。三人の事例をみることで、マヌスという辺境の島世界で生きられるキリスト教の多元性と、そこに潜む現地の人々による独特な解釈・受容のあり方が

図　アドミラルティ諸島とマヌス島

浮き彫りにされるはずである。なお本文中の表記についていうと、下線はピジン語（パプアニューギニア共通語）、イタリックは現地語（クルティ語）である。

第1節　マヌスとキリスト教

マヌス島は、大小200近くの島々からなるアドミラルティ諸島の中でもっとも大きな島である（図参照）。島の北東部にはマヌス州の行政・経済の中心となる州都ロレンガウがある。ここでは、マヌス島にキリスト教がどのように入ってきたのかについて概観してみたい。

まずキリスト教の導入は、19世紀後半からの植民地化の歴史に埋め込まれている。1884年、ドイツ保護領ニューギニアの一部となったことで、西欧世界との交流が部分的かつ漸次的にはじまっていった。それは、1911年にロレンガウに植民地行政庁が設置されることで、全体的かつ加速度的に進行していく。とくに税金の賦課は、アドミラルティ諸島民が貨幣経済と（白人のもとでの）労働に巻き込まれる大きな契機を提供したといえる。植民地初期には、人々は年季契約というかたちで、州内外のプランテーション労働に従事した。こうした人々が西洋的な生活様式の一つとして、キリスト教という外来の信仰を知っていくのである。マヌス初の説教師といわれるポミニスは、すでに世紀転換期頃、ココポ（ニューブリテン島）の契約労働に従事していたのだが、そのとき病院でカトリックを知り、洗礼を受け、説教師になるための教育を受けた［Kuluah 1979: 177-178］。その後、地元に帰って布教に努めたという。

マヌスでキリスト教の布教拠点が築かれていくのは、20世紀初頭のことである。１９１３年、クラインティッチェン神父をはじめ三名のカトリック宣教師がマヌス島の隣、ロスネグロス島の北部パピタライに布教拠点（ミッション・ステーション）を建立したのがはじまりとされている［Kuluah 1979: 180］。実に、ここは先に述べたポミニスの生地であり、彼の協力により容易に布教拠点となったわけである。その後、宣教師を増員し、数年間のうちに、ポワット（マヌス島東部北岸）、ブンドラリス（マヌス島西部北岸）に、１９２０年代にはパッ（マヌス島南部中央）、ビピ島（マヌス島西方の離島）に布教拠点が設置された（地図参照）。しかしながら改宗のプロセスは困難を極め、パピタライでの布教はめぼしい成果を上げられなかった。成功したのは、北岸のブンドラリスである。この教区を担当したボルチャート神父（Father C. Borchardt）によれば、１９１９年までに32人が洗礼したという。さらにキリスト年代紀上の布教年（jubilation）である１９２２年には、多くの信者が参集し、こぞって赤子を洗礼させる事態が生じたという。こうして北岸では、キリスト教の勢力が拡大し、それぞれの村にもカトリック教会が建立されるようになっていった。筆者が調査の拠点としたD地区には（ブンドラリスから15キロメートル程度）、１９４６年にカトリック教会が建てられた。クルティ社会全体をみても、カトリックは最大の信者を擁する。

なおカトリックと時を同じくして（１９１４年頃）、福音派（evangelist）教会——マヌスではイコム（ECOM = Evangelical Church of Manus）という——がロレンガウ近郊のルゴスに布教拠点を築いた。これら二つにやや遅れて、ＳＤＡ教会が入ってきた。こうして、宗派の違いはあれ、キリスト教がマヌスの土地に息づいていったのである。

では、20世紀初頭に怒濤のように押し寄せたキリスト教を、マヌスの人々はなぜ受容していったのだろうか。キリスト教への「改宗」熱が突然高じた原因は単一のものではないし、個別地域ごとに異なる。これについて十全な答えを出すのは筆者の力量を超えているが、ここでは二つの点を指摘しておきたい。まず一般的に言われていることだが、宣教師が与えたピジン語（識字力）と計算能力の実用的価値である［Mead 1956: 92］。マヌスのカトリックは１９２８年、ピジン語を布教の使用言語に正式に指定した［Otto 1991: 110］。次第に広まりつつあったピジン語は、より外部の世界へのアクセスを容易にさせるツールだった。具体的には、ピジン語の運用能力は、州内外の現地人警察や私的奉公人、ボートの乗組員などの仕事に就く上で、実践上の利点をもっていたのである。実際、パプアニューギニア大学の文学教授ミノルは、博士論文の一節を割いて、宣教師の施した教育の重要性を強調している［Minol 1987: 75-91］。第二は、もともとマヌスの宗教／信仰のなかに、キリスト教を受け入れる素地があったという見解である。オットーによれば、マヌスの宗教は現在志向的で、きわめて実践的な効用を中心に組織されていた——「効果への関心、〈本当の知識は効用をもつ〉という信念は、バルアンの人々、一般的にはマヌスの人々の基本的な心的傾向、ハビトゥスとみなされているようだ」［Otto 1991: 122］。このハビトゥスがキリスト教への「改宗」を理解する上で重要だというのである。つまりキリスト教もまたそうした「力」をもつと信じられるようになっていたのである。当時、伝統的な治療方法では治らなかった病気が、キリスト教徒の祈りによって回復するというストーリーが広く流布していた。これが人々のハビトゥスと共鳴し、突然の「改宗」

の動きを促進したというわけである。(3)

ところで、アドミラルティ諸島に存在する25言語すべてではないが、聖書の現地語訳も進みつつあることを記しておきたい。たとえば、筆者が調査するクルティ語は、幸運にもＳＩＬ（Summer Institute of Linguistics）による言語調査と翻訳事業の対象となった。SILは、主に無文字社会を対象に言語調査・翻訳を営むキリスト教系の国際的研究機関であり、パプアニューギニアでも広範な活動を行っている。クルティ社会に派遣されたアメリカ人のボブは、１９９０年代初頭から内陸高地部に住み込み、27人（２０００年時登録数）の現地人と協力して、語彙の収集から文法の解読、正字法の開発に取り組んできた。その成果として、『クルティ語のためのアルファベット読本』（１９９６年刊行）や『マルコによる福音書（*Mak Idetorwei*）』（２０００年刊行）のクルティ語訳がある。しかし想像以上に困難をきわめているようで、聖書の全訳の見通しはまだまだ濃い霧に包まれている。通常、住民はピジン語の聖書を用いている。

第2節　栄光のカリスマ——パリアウ

マヌス史において、キリスト教が独特な宗教的反応や精神世界の革新を引き起こした最初の、かつもっとも有名な事例は、パリアウ・マロアット（Paliau Maloat、Moloat と表記されることもある）であろう。彼は太平洋戦争直後からパリアウ運動を、１９７０年代後半からマカソルを率いた指導者である。この二つの運動は連続しているが、異なる「教義」に支えられていた。以下では、二つの運動ごとにパリアウの思索を見ていくことにしよう。

1. パリアウ運動

１９４６年、パリアウは、太平洋史にその名を刻むことになるパリアウ運動[4]をはじめた。これが有名となったのは、カーゴカルトとは異なり、現実路線型の社会運動だったからである［ワースレイ 1981: 260-261］。「ヌペラ・パッシン」（nupela pasin）――「新しい生活様式（やり方）」を意味するピジン語――を掲げたこの運動は、その名のとおり、日常生活の全般的な再編からオーストラリア植民地行政の制度改革までを視野に入れた、新しい社会秩序の創生を目指した。マヌス島南方の小さな離島、バルアン島（彼の出身地）から生じた運動は、多くの支持者を獲得しながらアドミラルティ諸島の広い範囲に広がり、１９６０年代にはパリアウを議長とする行政制度が確立し、その目的を遂げたのであった[5]。

ここで、彼の政治的成功がキリスト教を独自に解釈・再定式化した宗教的「教義」に支えられていたことに留意すべきである。その典拠は、パリアウとイエスが重なり合う「神の長い物語（Long Story of God）」である［Schwartz 1962: 252-262; Otto 1992: 50-52］。それを要約すると、次のようになる。

神は万物を創造し、同時にいかなる欲望も死も知らない人間が楽園に誕生した。しかしこの至福の原初状態は、神の秩序に背いたがゆえに終焉を迎えた。神の知識を失った人間の生活は、それ以来、苦痛、重労働、病気、死、混乱に満ちたものとなった。神はそんなみじめな人間に同情し、真実の知識を再び開示するべく「息子」＝イエスを送った。今の混沌とした地獄の実践＝「祖先たちのやり方」を破棄するなど、彼の言葉に従う人々には救済が訪れるというのである。しかしイエスは彼を怖れる政治家（＝白人）たちに逮捕・監禁されてしまう。政治家は、イエスのことをボーイと呼んだ[6]。

真の知識の流布を怖れた白人の植民地政府によって、イエスの言葉はマヌスの人々に届くことはなかった。逆に、白人宣教師たちは、隠喩（tok bokis）を使って、イエスの本当の言葉を隠蔽しつつ、上記とは異なる物語を現地の人々に教えた。よって現地の人々はイエスの言葉や神の知識を正確に理解することができない状態に置かれていたのである。結果、マヌスの人々は祖先の誤ったやり方を実践し続け、植民地支配者との不平等性が維持されてきた。

しかし神はマヌスの人々が真の知識を得られるように様々な方法を考えた末、ある現地の男性に直接、開示しようと決めた。その男こそ、パリアウであった。イエスは、彼の夢に現れ、神の真の知識と上記の「偽りの歴史」を教えたのだった。もしマヌスの人々がパリアウを通じて神の言葉を受け入れ、従うならば、地獄に落ちる以前の至福の原初状態が回復されるだろう……。

以上のように、「神の長い物語」は、世界の「秘密」――植民地支配者＝白人との不平等性とその欺瞞、パリアウこそイエス＝神の知識の伝道者であること――を暴き、パリアウに超自然的な権威と正統性を与えるものだった。パリアウは、この権威のもとで「ヌペラ・パッシン」を実行に移したのである。「ヌペラ・パッシン」は、「神の長い物語」を反映していた。実に、パリアウ運動下では、数々のカストム――物語でいう「地獄の実践」――が放棄され、白人のような規律正しい近代的生活様式が推奨されたのだった。[7] 具体的には、アドミラルティ諸島に存在していた三つの生態的な集団分類（マヌス、マタンコール、ウシアイ）は捨て去られ、伝統的に異なる生業形態で生きていたそれらの人々――ときに敵対的ですらあった――がともに協同・参画する新たな共同体[8]（コミュニティ）が構築された。また伝統的リーダー（ラパン）と庶民（ラウ）、パトロン・クライアント関係などといった従来の階層的諸関係は、神（ラパン）のもとの平民（ラウ）の関係に置き換えられ、すべての人々が平等とみなされた。祖先崇拝の象徴である骸骨は海に投げ捨てられ、階層的差異を生産・再生産する伝統的儀礼の規模も一律に平準化された［Schwartz 1962: 285］。

そして運動に参加した村にはパリアウの「教義」を説くパリアウ教会が創設され、人々は従来の教会を捨て、その信者となっていった。このような宗教的な共感者が、マヌスの行政をオーストラリア人から奪還する政治運動の支持者であったことは言うまでもなかろう。なおその「教義」は、白人（植民地政府の役人やキリスト教宣教師）の前では――彼らがマヌスの人々にそうしてきたように――厳格に秘匿されたという。

確かに、パリアウ運動の政治的成功は、パプアニューギニア史に残る偉業である。しかし「ヌペラ・パッシン」が日常的生活世界の「常識」となるにつれ、パリアウの主張は独自性を求めて――政治家として人々を常にひきつけておくためだろうか――より神秘的な傾向を帯びていったようである。たとえば、ワイコは『パプアニューギニア小史』のなかで、パリアウが自分の背後に写っている「自由の女神像」を「神との遭遇」に見立てたエピソードを紹介している［Waiko 1993: 150］。この写真は1960年代初頭、国連の本部ニューヨークを訪れたときに撮ってきたものである。筆者の調査でも、彼が現地の人々に写真を見せながら、「神との遭遇」をふれまわったことは確認されている――調査地の住民は「神」ではなく「天使」と語ったが。皮肉なことに、加速するパリアウの神秘主義的傾向は、地域社会の漸次的な近代化とは明らかに反比例するものだった。こうして、かつてパリアウ運動の多くの支持者＝信者たちは次第にパリアウから離れていった。(9) 1972年、パリアウは長く独占していたマヌス地方行政議会の議長を退き、マヌスの政治はパリアウの手から離れていくことになった。これは一つの時代の終わりだったが、新しい運動のはじまりでもあった。

2. マカソル

パプアニューギニアの独立（1975年）に伴い、州政府を樹立していく政治的変動は、パリアウにさらなる焦りや危機感を与えたようである。パリアウは、民主主義的な州政府制度を完全なる「白人の制度」とみなし、マヌスの人々にとって害悪であるとして、猛反対したのだった。そこで州政府への対抗運動として、マカソル（Makasol = Manus Kastom Kansol というピジン語の略称、日本語に訳せば「マヌス伝統評議会」）という政治団体を新たに立ち上げたのだった（1978年）。しかしそれは、かつてのパリアウ運動とは似て非なるものであった。というのも、マカソルでは、その名称が示しているように、パリアウ運動で否定されたはずのカストムが逆に強調されたからである（後述）。以下では、パリアウ運動期の「教義」との比較を念頭において、マカソルについて見ていこう。

新しい「教義」の典拠は、「マカソル物語」（MaKasol Stori）と呼ばれている[10]［Maloat 1985］。神の万物創造から原初的秩序の崩壊といった筋に大きな変更はないものの、そこでは新しい存在、名称、出来事などが加味され、思考の進化が看取される。たとえば、マカソル物語にはウィング（Wing）、ワング（Wang）、ウォング（Wong）という三つの聖なる存在が独特の名称をもって登場する。ウィングは「天かける大いなる翼」であり、神を指す。ワングはその息子であり、イエスの別名とされる。ウォングは聖霊（Holy Spirit）に相当する。また「世界」は三層、つまりウィングの場、天使と聖霊の場（天国）、そして人間が暮らす場（地上）に分割される。空気のような存在である神は順次、こうした天国や地上、人間を創造していったというのである。その後の展開については、以下に要約する。

天国では、選挙によって、「輝く太陽」[11]が王、ワング（イエス）が副王に選ばれた。しかしやがて天国の王である「輝く太陽」は父＝神（ウィング）に服従しなくなり、至福の天国は危機的な状態に陥った。ワングは神と他の天使たちの助けを借りて「輝く太陽」を打ち負かし、天国の平穏を回復した。ワングが王となり、「輝く太陽」は悪魔（サタン）と化した。「輝く太陽」は天国から追放され、地上を彷徨い、アダムとイヴをそそのかす。一度は聖霊がそれを阻止したものの、サタンはアダムとイヴの「心」に入り込むことに成功した。その支配は、彼らの子孫にまで継承されていく。かくして一つの言語は多くに分岐していき、地上には対立、悪事、苦痛、死がはびこるようになった。何よりも問題なのは、地上の人間が自分たち独自の「神」≠ウィングを選んだことだった。

ウィングの怒りは天災のかたちで地上に降りかかったが、イエスは苦しむ人間を見て自ら地上に降り立ち、直接的に真実の知識を与えることを決意する。かくしてイエスは、聖霊（ウォング）とともに、地上の「人間」として受肉することになった。真の知識を伝えるため、イエスは超自然的な力を示した――人を癒し、雨を止ませ、海を穏やかにし、食物を実らせるなど。しかしサタンに支配されていた地上の人々は、なかなかイエスの言葉を信じようとしなかった。自らが正しいことを示すため、イエスは死を決意し、三日後に生き返った。この出来事は、地上のすべての人々や支配者たちを圧倒し、イエスこそが王／支配者であることを見せつけるものだった。

マカソル物語はここで終わる。パリアウによれば、マカソル物語は「ヌペラ・サベ」（nupela save）＝新しい知識とされたが、「初期の運動では白人支配の結果として示せなかった」知識＝物語だったという［Otto 1992: 62］。1970年代後半、マヌス島を訪れたメアリー・キャサリン・ベイトソン――マーガレット・ミードとグレゴリー・ベイトソンの娘――も「新しい教義こそ正しいものだということは最初から知ってはいたが、あえて知らせずにおいたのだ」というパリアウの説明を記録している［ベイトソン 1993: 265］。

しかし以前の「神の長い物語」と比較すると、重大な変更が加えられていることに留意すべきであろう。一つは、以前は植民地政府だった「敵」が、マカソル物語ではサタンとなっているということだ。つまり戦うべき相手は、人間の心のなかに巣食うサタンなのである。なおマカソル物語では、従来に見られた白人と黒人との対立もなくなっている。これらの変化は、パリアウ運動の成功、そしてパプアニューギニアの独立という政治社会的変動を反映していると言えよう。二つ目はパリアウのカリスマ性を担保していたイエスとの同一化が見られないという点である。確かに、パリアウは自らを「世界で最後の預言者」と呼ぶが、物語そのものには以前のようなイエスとの同一化が明言されていない。ここで彼は、自らを神政国（theocracy）の樹立に向けた媒介者という曖昧な立場に置く［Otto 1992: 60-62］。パリアウが民主主義的な政体（州政府）に対置したのは、神権主義的な政体だったのである。無論、その神とはキリスト教的な神ではなく、依拠する経典も『聖書』ではない。

ところで、前にマカソルではカストムが強調されたと書いたが、ここにおけるカストムの意味には注意が必要である。パリアウは、「良い」カストムと「悪い」カストムを分けていた。彼は人間を自由にしたり、乱れた今日の若者問題を解決するカストムは「良い」としており、マヌスのカストムもそうした「良い」部分を持っていることを認めていた。しかし彼の念頭にあったカストムの原イメージは、一般的に使われる「祖先のやり方」ではなく、サタン以前の「アダムとイヴのやり方」であった［Otto 1992: 60-61］。すなわちマカソルで称揚されるカストムは、以前の運動が否定したカストムとは違う意味を含んでいたのである。ここに、過去のパリアウ運動と連続させつつ神政国論との整合性をはかるパリアウの調整が看取される。

マカソル物語やカストムをめぐる一連の主張は、その難解さや曖昧さもあって、一般住民の理解を必ずしも得られたわけではなく、むしろ誤解や混乱を引き起こした。実に、パリアウ運動からの離脱者をすべて回収できたわけではないし、先に例示したベイトソンは当時、隣でパリアウの話を理解しているシュヴァルツ――パリアウ運動の記録者――に驚嘆したという。彼女の面前にいるパリアウは、書物や母（ミード）から聞いていた英雄的な人物ではなく、意味不明な神秘的信仰を熱く説き回る怪しいオヤジでしかなかったようだ［ベイトソン 1993: 265］。しかしマカソル――1990年3月、ウィン・ネイセン（Win Neisen）に改名――は、マヌス島南東岸や周辺の離島で支持を得て、今日でも政党としてのプレゼンスを保持している。1991年11月1日、太平洋史に名高いパリアウの旅路は終わったが、彼の残した「遺産」はしっかりと後代に受け継がれているのである。

第3節　二つの領域を生きる者――ポール

1．ライフヒストリー

ポールは1960年、D地区で生まれた。小学校6学年を終えた後、村でやんちゃな若者時代を過ごした。体格がよく、近隣の住民やロレンガウの連中としばしばケンカをしていたという。その後、70年代後半に、ポポンデッタ（オロ州）の技術訓練学校に通い、モーターボートのシステムについて学んだ。現在、彼は船外機付きモーターボートの修理工として、地元で高く評価されている。修理工の希少さや技術の質もあるが、人々から金をとらないという気前の良さも人気の秘密である。タテマエ上は料金表があるものの、基本的に修理代を請求することはない。「（彼らが）払いたければ払えばいい」と言う（当然だが、注文して取り寄せる部品については依頼人負担である）。

彼の人生の転機といえるものは、80年代ひたすらD地区の後背地（ブッシュ）で厭世人のように過ごした経験である。女遊びや娯楽を一切断ち、自給自足の生活を試みたというのである。そしてこのとき、日々訪れる深い森の静寂と暗闇のなかで、「これじゃいけない……変わらねば！」と決意を固めた。この決意は、地域社会と自己の変革を意味していた。つまり地域社会を立て直すリーダーとして身を立てていくということである。彼は海岸部へ戻り、家の近くにボート小屋をつくり、自らのスキルを活かして人々の役に立とうと努めた。また冠婚葬祭のカストム・ワークにも積極的に参加し、カストム・ワークのシステムを学んだ。彼は、少年時代から多くの老人たちの話を横で聞き、カストムが社会生活と人間関係を強く支えているものだということを学んでいた。そして何より、カストムこそが、自分をリーダーにするということも。現在、ポールはカストムについて多くを知る人物だといわれ、カストム・ワークを取り仕切る手腕を高く評価されている。

彼の目的は、思ったよりも早く実現した。1992年の選挙で、D地区のカウンシラー（地区を代表する地方議員）[12]に選出されたのである。選挙に先立って、長老から、この地区のカウンシラーをやってみろと強く推薦されたという。だが当初、小学校卒業程度の学歴しかない彼は、政治的なトップに立つことにやや引け目を感じていたようである。そこで自分の周りを有識者でかため、彼の10年にわたるカウンシラー生活がはじまったのである。そしてさまざまな計画を立案し、コミュニティをまとめ、D地区の発展に貢献した。

ポールがキリスト教に回心したのは、ちょうどカウンシラーになった頃である。彼が参入した教会は、新使徒会（New Apostolic Church）という、マヌス州全体でもマイナーで、新参の教会だった。新使徒会は、もともと19世紀にカトリック使徒教会から分離し、ヨーロッパ大陸でプロテスタント色を強めた教派であり、新大陸にも多くの信者を擁する。PNGの新使徒会は、オーストラリアの管轄下にある。マヌス州における新使徒会の

サゴヤシの葉で作られた新使徒会の教会にて（2008年）　筆者撮影

布教拠点はランブーチョ島とD地区の二つしかない。当時、D地区において新使徒会の教会勢力を設立・拡大しようとしていたポールの親族であり、よき相談相手でもあった古老のビッグマンの誘いで入ったのだった。よって、特に預言者的な啓示を受けたわけではない。むしろ当初の動機をあえて探れば、信仰心よりも政治的な意図の方が強かったと考えられる。彼は「多くの人々を動かすには、キリストの言葉が必要なのだ」としばしば語る。恐らく、D地区のコミュニティに向き合ったとき、カストムだけでは人々を動かせないと感じたのかもしれない。

ただ動機がどのようなものだったにせよ、ポールは、その古老に代わって、いまやD地区の新使徒会を仕切る牧師にまでなった。青年時代、ほとんどキリスト教と無縁な生活を送っていた彼は今、毎週日曜日、教会の壇上にあがり、キリスト教を説いているのである。彼は、ほぼ毎年、パプアニューギニアの他州で開かれる新使徒会の総会に参加し、定期的に送られてくるパンフレット（英語）も欠かさず読み、勉強を怠らない。彼のパーソナリティにもよるだろうが、こうした「中心」への強い志向性は独自の教義創造への動機を抑制しているのかもしれない。いずれにせよ、ポールはカストム、政治、キリスト教の領域において、リーダー的な存在となったわけである。彼は２００２年、カウンシラーの座を他者に譲り渡したが、そのとき筆者との会話で次のように述べた――「今は、ロトゥ（キリスト教）に専念したいのだ。人々、とくに若者の精神開発（spiritual development）はこのコミュニティ（D地区）にとって喫緊の課題だから……」。政治の表舞台から身を引いたとしても、地域社会をよりよくしていこうとする彼の旅路は続いている。

2. キリスト教とカストムの対立と止揚

ポールにとって、カストムとキリスト教は相互補完的な関係にある。まず彼によれば、人間は「身体の部分」（sait bilong bodi）と「精神の部分」（sait bilong spirit）に分けられ、カストムとキリスト教がそれぞれを担当する――「人間は、食べ物がないと死んでしまう。それと同様に、我々の精神は、キリストの言葉を食べて生きている」。ここでいう「身体の部分」とは、食料から住居、日々の「振る舞い」[13]といった社会生活の表出的側面を指す。（菜園や住居の）土地、人間関係（系譜）は、カストムの問題である。それに対して、キリスト教は「自己」の世界史的位置、人生観、死生観、ありうべき結婚生活の教訓など、人間存在や社会生活に意味や概念を与え、精神生活を支えるものだと彼は言う。こうしてキリスト教とカストムは、それぞれしかるべき役割や領分を持ち、全体として人間生活の調和を実現しているというわけである。

ここで、クリスチャンとしての彼の特徴がはっきり表れている具体的な例を見てみよう。２００３年11月、ポールの近所（L地区）に暮らす夫婦が離婚をめぐって協議していたとき[14]、ポールはこの夫婦に対して『聖書』をかざしながら以下のように語った。

……『コリントの信徒への手紙』の7章3節をちょっと見てみよう。そこには、結婚の「振る舞い」について書かれている。6節や10節、11節などもあるが、3節を読んで、考えをはっきりさせよう。（中略：読み上げる）このコトバは、我々に「振る舞い」について教えてくれている。わかっているように、「振る舞い」はあなたがたの中にあるものに従っている。あなたたちが結婚したら、神の王国がきて、あなたたちの「振る舞い」は、イエスの「振る舞い」そのものとなる。……男と女が結婚したら、この法が与えられる。これは私の法ではなく、偉大なるものの法（lo bilong bikpela）である。……なぜこのコトバと法を破るのだ？神の手の上ですべてのものが動かなければならないはずだ。今、二人は互いを捨てたがっている。そのような意思は、法じゃない。

彼の語る「偉大なるものの法」が、国家の法律でもカストムでもなく、「神の法」つまりキリスト教であることは明らかだ。「振る舞い」は、この法に従っている。離婚とは、当事者のなかにこの法がうまく内面化されていないことから生じる。お互いがそれぞれ同じもの（偉大なるものの法）をきっちり内面化しているならば、法を破るような悲劇的な事態（離婚）など起こりようもないからだ。このように、ポールは「君たちは本当にキリスト教徒なのか」と夫婦を問い正すのである。

ところでこの語りは、興味深い論点を提起している。先に身体や「振る舞い」とはカストムの問題と述べたが、ここではそれが「神の法」にもとづくと語られている。これは、キリスト教：カストムの関係が精神：身体にパラレルに呼応する二元論に矛盾するのではないか。ポールは別のところでも、この種の疑念を提起する発言をしている。以下の引用は、ポールがカストムに関心を寄せる筆者に語ったものである。

カストムとキリスト教は同じだ。来訪者をもてなしたり、助け合うのは、どちらも同じだ。神は、先祖に知恵（wisdom）を与えた。しかし、先祖は『聖書』を読むことができなかった。頭の中にはあった！　神は、振る舞いのあり方を先祖に与えていたのだ（2002年12月31日）。

ここでは、カストムとキリスト教は、『聖書』という文字媒体があるかないかの違いにすぎず、根源的には同一だという見解が明確に表明されている。そうすると、カストムとキリスト教、身体と精神を区別することに実質的な意味がなくなってしまうのではないか。この「支離滅裂」な見解について、寝食をともにしてきた筆者なりの解釈を加えておこう。

まずポイントとなるのは、『聖書』という「書かれたもの」にある。カストムとキリスト教はどちらも世界を語り意味づける言葉をもつが、口頭：書面という点で明確に異なる。これが新たに導入されるポールの二項対立である。先の語りでは文字媒体を軽視しているかに思えるが、実にポールが「書かれたもの」に置く価値は大きい（ライフヒストリー参照）。彼にとって、「書かれた言葉（＝聖書）」と「精神の部分」はセット——精神がキリストの言葉を食べる——なのである。

次に押さえておきたいのは、ポールがカストムとキリスト教の差異と同一性をどちらも担保しておきたいと考えているということである。なぜなら、それは、彼の、また現地住民のリアリティでもあるからだ。そのリアリティは、カストムとキリスト教をそれぞれ円としてイメージするとわかりやすい。二つは、すでに述べたように、それぞれ身体：精神に作用するという明確な分業をもつ（差異）。しかし二つの円が重なり合っている部分（同一性）がある。それが彼の言う「助け合い」や「もてなし」である。実際、彼を含め多くの現地人は、しばしば

「助け合い」「もてなし」を「これがキリスト教で、あれはカストムだ」ときっちり分類できない。それは、『聖書』の教えであり、「精神」の表れでもあると同時に、「身体」に関わる具体的な行為——「助け合い」「もてなし」は必然的に食事やモノ、労働力の提供を伴う——でもある。そしてこの重なり合う部分にカストムとキリスト教の違いがあるとすれば、それは口頭：書面でしかない。

ポールは、身体：精神や口頭：書面という二項対立を駆使しながら、カストムとキリスト教の差異と同一性を巧みに操作している。それは、どちらの世界でもリーダー的役割を担っているがゆえに、いずれの世界にも等しく向き合わなければならない彼の宿命なのかもしれない。彼の思考は、独自の教義を創造することよりも、二元論的世界の調和やバランスをとることに向けられていると言えよう。

第4節　神に召命された者——ジョン

1．ライフヒストリー

ジョンは1950年、L地区に生まれた。地元のマヌスで10学年を終え、1973年に彼は当時の国営会社PTC（郵便・電信会社）に就職した。彼は職場のポートモレスビーを軸に、香港やマレーシアなどさまざまな国を訪れ、近代的生活様式を見聞した。またこのとき、ポートモレスビーの病院で看護師をしていたジポラ（同じマヌス州出身）と出会い、結婚した。二人は、三人の子どもに恵まれた。

しかし妻のジポラは、ポートモレスビーでの暮らしがひどく荒廃したものだったと回想する。ジョンは、高給取りゆえに、酒、タバコ、女に溺れていたからだ。現在のキリスト教に殉ずる生活とは真逆の、堕落したものだった。しかしその無茶な生活がたたったのか、集中治療室へ担ぎ込まれるほどの重病を患ってしまう。1994年12月7日、彼は生死の境をさまよっている間、神の啓示を受けた。彼の回想によれば、その啓示は以下のようなものだった（KBMIのパンフレットに掲載）。

今こそ、マヌスのために、神のヴィジョンを書き記せ
そして読む人に神が宿るように、それを石板の表面に記せ
そしてこう語るのだ
約束された時はまだ来ぬが、その時は必ず来る、と。

「神が、地獄の穴から救い出してくれた」――病気の回復は、神の祝福であったと回想している。この機にPTCを辞職し、彼は敬虔なキリスト者として生きることを決意した。

まず彼は、地元ではまだ新参で、信者が少ないCOC（Christian Outreach Center）に加入した。これは、SDAと同様の厳しい戒律をもっているが、規制されたキリスト教徒の生活様式は、むしろ心を入れ替えたジョンにとって魅力的なものだったようである。これ以後、彼の預言者への道程がはじまる。

1996年、PTCの退職金を使って、COCのつながりでSouth Pacific School of Ministriesに参加した。これはソロモン諸島の首都ホニアラで開かれた約1年間の研修コースだった。三人の子どもを連れ、一家総出で参加したという。マヌスに帰ると、ジョンはCOCの牧師となり、クルティ地域を中心に伝道活動に励んだ。2001年には、ハワイで開かれたハッガイ研究所（Haggai Institute）主催のWorld Evangelism Seminar

ＫＢＭＩ教会で自説を熱く語るジョン（2008年）　筆者撮影

for Third World Nations に参加した。このセミナーには、バプティスト教会やペンテコスト系諸宗派のリーダーが多数集まっていた。ジョンによれば、このとき、現在の資金源となる「友人」を得たという。また２００３年には、首都ポートモレスビーで開かれたInternational School of the Prophets に参加した。これは Covenant Ministry International が主催したもので、１ヵ月という短い期間だが、預言者による、預言者のためのセミナーとして、ジョンに強い印象と自信を与えた。以上のように、ＰＴＣの退職金を資金としながら、ジョンは預言者としてのスキルや思考を醸成させてきたのだった。

　そしてジョンは２００４年1月1日、自らＫＢＭＩ（Kingdom Breakthrough Ministries International）を立ち上げた。彼がキリスト教に「目覚め」てから10年後のことである。設立当初は6人だったが、２００８年時点で80名近く信者がいる。ジョンを含めて4人の常勤信者が日々、ＫＢＭＩの運営に従事している。ＫＢＭＩを紹介したパンフレットには、神の啓示（上述）、

ＫＢＭＩの目的、活動、連絡先が記されている。ＫＢＭＩは「外」からの資金を使って、雨水をためるタンク（中サイズ）、トタン屋根の木造家屋（セミナールームとして使用）、教会、陸稲のための棚田をつくり、ＫＢＭＩと記された船外機付きモーターボートを所有し、着実に伝道活動の土台を築きつつあるといえよう。

2．キリスト者の葛藤

ジョンによれば、「今、神が新しい動きをはじめるとき」であり、「預言者と使徒の啓示は、神の御心から我々マヌスの人間の『魂』に到達し……キリストの力と栄光が、この地上に現れる」という。しかし啓示が、人間の「魂」に到達するのは、容易ならぬことである。ジョンの考えでは、人間は身体（body）、精神（mentality）、そして「魂」（spirit あるいは soul）の三つの層から成る。精神の領域は、思考や知識の在り処であり、魂はキリストの言葉がやどる場所とされている。核となる「魂」は身体と精神という外殻に覆われているので、人間の「魂」にまで預言者と使徒の啓示、「真実」＝キリストの言葉を伝えることは容易ではないのだ。また「魂」にキリストの言葉を宿していたとしても、外殻を突き破らない限り、社会生活の表面に現れず、意味がない。突破（breakthrough）とは、「魂」への／からの「道」を塞ぐ外殻を突き破ることなのである。ジョンは、この「思想」にもとづいて、伝道活動や訓練（1年間に計6回のセッションを行い、預言者と使徒の教えを叩き込み、指導者の育成を図る）に勤しんでいる。

また彼の世界観は、アサ（*asa*）とバラ（*bara*）の二元論によって特徴づけられる。アサとは、科学的／論理的に説明可能な現象をさすのに対して、バラとは、既存の解釈枠組みでは論理的に説明不可能な現象、いわば超自然的な現象をさす。ジョンにとって、バラは「奇跡」と同義である。たとえば、石を投げたとき、それはやがて大地に落ちるだろう。これは、重力に関する自然科学的知識に馴染んでいるわれわれにとっては当たり前の、理解可能な現象であり、アサということになる。バラとは、ここ（地球）で投げた石が落ちなかったとき使用する言葉なのである。そして、ＫＢＭＩはバラによって成り立っているという。筆者は、なぜＫＢＭＩがボートやタンク、トタン屋根の木造家屋、立派な教会を所有する金があるのか、その資金はどこから得ているのかと野暮な質問をよくしたものだ。いつも彼は、次のような返答を繰り返すだけだった。

「祈るだけさ。祈ったら、金が天から舞い降りてきただけさ。バラ（奇跡）だよ。」

ようやく最近（２００８年）になって２００１年のハワイで行われたセミナーで「友人」を得たことをきっかけに、資金獲得のネットワークが広がったと話してくれたが、それまでは、上記のように、単に「バラ」の一点張りだったのだ。とはいえ、資金源やネットワークがあるとしても、なぜ「友人」が素性もあまりよくわからない牧師（ジョン）に膨大な資金を出してくれるのか、なぜ数ある牧師のなかでも、他ならぬ自分（ジョン）なのか、そもそも、彼が２００１年のハワイでのセミナーについて回想しているように、１万１６００人の申請者がいるなかで、なぜ「辺境に暮らし、金もなく、大学も出ていない彼が40人の参加者に選ばれた」のか——彼にとって、ＫＢＭＩをめぐるすべてはやはりバラでしかないのだ。

こうしたジョンの独特の教えを理解し、それに賛同する者は、まだまだ少ないのが実情である。テープ起こし・翻訳に協力してくれた筆者のインフォーマントも、ジョンの語りがよく理解できないと時々もらしていた。それでも住民たちは「彼は牧師だ。尊敬しなくてはならない」「同じキリスト教であることには変わりはない」と言い、ジョンが公の場で語るのを止めたりはしない。

さて、カストムに対するジョンの向き合い方を見てみよう。彼は、キリスト教とカストムをまったく異なるものとして明確に分け、ポールとは異なり、カストムから距離をとった生活を送っている。カストム・ワークにも参加することがない。ビンロウ噛みはせず、酒とタバコもやらない。彼自身、後の語りが示すように、「カストムが嫌い」だと明言している。しかし皮肉なことに、彼の父（ナムン）は、ジョンの真逆で、カストムに造詣が深い人物であり、70歳を超えていることもあり、周囲から尊敬されている。カストムに生きるナムンは、キリスト教に人生を捧げるジョンとその家族と折り合いがつかず、事ある毎に衝突し、いつからか別居するようになった。筆者は何度か、ジョンの家で、怒鳴りあっている光景をみたことがある。あるとき、ジョンの妻ジポラが「ここはキリストの土地だ。カストムの土地ではない」と言いながら、ナムンを追い払おうとしていた。以下では、父との関係において、ジョンがカストムと向き合わざるをえない状況とそれへの対処について見ておきたい。

２００６年2月、降りしきる雨のなか、タブー（禁忌、クルティ語ではルフー *luhu-u*）の解除儀礼が行われていた。クルティ社会では、親密な親族や友人が亡くなったとき、人々は服喪期間（約１０００日）、故人に縁のある禁止事項を自らに課す。たとえば、故人の土地や家に立ち入らないとか、（タバコ仲間だったら）禁煙するなど自由に設定できる。このルフーが解除されるのは、喪明けの儀礼が行われるときである。そのとき、故人の親族に対して大量の食べ物や財が贈与され、自らの想いを改めて述べつつ、ルフーの解除宣言がなされる。この日、ナムンは、故人の家や土地（D地区）に立ち入らないと自らに課したルフーを解除しようとしていたのである。そして儀礼に供される食べ物や財は、息子のジョンの助力を借りて用意された。村人たちは、ナムンとともに現れたジョンを見て、驚いた。ジョンは、すでに述べたように、厳格な牧師として、カストムには関与しない人物だと知られていたからだ。こうした村人に応えるかのように、ナムンが解除を宣言する前に、ジョンは「言い訳」をはじめた。

私はカストムが嫌いだ。というのも、私はロトゥ（キリスト教）の男だからだ。しかし私の父が二人の兄弟に対する思いを清算しようとするとき、私が引き受けなければならない。なぜなら、彼が苦しみや心配事とともに死んでしまうのは嫌だからだ。その心配事が、彼を地獄へと連れていくだろう。決して神の顔を見ることはないだろう。……だから、親のために動かねばならない。親を世話しなければならないのだ。だから今日、私は彼（父のナムン）とここにやってきた。最初、彼が話を持ちかけたとき、私は怒った。でも彼が可哀想にも思えた。そして彼の心配事を解消しようと決意した。

自ら進んでカストム・ワークにコミットすることはないジョンの立場を考えれば、この出来事は苦渋の決断だったことは想像に難くない。父の存在は、否応なしに彼をカストムに巻き込んでいった。「父の心配事」とは、ナムンがルフーを解除し、故人とその親族との関係を「正常に」修復することである。解除儀礼にはブタ、現金、食べ物（米や缶詰など）が必要であり、老いたナムンが単独で行うことは不可能である。もしこの機会に解除儀礼をやらなければ、老親が「正常に」死んでいくことはないだろう。老親が地獄に落ちていくのを見るのは耐えがたい。そこでジョンが持ち出してきたのは、聖書の文句ではなく、「親の世話」や「可哀想」という、（子どもが親に対して抱く）道義的な責任や同情である。それは「常識的」であるがゆえに、説得力をもっている。後日、かつてジョンが属していたCOCの牧師は、「カストムとどう折り合いをつけるのか?」という筆者のインタヴューに対して、このジョンの語りを模範例として引き合いに出したほどである。

敬虔なクリスチャンであり、牧師でもあるジョンがカストムと折り合いをつけるときに使うロジックは、ポールと異なっている。ジョンは、キリスト教とカストムの重複部分や同一性を見出すのではなく、人間の根源的な感性に訴えるのである。「親の世話」や（地獄に落ちていく親が）「可哀想」は、キリスト教かカストムかといった問いを不問に付す。もちろんそれは、キリスト教にもカストムにも適合する都合のよい言葉でもあり、その意味で二つの領域の重なり合う部分ともいえる。だがジョンにとって、キリスト教とカストムが同じだなどとは口が裂けても言えないだろう。人間の根源的感性に焦点を移す戦略は、一時的にキリスト教とカストムの二元論から降りることを含意する。つまりここに、ポールとは異なる（生活世界の意味的分類を無化する）ジョンの操作性が看取される。上記の語りが聴衆への説明というよりも、どこか自分自身への「言い訳」のように聞こえたのは、クリスチャンであることを一時的であれ放棄しなければならないジョンの苦悩がちらついていたせいかもしれない。

第5節　媒介としてのキリスト教――むすびにかえて

以上、太平洋史にその名を刻む過去のカリスマ指導者パリアウとクルティ社会に生きる二人の牧師が、キリスト教とカストムにどう向き合っていた／いるのかを見てきた。それぞれの特徴をまとめてみると、興味深い対照性が見られる。パリアウは、政治家でもあり、パリアウ教会の教祖でもあった。宗教が政治家としての彼を支えるという点――支持者獲得――で、この二つの領域は分かちがたく連動していた。この連動を維持しながら、パリアウは時代状況に応じてカストムへの向き合い方を巧妙に操作していた。ポールは、立場上パリアウに類似している。ライフヒストリーからわかるように、キリスト教へのコミットは、彼の政治的躍進と重なり合っており、宗教と政治はパリアウと同様に、地域社会の改善に向けた彼の営みの両輪だった。ただキリスト教とカストムの双方に深くコミットするゆえに、独自の教義を創造することよりも、両者の折り合いをつける柔軟な思考が前景化している。それに対して、ジョンはクリスチャンの道を一途に歩み、パリアウのように、独自の教義を次第に形成しつつある。多くのメラネシア人が政治家になる野心を抱くものだが、ジョンは政治家になろうとは考えていない。というのも、政治家になるためには、ポールがそうであるように、カストムへのコミットが不可欠だからだ。ただし政治家への野望を持たずとも、自分と信者が現地で生活していく限り、カストムに関わらざるをえない局面は必ずやってくる。その際にジョンがとる戦略は、キリスト教かカストムかという二元論そのものから降りてしまうというものだった。

ところで、一口にキリスト教と言っても、当然一枚岩的に語ることはできない。筆者が言いたいのは、単に宗派の違いではなく、バーカーが民間宗教（popular religion）という枠組みで捉えようとしたように［Barker 1992］、キリスト教が現地人による独自の解釈や翻訳、変形を被っているということである。キリスト教のローカル化は世界宗教の「宿命」なのかもしれないが、ここでは現地人の主体性を強調しておきたい。とくにそれは、パリアウとジョンに顕著だ。彼らの思想は、キリスト教という世界宗教が「定着」した事例としてはかなり逸脱しており、むしろ「村落の神学」（Village Theology）[15]と呼んだ方が適切かもしれない。

ここで焦点をキリスト教から彼らの精神世界に移してみると、キリスト教が独自の宗教的な観念や形態を刷新（innovation）していくための媒介的役割を果たしたと言えよう［e.g. Barker 1992: 166］。彼ら（とくにパリアウやジョン）の精神世界は、キリスト教に置き換えられたというよりも、キリスト教に触発され、あるいはそれを通して、これまでにはない「豊かさ」を獲得している。筆者のいう「豊かさ」とは、さまざまなモノや概念、出来事のつながりをこれまで以上に可能とする、思考の拡張を意味する。同じことは、数多くのカーゴカルトや千年王国に見られた「思想」にも多かれ少なかれ言えるだろう。

とはいえ、独自の概念（「王国の突破」、アサとバラ）にもとづくジョンのＫＢＭＩはまだ訴求力・大衆性を獲得しているとは言い難い。教義の体系性やカリスマ性という点では、パリアウや石森［2011］の論じる独立教会（クリスチャン・フェローシップ教会）ほどの完成度を持たないからだ。「熱狂」的だが難解なジョンの教義はまだ十分に住民のコンセンサスを得ていないのが実情である。カーゴカルトや千年王国に見られた「熱狂」の多くは短命で終わった。今後、彼の思想がその完成度を高め、独立教会へと発展を遂げるのか、あるいは一時的で独りよがりの「熱狂」に終わってしまうのか。さしあたり現段階では、神のみぞ知ると言っておこう。

注

（1）ブーゲンヴィル島では１９６０年代後半以降、鉱物資源（銅や金）の開発が進み、莫大な経済効果をもたらしてきた。１９８８年以降、この豊富な鉱山資源を背景に展開された分離独立運動は、パプアニューギニア防衛軍を巻き込みながら市民戦争の様相を呈するまでになった。２００５年６月には独自の憲法のもと自治政府が発足するかたちで終息したが、その間、とくに１９９０年代、この市民戦争が地域住民にもたらした物理的、身体的、そして精神的な被害は計り知れないものがある。ブーゲンヴィル島の修復的プロセスについては、拙論［馬場 2011］を参照されたい。

（2）クルティ社会の民族誌的情報については、拙著［馬場 2012］を参照されたい。ポールとジョンに関する記述は、２００８年までの調査資料にもとづいている。パリアウについては、文献研究である。

（3）オットーは「ポワットの女性は両目ともに盲目であった。しかし彼女の盲目は、自分と改宗者の祈りによって完全に治癒された。私はこれを実際にみたので、確信をもっていえる」というボルチャート教父の報告を引用している［Otto 1991: 125］。

（4）運動名は指導者パリアウの名を付すのが通常だが、マヌス州では開始年（１９４６年）をとって「46年運動」（Forty-six movement）という言い方もなされている。

（5）住民自身による政治的意思決定制度として、1951年にアドミラルティ諸島南部を中心としたバルワン原住民地方行政議会（Baluan Native Local Government Council）、1962年には北岸議会（North Coast Council）が設立された。そして64年には両議会がマヌス地方行政議会（Manus Local Government Council）のもとに統合され、パリアウが初代議長に就任した［Pokawin 2000: 133］。

（6）植民地政府の白人たちが当時、マヌスの現地人たちをボーイと（侮蔑的に）呼んでいたことを踏まえれば、ここにはイエス＝現地人＝パリアウという同一化が暗示されていると言えよう。

（7）パリアウの洞察と計画は、青年期の出来事や都市の経験など、彼が辿った人生に深く関係している。日本語で読めるライフヒストリーとしては、［ワースレイ 1981: 248-261］や［馬場 2012: 107-111］などがある。都市の経験に焦点を当てた論考に［棚橋 2000］がある。

（8）パリアウ運動に参加した人々は、「新しい生活のための新天地」として、こうした村を創造し、「ヌペラ・パッシン」を実践した。そのモデルケースはマヌス島南東岸のペレ村とブナイ村が1949年に完成させた合同集落である［Schwartz 1962: 285］。これが「前例のない集落」といわれるのは、従来では想像できない実験的な試みに満ち充ちていたからだ。リーフの上に杭上家屋を建て、漁労を生業とするペレの人々は陸地に居を構え、ブナイの人々がやってきた農耕を、逆にブナイの人々が漁労を学ぶなど、伝統的な生業形態に大きな変化が見られた。こうした変容は、ミードも驚きをもって報告している［Mead 1953］。

（9）たとえば、筆者が調査したマヌス島中央北岸に居住するクルティ人がパリアウを否定する経緯については、拙著［馬場 2012］の3章を参照されたい。

（10）公式的には、マカソル（物語）は1978年4月15日に「誕生」したとされている。文字資料としては、オットーが『白い冊子』（1982年）と『緑の冊子』（1983年）を挙げている［Otto 1992］。筆者はそれらを確認できていないが、本論では1977年に文字化された資料の再録［Maloat 1985］に依拠した。本資料もマカソル草創期の思考を示す貴重な資料であり、『冊子』類に相当するものと考える。なお『緑の冊子』は、1970年のワイガニ・セミナー（首都ポートモレスビー）での講演を文字化したものとされている。ここから、パリアウがすでに1970年にはマカソル物語を構想していたことがわかる。

（11）ピジン語でLait San、英語でShining sunを訳した。

（12）地方行政議会（Local Level Government）は、各地区から選出された議員から構成される。

（13）「振る舞い」（*punou*）とは単なる行為ではなく、個人または集団間に発生する規範的な行為をさす。あるべき「振る舞い」の型は、親族関係、ジェンダー、社会的地位、状況に応じて異なる。詳しくは、拙著［馬場 2012: 76-78］を参照されたい。

（14）夫の家庭内暴力に限界を感じた妻（エリー）が協議を求めた。参加者は、夫婦、ポール、ほか1名のみ。エリーは離婚を求めたが、結果的にはもう少し様子をみるということで合意した。この協議について詳しくは、拙著［馬場 2012: 210-226］を参照されたい。

（15）この言葉は『メラネシアにおける生きた神学』（Roche, P. (ed.), *Living Theology in Melanesia: A Reader* (Point Series 8)）による。そこでは、本論で取り上げたパリアウのマカソル物語［Maloat 1985］が「1章　村落の神学」に分類されている。

引用文献

石森大知［2011］『生ける神の創造力――ソロモン諸島クリスチャン・フェローシップ教会の民族誌』世界思想社

塩田光喜［2006］『石斧と十字架――パプアニューギニア・インボング年代記』彩流社

棚橋　訓［2000］「メラネシアの社会運動と『都市の経験』」熊谷圭知・塩田光喜（編）『都市の誕生――太平洋島嶼諸国の都市化と社会変容』157～182頁、アジア経済研究所

橋本和也［1996］『キリスト教と植民地経験――フィジーにおける多元的世界観』人文書院

馬場　淳［２０１１］「パプアニューギニアにおけるオルタナティブ・ジャスティスの生成——ブーゲンヴィル紛争の修復的プロセスを事例に」石田慎一郎（編）『オルタナティブ・ジャスティス——法と正義の新たなパラダイム』２５２～２７８頁、大阪大学出版会

馬場　淳［２０１２］『結婚と扶養の民族誌——現代パプアニューギニアの伝統とジェンダー』彩流社

ベイトソン、メアリー・キャサリン［１９９３］『娘の眼から——マーガレット・ミードとグレゴリー・ベイトソンの私的メモワール』（佐藤良明・保坂嘉恵美訳）国文社

ワースレイ、ピーター［１９８１］『千年王国と未開社会——メラネシアのカーゴカルト運動』（吉田正紀訳）紀伊國屋書店

Barker, J. [1992] “Christianity in Western Melanesian Ethnography.” In Carrier, J. (ed.), *History and Tradition in Melanesian Anthropology*, pp. 144-173. Berkeley: University of California Press.

Douglas, B. [2003] “Christianity, Tradition and Everyday Modernity: Towards an Anatomy of Women's Groupings in Melanesia.” *Oceania* 74 (1&2): 6-23.

Eriksen, A. [2008] *Gender, Christianity and change in Vanuatu: an analysis of social movements in North Ambrym*. Hampshire, England: Ashgate.

Jolly, M. [1997] “Women-Nation-State in Vanuatu: Women as Signs and Subjects in the Discourses of Kastom, Modernity and Christianity.” In Otto, T. (ed.), *Narratives of Nation in the South Pacific*, pp.133-162. Amsterdam: OPA.

Havini, M. T. and Josephine Sirivi (eds.) [2004] *As Mothers of the Land: The Birth of the Bougainville Women for Peace and Freedom*, Canberra: Pandanusbooks.

Kuluah, A. [1979] "The Ethnographic History of Kurti People on Manus Island, Papua New Guinea to 1919," Unpublished M. A. thesis (University of Victoria, Canada) held at University of Papua New Guinea.

Lawrence, P. [1964] *Road bilong Cargo: a study of the Cargo movement in the Southern Madang District,* New Guinea. Manchester: Manchester University Press.

Maloat, P. [1985] "Makasol Kastam Kansol Stori." In Roche, P. (ed.), *Living Theology in Melanesia: A Reader* (Point Series 8), pp. 31-43. Goroka: The Melanesian Institute for Pastoral and Socio-Economic Service.

Mead, M. [1956] *New Lives for Old: Cultural Transformation——Manus, 1928-1953*, London: Victor Gollancz LTC.

Minol, B. [1987] "The Cultural and Historical Background to PNG Fiction: Mythmaking, Truth telling, and Mauswara," Unpublished dissertation submitted to University of Queensland, Australia.

Otto, T. [1991] "The Politics of Tradition in Baluan: Social Change and the Construction of the Past in a Manus Society," Unpublished dissertation. Canberra: Australian National University.

Otto, T. [1992] "From Paliau Movement to Makasol: The politics of representation." *Canberra Anthropology* 15 (1): 49-68.

Pokawin, S. [2000] "Local Government", in MINOL, B. (ed.), *Manus From Legends To Year 2000: A History of the People of Manus*, pp. 133-135. Port Moresby: University of Papua New Guinea.

Schwartz, T. [1962] "The Paliau Movement in the Admiralty Islands, 1946-1954." *Anthropological Papers of the American Museum of Natural History* 49: 221-413.

Waiko, D. J. [1993] *A Short History of Papua New Guinea*, Melbourne: Oxford University Press (Australia).

後書き

本書は、太平洋地域におけるキリスト教と政治・社会変容の関係を人類学の視点から考察した論文集である。本書のようなキリスト教に関する人類学的研究において、特に留意すべきことは、要約すれば次の3点であろう。

①「コンテクスチュアリゼーション」の問題

非西洋社会で宣教に着手したキリスト教宣教師の多くは、1797年にトンガで布教を開始した直後のLMS宣教師や1822年に来島したウェズリアン宣教師のウォルター・ローリーのように、福音の伝達を土地の慣習に適合させることは真のメッセージを歪曲することであるという固定観念に拘泥し、真正な福音を押し付けた結果、結局、土地の人々から追い払われるという挫折を経験することになった。そのような挫折を経験した後に、キリスト教宣教師の中から、例えば具体的な「御利益」としてのイヴィ（世俗的権力）の強化を強調しながら、神・聖霊・イエスの三位一体を伝統的なトンガの神々の位階によって分かりやすく説明することによってトンガでの布教に最初に成功したウェズリアン宣教師ナサニエル・ターナーのように、福音の翻訳的伝達を試みる人々が出てきた。近代以降のキリスト教宣教の成功例は、多くの場合、こういった翻訳的伝達の所産であった。

1970年代に入って、一部の神学者、宣教師そして「宣教人類学者」が積極的に、「当該文化の言語・イディオム・慣習・伝統にゴスペルを適合させること」を意味する「コンテクスチュアリゼーション」の概念の重要性を説くようになったが、主流派の神学者や宣教指導者の中には、「コンテクスチュアリゼーション」という名の「歪曲」に反対する人が多かった（Howell B.M. and J.W. Paris [2010] p.256）。「コンテクスチュアリゼーション」の重要性を支持する神学者や宣教師は、当然のことながら、本来のゴスペルもそれが成立した時代と地域の文化の中で構築された形成物である以上、新たに受容された非西洋社会のゴスペルも同様に当該社会の文化的構築物であると考えている。

上述したように、「コンテクスチュアリゼーション」という概念は、70年代に一部の神学者や宣教師によって提起された概念であるが、今や人類学においても重要な概念である。近代以降、非西洋社会へのキリスト教宣教師の継続的到来は、近代世界システム内の中心と周縁の圧倒的な力の落差を背景として生じた人流の趨向の大枠に規定されていたが、だからといって非西洋社会の人々に選択の余地が残されていなかったわけではない。福音はもたらされたとしても、初発の状況下では、どのようにそれが受容されるか、あるいは拒絶されるかは全く不確定であった。土地の人々による福音の選択・受容・変形・拒絶のプロセスは、宣教師の側の「コンテクスチュアリゼーション」と相即的に、特定の社会・文化・政治コンテクストのなかで特殊個別的な歴史的動態として進行していった。その結果、本書の第5章で馬場淳氏が述べているように、キリスト教は、「日常的生活世界の自明な一部」となっており、「キリスト教とカストムの矛盾や軋轢が顕在化することはどちらかといえば稀である」というような状況が現出したのである。このような状況と密接に関連する問題として、合衆国の宗教人類学者、F. キャネルは、非西洋社会の多くの人々は、キリスト教の受容に際して、「神の超越性」や「先例のない唯一無二の真理の啓示」という意味での「キリスト教例外主義」などの西洋キリスト教信仰の核心に無関心であったと述べている（F. Cannell [2006] pp.43-44）。太平洋の多くの島々においても、こういった西洋キリスト教信仰の核心への無関心は、少なくとも住民の側の初期の「コンテクスチュアリゼーション」においてかなり顕著な現象であったと言える。その結果、「プレリュードとフーガ」で塩田氏が指摘しているような「神と人の近さ」といった太平洋のキリスト教の特質が生み出されることになったのである。

②キリスト教信仰及びキリスト教倫理の基底性

次に留意すべきポイントとして、キリスト教信仰及びキリスト教倫理の基底性を挙げることができる。キリスト教信仰及びキリスト教倫理は、他の普遍宗教の信仰・倫理と同様に、宣教という広義の「教育過程」の中で受容側の人々のマインドの中に内面化され、ピエール・ブルデューが言うところの「ハビトゥス」、すなわち感情・思考・実践の深く身体に浸透した癖として内奥に刻み込まれて行く。身体内の「ハビトゥス」は、服についたシミと同様にそれを取り除くことは困難（ただし目立たないくらいに薄くすることは可能）である。「ハビトゥス」は、「意識的な学習やイデオロギー的な負荷といった次元の問題ではなく、プラティックを通して獲得される」（Bourdieu [1998] p.21）ものである。そして「ハビトゥス」は、いったん身体に染みつくと、今度は逆に日常的な実践（「プラティック」）や政治的な投企（「プラクシス」）を生成し、それらを強く方向付ける力として作用する。この「プラティック」及び「プラクシス」の生成・方向付けの過程は、「自然的なもの」として意識される。なぜならば、「ハビトゥス」は、本来、「自然的なもの」ではなく、恣意的な力の作用によって構築された「自然化されたもの」なのであるが、その力は微弱かつ微細なものなので、その恣意性が意識されにくいからである。西洋世界からやってきたキリスト教宣教師が18世紀末に太平洋の島々で布教を開始して以来、暴力的強制を伴う布教の多くは失敗し、広義の教育過程の一部として行われた宣教は、柔らかで微細な力の発動として受け入れられ、やがて太平洋の島々のほぼ全てにおいて、多種多様なキリスト教的な「ハビトゥス」として定着していった。

「ハビトゥス」として定着したキリスト教信仰及びキリスト教倫理は、今日に至るまで、太平洋島嶼国の人々の思考と実践を生成し、それらを基底的に方向付けてきたのである。

③キリスト教信仰のアンティノミー

第三の論点として、キリスト教信仰のアンティノミー（反権力性と権力性）の問題に言及しておきたい。キリスト教を含む普遍宗教は、一般に、ときの国家原理（政治経済権力）の明確な否定を通して成立したが、キリスト教は、他の普遍宗教よりもより明確な反権力性を有していた。こういったキリスト教の徹底した反権力性について、柄谷氏は次のように述べている。

第一に、祭司・律法学者への批判がある。《あなたがたは、自分たちの言い伝えを守るために、よくも神のいましめを捨てたものだ》（『マルコによる福音書』7～9）。さらに、家族・共同体への拒否がある。イエスはつぎのようにいう。《だれでも、父、母、妻、子、兄弟、姉妹、さらに自分の命までも捨てて、わたしのもとに来るのでなければ、わたしの弟子となることはできない》（『ルカによる福音書』14～26）。さらに、イエスは貨幣経済と私有財産がもたらす富の不平等・階級社会に抗議する。《わたしがきたのは、義人を招くためではなく、罪人を招くためである》（『マルコによる福音書』2～17）。ここで「罪人」は、犯罪者だけではなく、取税人や売春婦のように忌まわしいとされる職業につくものを意味する。究極的に、それは経済的な問題である。「罪」は私有財産にある。《あなたがたのうちで、自分の財産をことごとく捨て切るものでなくては、わたしの弟子となることはできない》（『ルカによる福音書』14～33）。……そして、イエスが説くのは次の二つのことに要約される。「神を愛せよ」と「自分を愛するようにあなたの隣人を愛せよ」である

（『マルコによる福音書』12～31）。だが、イエスのいう「愛」はたんにこころの問題ではない。現実に、それは「無償の贈与」を意味している（柄谷［2010］pp.216-217）。

以上のように、新約聖書の中に示されているイエスの教えそれ自体が、きわめて明確な権力と富の否定であり、このような否定がなければ、イエスの教団は成立しなかったと言えよう。それではなぜ、根源的な反権力性を有するキリスト教が、ときの最大の世界システム、すなわちローマ帝国の国教になり得たのであろうか。それは、当時の状況下でのイエスの使徒たち、とりわけパウロの「コンテクスチュアリゼーション」の結果であった。パウロは、ユダヤ教の一教派であったイエスの教団をキリスト（メシア）の宗教として改釈し、非ユダヤ教徒にも受け入れやすい「キリスト教」を創出したのである（柄谷［2010］p.218）。さらに、パウロの「キリスト教」は、権力に従順で、支配秩序を擁護する側面ももっていた。こういったパウロの「キリスト教」は、ローマ帝国にとっても好都合な宗教であり、急速に帝国内に浸透した結果、当初は迫害や弾圧を受けたが、徐々に容認されるようになり、遂に３８０年にはローマ帝国の国教として認められることになった。それ以後、キリスト教は、非西洋社会に受容された多種多様な「イエス・キリストへの信仰形態」を含めて、教義、信仰実践、倫理、何れのレベルにおいても顕著なアンティノミーをはらむことになり、今日に至るまで権力性と反権力性の歴史ドラマを生み出し続けているのである。とりわけ重要な点は、太平洋の島々を含む非西洋社会におけるラディカルな政治・社会批判は、キリスト教信仰の原点への回帰という形をとることが多いが、それはキリスト教の根源的な反権力性に関わる現象であると見ることができるであろう。

本書は、「プレリュードとフーガ」において、故塩田氏が新約聖書の四福音書になぞらえて、「トンガ福音書」「パプアニューギニア福音書」「ニュージーランド・マオリ福音書」「ソロモン諸島福音書」と呼んでいる、太平洋社会に関する4論文に新たに馬場淳氏の論文（5章のパプアニューギニア・マヌス福音書）を加えた論文集であるが、本書の至る所に上述した三つの留意点に関わるエスノグラフィックな叙述を見いだすことができる。例えば「コンテクスチュアリゼーション」の問題に関しては、5論文の全てにおいて、特殊個別的な翻訳的伝達と受容の状況が記述されている。そのような「コンテクスチュアリゼーション」が進行したからこそ、4章で強調されているようなCFCの独自性、すなわち先行研究においてステレオタイプ的にカーゴカルトと同一視されてきたCFCにおよそカーゴカルト的ではない特殊個別的な側面が存在しているのである。「キリスト教信仰及びキリスト教倫理の基底性」に関しても、例えば、「そしてマオリが空を見上げている間に、白人は我々の土地を取り上げてしまった」という風刺的叙述が3章に見られるが、これは騙されたことが明確となったとはいえ、マオリの人々は身体に浸透したキリスト教的な「ハビトゥス」をもはや捨て去ることはできないことを意味しているであろう。また、「この些細な事例は、日常生活のさまざまなことがらがキリスト教の語彙や解釈枠組みを通して理解され、語られることを暗示しているのである」という5章の一文は、「キリスト教信仰及びキリスト教倫理の基底性」への言及として捉えることができるであろう。さらに「キリスト教信仰のアンティノミー」に関説する行文も、トンガの民主化運動の中で展開されたラディカルな王権批判（1章）、1995年に顕在化したパプアニューギニアの「神権政治希求運動」（2章）、抑圧されたマオリの救済・解放のために政治化していった1930年代のラタナ教の動き（3章）、現実路線型の運動ではあるが顕著な平等志向を示したアドミラルティ諸島のパリアウ運動（5章）など、本書の随所に窺われる。ラディカルなコミュニタスを志向する宗教的熱狂ではなく、法・組織・制度の整備、閉鎖的宗教共同体の形成、大規模経済開発プロジェクトの実行などによって「安定的な構造」を作り出したCFCには、一見したところ反権力的な傾向が見られないように思われる。しかし、より大きなマクロ的状況がCFCに苦難を強いるような状況が出現したとき、CFCの根源的属性が顕在化し、「構造」への対抗が浮上することは十分に考えられるであろう。

本書は、執筆の時期とコンテクストが異なる論文を収録した論文集であるが、それにも関わらず、何れの論文も「歴史的アプローチ」をとっているという方法論的共通性を持っている。今日の人類学における「歴史的なアプローチ」は、「人類学的歴史研究」と「歴史人類学的研究」の二つの流れの何れかに収斂していく傾向を見せている。オランダの人類学者、ドン・カルブによれば、前者は、クリフォード・ギアーツ、ヴィクター・ターナー、メアリー・ダグラスなどの業績に由来する人文学的で文化の象徴的な側面を強調する傾向の強い歴史研究であり、後者は、社会科学的色彩を帯びた歴史研究である。後者は、構造とプラクティス、記述と説明、ミクロ世界とマクロ世界のディレンマを回避するために、意図的に小世界への定位を遂行する「スケール・リダクション（scale reduction）」の方法を使うが、この方法を使うことによって、後者のアプローチでは、直接的な研究対象となる小規模でローカルな社会・文化の歴史的動態のみならず、その背後にある大きな問題、例えば、国民国家の枠組み、近代世界システム、グローカリゼーション、グローバリゼーションなどとの節合も重要な考察の対象となる（Kalb Don, Marks Hans, Tak Herman [1996] pp.7-8）。

本書に収められた五つの論文は、各自の切り口で執筆された作品であるが、いずれもミクロ世界の動態とマクロ世界の動態の節合を模索するパースペクティブを有している。このような意味で、本書は、単なる「歴史的アプローチ」をとる論文集ではなく、よりダイナミックな歴史人類学的アプローチを志向する研究書であると言うことができるであろう。

最後に本書の成立の経緯について釈明しておきたい。本書が生まれることになった直接的な契機は、塩田氏が「プレリュードとフーガ」で述べているように、１９９７年にアジア経済研究所においてスタートした「太平洋島嶼諸国におけるキリスト教と政治・社会変容」と銘打った研究会（代表、塩田光喜）である。私もその一員に加えていただき、その後、研究会のメンバーは上記のテーマを巡って議論を深めていった。約2年後に出版に向けた原稿が出揃ったが、諸般の事情から版元を見つけるプロセスにおいて困難な状況に陥ることになった。提出された原稿は長期に亘って眠ったままであったが、２００４年にようやく出版を引き受けてくださる出版社（明石書店）に出会うことができた。書名も、『海のキリスト教』に決まった。しかしその後も、困難は続き、塩田氏のシドニー大学での研究、大谷のNZオークランド大学での研究および帰国後の7年間に亘る学内行政への関与などで出版にこぎ着けることができなかった。２０１４年2月、NZヴィクトリア大学での在外研究中に、塩田氏の突然の訃報に接し、茫然自失の状態に陥った。この訃報のダメージは非常に大きかったが、逆にそれは、塩田氏の霊に報いるためにも、「なんとしてでも『海のキリスト教』を世に出さなければならない」という決意を私に与えてくれた。以上に述べたように、本書は、類例を見つけることが困難なほど、難産の末に生まれた論文集であるので、結果的に、当初の原稿の内容は大幅に改編されている。また、「太平洋島嶼諸国におけるキリスト教と政治・社会変容」研究会のメンバーではなかった寄稿者の論文（4章および5章）も収録されている。しかしながら、「キリスト教と政治・社会変容」というテーマと歴史人類学的なアプローチという方法において、本書はある程度のまとまりを維持しているので、上記のテーマに関心を持ってくださる読者の皆様に、各執筆者の意図ができるだけよい形で届き、いささかなりとも皆様の期待に応えることができることを願う次第である。

文末ではあるが、後書きを締めくくるに際して、なかなか生まれ出ることができず長期に亘って大変なご迷惑をおかけすることになった寄稿者の皆様に心からお詫びを申し上げたい。また、難航する本書の出版を、辛抱強く見守ってくださった歴代の明石書店の編集者の皆様、とりわけ重要な局面で激励を与えてくださった兼子千亜紀さん、それから本書出版の最終的な実務を担当してくださった岩井峰人さんに心からの謝意を表明したい。

大谷裕文

引用文献

柄谷行人［２０１０］『世界史の構造』岩波書店

Bourdieu, P. [1998] *La Domination Masculine*, Paris: Seuil.

Fenella Cannell ed. [2006] *The Anthropology of Christianity*, Durham: Duke University Press.

Howell, B. M. and J. W. Paris [2010] *Introducing Cultural Anthropology: A Christian Perspective*, Grand Rapids MI: Baker Academic.

Kalb Don, Marks Hans, Tak Herman [1996] Historical Anthropology and Anthropological History: Two Distinct Programs, *Focaal* no. 26/27.

【編者】

大谷裕文　おおたに・ひろふみ　1948年生まれ。九州大学大学院教育学研究科博士後期課程退学。九州大学教育学部比較教育文化研究施設助手、ロンドン大学SOAS客員研究員、西南学院大学文学部国際文化学科助教授、西南学院大学文学部国際文化学科教授を経て、2006年より西南学院大学国際文化学部教授。専攻は文化人類学、歴史人類学。フィールドは、トンガ王国、ニュージーランド。主な著書：『マタンギ・パシフィカ——太平洋島嶼国の政治・社会変動』（分担執筆、1994年、アジア経済研究所)、『ユダヤ人とフリーメーソン』（編訳書、1995年、三交社)、『文化のグローカリゼーションを読み解く』（編著、2012年、弦書房)。

塩田光喜　しおた・みつき　1956年生まれ。東京大学教養学部教養学科文化人類学課程卒業。ジェトロ・アジア経済研究所開発研究センター主任研究員。2014年2月逝去。専攻は、文化人類学。フィールドは、パプアニューギニア。主な著書：『石斧と十字架——パプアニューギニア・インボング年代記』（2010年、彩流社)、『知の大洋へ、大洋の知へ——太平洋島嶼諸国の近代と知的ビッグバン』（編著、2010年、彩流社)、『太平洋文明航海記』（2014年、明石書店)。

【筆者】

石森大知　いしもり・だいち　1975年生まれ。神戸大学大学院総合人間科学研究科博士課程修了。日本学術振興会特別研究員PD、ハワイ大学マノア校人類学科客員研究員、東京外国語大学アジア・アフリカ言語文化研究所研究機関研究員を経て、2012年より武蔵大学社会学部准教授。博士（学術)。専攻は文化人類学、オセアニア研究。主なフィールドは、ソロモン諸島。主な著書：『生ける神の創造力——ソロモン諸島クリスチャン・フェローシップ教会の民族誌』（2011年、世界思想社)、『現代オセアニアの〈紛争〉——脱植民地期以降のフィールドから』（共編著、2013年、昭和堂)、『多配列思考の人類学——差異と類似を読み解く』（共編著、2016年、風響社)。

内藤暁子　ないとう・あきこ　1959年生まれ。立教大学大学院文学研究科地理学専攻博士後期課程修了。博士（文学)。武蔵大学社会学部教授。専攻は文化人類学。フィールドはニュージーランド。主な著書：『マタンギ・パシフィカ——太平洋島嶼国の政治・社会変動』（分担執筆、1994年、アジア経済研究所)、『オセアニアの現在——持続と変容の民族誌』（分担執筆、2002年、人文書院)、『講座　世界の先住民族ファースト・ピープルズの現在09　オセアニア』（分担執筆、2005年、明石書店)、『朝倉世界地理講座15オセアニア　大地と人間の物語』（分担執筆、2010年、朝倉書店)。

馬場　淳　ばば・じゅん　1975年生まれ。東京都立大学大学院社会科学研究科博士課程修了。博士（社会人類学)。和光大学現代人間学部現代社会学科准教授。専攻は社会人類学、地域研究。フィールドは、パプアニューギニアとケニア。著書：『結婚と扶養の民族誌——現代パプアニューギニアの伝統とジェンダー』（2012年、彩流社、日本オセアニア学会賞)、『この子は俺の未来だ——パプアニューギニア＆ケニア“つながり”の文化人類学』（2014年、佼成出版社)、『知の大洋へ、大洋の知へ——太平洋島嶼諸国の近代と知的ビッグバン』（共著、2010年、彩流社）など。

海のキリスト教
――太平洋島嶼諸国における宗教と政治・社会変容

2016 年 7 月 15 日　初版第 1 刷発行

編著者　大谷裕文
　　　　塩田光喜
発行者　石井昭男
発行所　株式会社 明石書店
〒101-0021 東京都千代田区外神田 6-9-5
電　話　03（5818）1171
ＦＡＸ　03（5818）1174
振　替　00100-7-24505
http://www.akashi.co.jp

装丁　明石書店デザイン室
印刷　株式会社文化カラー印刷
製本　本間製本株式会社

（定価はカバーに表示してあります）ISBN978-4-7503-4373-0